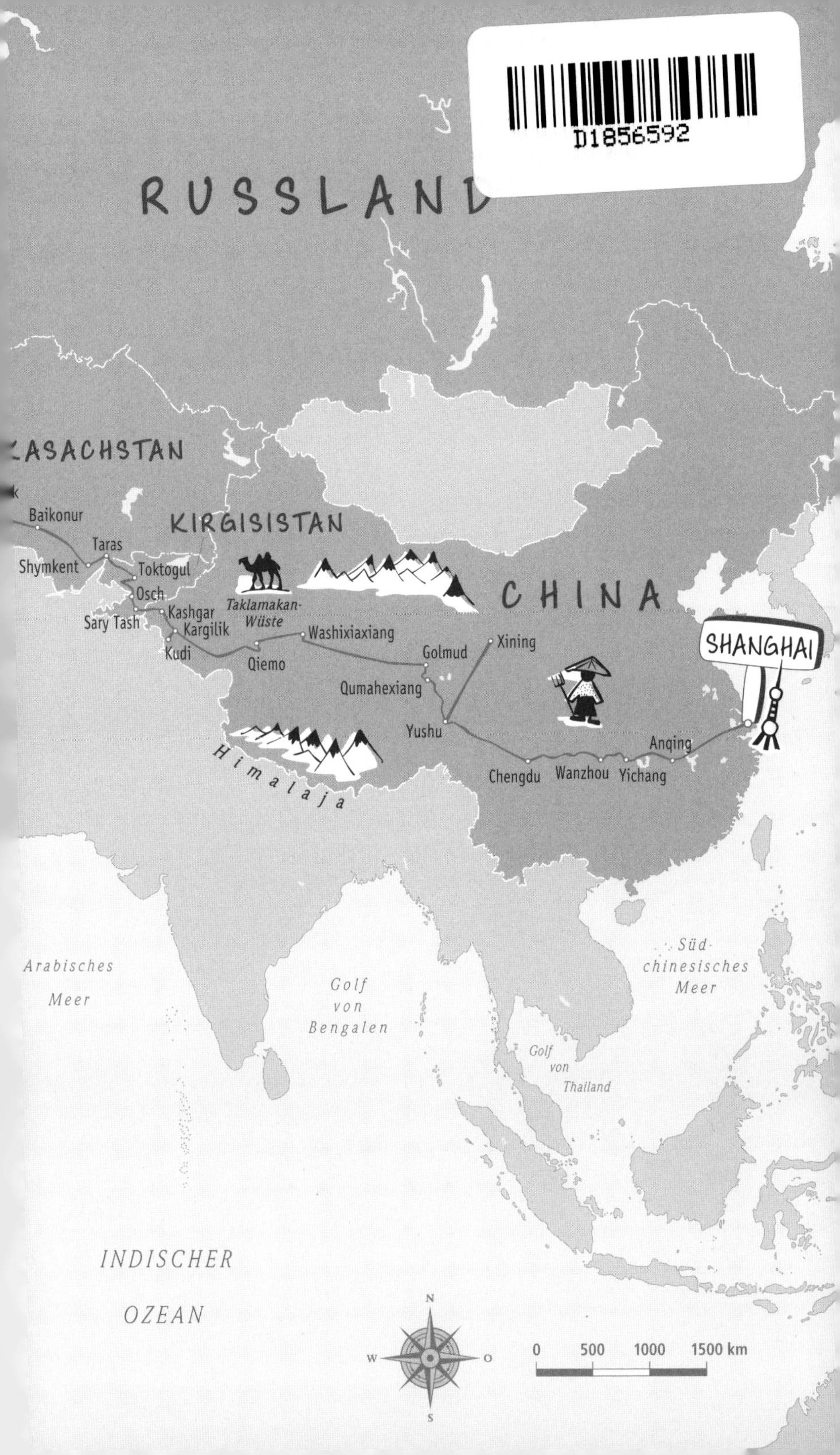

RUSSLAND
KASACHSTAN
Baikonur
Taras
Shymkent
Toktogul
Osch
Sary Tash
Kashgar
Kargilik
Kudi
KIRGISISTAN
Taklamakan-Wüste
Qiemo
Washixiaxiang
Golmud
Qumahexiang
Xining
CHINA
SHANGHAI
Yushu
Himalaja
Chengdu
Wanzhou
Yichang
Anqing
Arabisches Meer
Golf von Bengalen
Golf von Thailand
Süd-chinesisches Meer
INDISCHER OZEAN
N
W
O
S
0
500
1000
1500 km

HANSEN HOEPNER · PAUL HOEPNER

ZWEI NACH
SHANGHAI

20. 2. 2014

Für Wolfgang und Heidi,

Hansen & Paul

HANSEN HOEPNER · PAUL HOEPNER
mit Marie-Sophie Müller

ZWEI NACH
SHANGHAI

13600 Kilometer mit dem Fahrrad von Deutschland nach China

Mit 34 farbigen Fotos, 12 Links zu zusätzlichem Filmmaterial und einer Karte

MALIK

Mehr über unsere Autoren und Bücher:
www.malik.de

Am Ende jedes Kapitels befindet sich ein QR-Code, der mit einem mobilen Endgerät gescannt werden kann und zu zusätzlichem Film- und Bildmaterial führt. Die einzelnen Beiträge sind auch unter www.zweinachshanghai.de/videos abrufbar.

MIX
Papier aus verantwortungsvollen Quellen
FSC® C006701
FSC
www.fsc.org

ISBN 978-3-89029-440-7
4. Auflage 2013

Redaktion: Antje Steinhäuser
Fotos und Illustrationen: Hansen und Paul Hoepner
Karte: Marlise Kunkel, München
Satz: Greiner & Reichel, Köln
Litho: Lorenz & Zeller, Inning am Ammersee
Druck und Bindung: CPI – Ebner & Spiegel, Ulm
Printed in Germany

INHALT

ALGABAS	7
ALTES UND NEUES LEBEN Berlin bis Moskau	20
TOUR DE RUSSIE Moskau bis Uralsk	52
KAZAKHSTAN HEAT Uralsk bis Aralsk	75
NEUE FREUNDE Aralsk bis Kirgisistan	104
FIEBER Kirgisistan bis China	118
TIBET, EGAL WIE Über Kudi nach Kargilik	137
DIE WÜSTE Kargilik bis Golmud	157
HÖHENRAUSCH Golmud bis Yushu	177
BERGE UND BEHÖRDEN Yushu bis Chengdu	211
ENDSPURT Chengdu bis Shanghai	236
Dank	269

ALGABAS

SASCH / 19. MAI / ALGABAS, KASACHSTAN

PAUL

Da liegen wir nun in einer kleinen Mulde, mitten in der Einöde von Kasachstan, mehr als 3000 Kilometer von zu Hause entfernt, und verstecken uns vor Sasch und seiner betrunkenen Bande, die uns eben auf der Landstraße angehalten und verprügelt haben.

Wir verstecken uns mit allem, was man so braucht, wenn man den tollen und vielleicht auch völlig verrückten Plan umsetzen will, mit dem Rad von Berlin nach Shanghai zu fahren: ein kleines Zelt, Schlafsäcke, Werkzeug und Messer, Kleidung, Kompass und Karte, eine kleine Solaranlage zur Stromversorgung, Kameras, mit denen wir die Fahrt aufzeichnen, und unsere Pässe – nicht viel, aber jeder Fitzel davon ist umso wichtiger.

In unseren übergroßen, blau-weiß gestreiften langärmeligen Shirts sehen wir ein bisschen aus wie ausgebrochene Sträflinge. Die Longsleeves sind aus billigem Stoff, aber mehr hat unser knappes Budget nicht hergegeben. Wir haben sie in einem Supermarkt irgendwo am Straßenrand in Russland gekauft und vorn in die Ärmel Löcher für die Daumen reingeschnitten. So schützen sie uns einigermaßen vor der Sonne und blähen sich im Fahrtwind auf wie kleine Segel, was den Rücken angenehm kühlt. Irgendwann ist uns aufgefallen, dass viele Lkw-Fahrer genau die gleichen Shirts tragen. Wir gehören also inzwischen zum Team der Straße.

Es gab einige Momente während der letzten sechs Wochen, in denen ich mich zurück in mein Bett in der schönen, sonnigen Altbauwohnung in Berlin-Neukölln gewünscht habe, aber das waren nur kleine, sentimentale Schwächeanwandlungen. Jetzt, in diesem Augenblick, zweifle ich zum ersten Mal wirklich. Was für eine haarsträubend dumme Idee! Wie naiv von uns, zu glauben, die ganze Welt wäre zwei voll bepackten Radfahrern freundlich gesonnen.

Ich muss an das Foto von Michael Rockefeller denken, das ich vor drei Jahren im Metropolitan Museum in New York gesehen habe. Da sitzt ein blonder, blasser Jüngling mit Button-down-Hemd, Brille und Kamera zwischen ein paar wild aussehenden Ureinwohnern von Neuguinea. Er verschwand bald darauf und wurde nie wieder gesehen. Vielleicht von einem Krokodil gefressen, vielleicht von den Asmat selbst... Mir wird kotzübel. Klar, Kasachstan ist ein freundliches, einigermaßen zivilisiertes Land. Hier frisst man keine Radfahrer, aber es spricht eigentlich nichts dagegen, sie zumindest auszurauben und ordentlich zu verprügeln, um ihnen ihre romantisch-abendländische Abenteuerlust auszutreiben.

Hinter uns senkt sich langsam die Sonne, und die Straße in einiger Entfernung ist nur noch durch die Buschreihe und die Reflexionen der vereinzelt passierenden Autos zu erkennen. Als der selbst gebaute Ständer meines Fahrrads mit einem leisen Kratzen hinter uns im sandigen Boden versinkt, zucke ich zusammen. Mir schlägt das Herz bis zum Hals.

»Hansen«, zische ich meinem Zwillingsbruder zu, der neben mir kauert und seinen Kopf zwischen den verschränkten Armen versteckt.

Hansen murmelt irgendetwas.

»Hansen, was machen wir bloß?«

Wäre das Ganze ein Horrorfilm und ich ein Zuschauer im Kino, würde ich dem Darsteller zurufen wollen: »Lauf weg, renn! Du bist in Gefahr!« Aber ich bin nicht im Kino, sondern hocke stocksteif vor Angst irgendwo in einem fremden Land. Ich höre Hansen leise fluchen und vermute, dass er sich gerade ähnliche Gedanken macht. Die Mulde, in der wir liegen, ist das einzige Versteck weit und breit, also wohin sollten wir fliehen? In das weite Grasland der Steppe? Auf dem sandigen Boden können wir mit den Rädern nicht fahren, schon gar nicht mit dem vielen Gepäck. Wenn wir sie jetzt zurücklassen, um wegzulaufen, müssen wir aufgeben, denke ich, und als ob er meinen Gedanken gelesen hätte, sagt Hansen: »Paul, die finden uns hier nicht. Sie sind stärker, aber wir sind klüger. Und schneller. Wenn es hart auf hart kommt, rennen wir weg, lassen die ganze Ausrüstung zurück und scheißen drauf. Bevor die mich kriegen, laufe ich lieber zu Fuß nach Shanghai!«

Der Tag hatte wie viele andere davor begonnen. Es war unser 43. Reisetag und wir brachen morgens auf, um unsere durchschnittlich etwa 120 Kilometer hinter uns zu bringen, Essen zu kaufen, einen Nachtplatz zu suchen, völlig erschöpft einzuschlafen und am nächsten Morgen wieder aufzubrechen. Und so weiter.

Wir hatten den ganzen Tag über starken Gegenwind und mussten gegen acht Uhr abends in ein kleines Dorf namens Algabas, etwa fünf Kilometer abseits unserer Route, fahren, um Wasser zu besorgen. Am Ortseingang wurden wir von einer Traube Kinder empfangen, die uns freudig bis zum örtlichen Lädchen begleitete.

Während Hansen einkaufte, wartete ich bei den Rädern. Die Kinder spielten neugierig aber vorsichtig an den Taschen, meinem Telefon und den Kameras herum. Ein paar durften auf meinen Schoß und ein Foto mit der frontal montierten Kamera von sich auf dem Rad machen. Als Hansen wenig später mit Wasser bepackt wieder auftauchte und wir uns auf den Weg machten, rannten die Kinder noch neben uns her, bis wir den Ortsausgang erreicht hatten.

Seitdem wir am 12. Mai über die Grenze nach Kasachstan gefahren waren, sind wir in dieses Land verliebt. »*Kazachstan normal?*«, fragt mich Hansen manchmal, wenn ich verträumt in die weite Landschaft schaue, und ich antworte jedes Mal mit »*Da!*«, was soviel heißt wie »Ja!«. Was genau »*Kazachstan normal*« heißt, wissen wir gar nicht, aber wahrscheinlich etwas wie: »Gefällt dir Kasachstan?« oder »Kasachstan gut?« Denn wir hören diese Frage, egal wo wir auftauchen, und bekommen immer feste Schulterklopfer und ein breites, zustimmendes Lachen geschenkt, wenn wir mit »*Da!*« antworten.

In Russland waren die Menschen uns gegenüber weitaus argwöhnischer, hier in Kasachstan werden wir ständig angehalten, weil man sich mit uns fotografieren lassen will. Als Belohnung bietet man uns Bananen, Zigaretten und sogar Geld an. In den Geschäften gibt man uns oft einen Discount oder ein kleines Geschenk mit auf den Weg – Mückenspray, Süßigkeiten oder Würste. »Kasachstan rocks«, sagt Hansen immer wieder mit aufgesetzt cooler Miene und streckt dabei eine Mano Cornuta zum Himmel. Genau, Kasachstan rocks – zumindest bis zu diesem Moment am Ortsausgang von Algabas.

Wir haben gerade erneut richtig Fahrt aufgenommen, da werden wir von einem silbernen Ford Galaxy überholt, abgedrängt und zum Anhalten gezwungen.

Zuerst denken wir, es wäre einer dieser »Fototermine«, wie Hansen und ich die manchmal geradezu aufdringlichen Bitten nach einem Bild mit uns nennen. Aber schnell stellt sich heraus, dass die Insassen alle sturzbesoffen sind. Sasch, wie sie den Allerbetrunkensten nennen, und die anderen zwei haben kein Interesse an Fotos. Der dicke Sasch baut sich vor uns auf: »Warum sprecht ihr kein Russisch?«, schreit er und kommt dabei mit seinem faulig stinkenden Mund immer näher an mein Gesicht. Aus seinem Mund schäumt es. Er streckt mir seine massige Brust in einem verdreckten, verschwitzten weißen T-Shirt entgegen und scharrt mehrfach auffordernd mit seinen ausgetretenen Flipflops im sandigen Straßenbelag. Weil wir kaum etwas von dem verstehen, was er sagt, wird er nur noch wütender.

Sein Handlanger ist ein schmächtiger Typ mit kurzen schwarzen Haaren und einem fleckig gewachsenen, dünnen Bärtchen. Den dritten können wir nur schemenhaft erkennen, er ist hinter den getönten Scheiben des Vans sitzen geblieben, wahrscheinlich um uns schnell folgen zu können, sollten wir doch versuchen abzuhauen.

Wir stehen da, die Räder zwischen die Beine geklemmt, und haben keinerlei Möglichkeit auszuweichen. Abspringen und wegrennen geht nicht. Klar wäre das vernünftiger, aber was passiert dann mit den Rädern? Wahrscheinlich würde der Typ in dem Van sofort aus Spaß drüberrollen. Und selbst wenn wir abhauen würden – wohin sollten wir? Verstecken kann man sich in dieser kargen Einöde nirgends. Sasch versucht, uns von den Rädern zu zerren, aber irgendwie schaffen wir es standzuhalten. Stück für Stück nimmt er unsere Ausrüstung auseinander, schaut mich mit gefletschten Stumpen und verbissenem Blick an, während er versucht, unsere bis drei Meter sturzfeste Outdoor-Kamera mit der bloßen Hand zu zerdrücken. Ein lächerlicher Versuch, und der Misserfolg macht ihn nur noch rasender. Er ist blind vor Wut, brüllt uns in einem fort an.

Zuerst schlägt Sasch Hansen in den Magen, sodass der sich vor Schmerzen über seinem Lenker krümmt, dann bin ich dran. Ich spanne meine Bauchmuskeln an und versuche, Abstand zu halten, aber Saschs feiger Handlanger steht hinter mir und hält mein Rad fest. Immer wieder ruft er mir hysterisch zu: »Fahr doch, na fahr doch, du Schwächling«, nur um uns, sobald wir einen Tritt getan haben, an den Gepäckträgern festzuhalten und gackernd aufzulachen. Sasch beginnt, wie ein Wilder die an unsere Räder montierten Kameras abzureißen und auf den Boden zu schmeißen. Danach zieht er mein iPhone aus der Halterung und steckt es sich feixend in die Hose, um mir gleich darauf erneut ordentlich eine zu klatschen.

Diesmal hat er mich nicht richtig hart getroffen, trotzdem beuge ich mich in simuliertem Schmerz hinunter und ziehe dem ekelhaften Ungeheuer mein Handy wieder aus der aufgesetzten Seitentasche seiner Cargohose. Er merkt es nicht. Mein ganzes Leben habe ich es geschafft, mich durch Beschwichtigungen aus Schlägereien herauszuhalten, und jetzt komme ich mir vor wie ein totaler Schwächling. Schwach in dem Sinne, dass ich komplett ratlos bin. Wie soll ich diesem wahnsinnigen Typen begegnen? Reden hilft nicht, sich dumm stellen auch nicht, den Kampf aufnehmen ist erstens nicht mein Stil und zweitens keine Option, denn wir sind den dreien körperlich eindeutig unterlegen. Sasch hat uns voll im Griff. Wenn er will, kann er schlicht ausholen, uns zwei dünnen Jungs ein paar Rippen brechen und das Abenteuer beenden. Jetzt greift er sich Hansen, schlägt ihm mit der flachen Hand gegen den Helm und reißt ihn dann vom Rad. Hansens linker Unterschenkel reißt dabei am Zahnkranz auf. Er liegt auf dem Boden und blutet, sein Gesicht schmerzverzerrt. Es macht mich rasend, wenn man meinem Bruder etwas antut. Und nichts ist schlimmer, als ihm nicht zu Hilfe eilen zu können.

Zum Glück verstehen sich Zwillinge auch ohne Worte. Als ich Hansen einen Blick zuwerfe, begreift er sofort. Ich simuliere einen Nervenzusammenbruch, rede wirres Zeug und zittere und heule wie ein Schlosshund. Hier kriegt ihr was ihr wollt, ihr Vollidioten – einen völlig verängstigten Wohlstandsbuben, den ihr in den Wahnsinn getrieben habt! Zuerst scheint der Plan nicht aufzugehen, denn Sasch packt mich im Nacken und verpasst mir noch einen heftigen Schlag ins Gesicht, um mich »zur Vernunft zu bringen«. Als mein irres Gerede trotzdem nicht aufhört, scheint Sasch dem Spiel zu glauben, denn immerhin hören die Hiebe auf, und die Arschlöcher biegen sich stattdessen vor Lachen. Die ganze Zeit über versuche ich, während ich weiter zittere und heule, mit vorbeifahrenden Autos Blickkontakt aufzunehmen, ohne dass Sasch davon etwas mitbekommt. Aussichtslos. Die Autos fahren schnell vorbei. Entweder traut sich keiner einzugreifen oder sie erkennen den Ernst der Lage nicht.

Als Sasch meinen verzweifelten Blick in Richtung der Autos bemerkt, macht sein vom Alkohol zermartertes Gehirn einen fatalen Interpretationsfehler: Er glaubt, ich hätte aus Angst vor den vorbeifahrenden Autos in deren Richtung gestarrt, und drängt mich nun auf die Gegenfahrbahn, um mich weiter zu demütigen. Ich spiele mit und lasse mich abdrängen. Da kommt, noch ein Stück entfernt, ein Lkw hupend auf uns zugerast und macht zu meinem Schrecken keine Anstalten zu bremsen. War die Aktion ein Fehler? Ich versuche, an Sasch vorbeizukommen, aber er versperrt mir den Weg. Ich bleibe ruhig und mache mich innerlich bereit, mich vom Fahrrad in den Graben zu werfen. Ich bin hellwach, die große, lähmende Angst kommt erst später. Sasch hält mich fest, während sein Handlanger Hansen weiter mit Tritten malträtiert. Eine gefühlte Ewigkeit vergeht, bis ich das erlösende Geräusch der quietschenden Lkw-Bremsen höre. Der Anhänger des Lkw schlingert bedrohlich, und das massige Gefährt bleibt nur wenige Meter von mir entfernt stehen.

Einen Moment lang herrscht Stille, nichts passiert. Dann steigt der Fahrer aus dem Führerhaus, ein Tier von einem Kerl. Mit eisernem Blick und einer riesigen Brechstange in beiden Händen geht er langsam auf Sasch zu. Die drei Betrunkenen kuschen, springen in ihr Auto und fahren rückwärts weg.

Was weiter passiert, wissen wir nicht, denn Hansen und ich nutzen die Gelegenheit und rasen los. Ständig schauen wir, ob wir verfolgt werden, bevor wir hinter einer Kurve einen Abzweig nehmen. Wir sollten uns nicht zu früh in Sicherheit wähnen, diesen Typen ist alles zuzutrauen. »Helme runter!«, ruft Hansen mir zu und reißt sich den neongelb leuchtenden Helm vom Kopf. Geduckt schieben wir die Räder durch das hohe Gras, bis wir eine große Mulde in der weiten Steppe finden. Wir stellen sie ab und legen uns flach auf den Boden.

Tausend Gedanken gehen mir durch den Kopf: War es ein Fehler, die Straße zu verlassen? Hier sind wir ganz allein, wenn sie uns finden, sind wir ihnen hilflos ausgeliefert. Wer weiß, ob sie nicht doch noch hinter uns her sind. Hier kommt kein Trucker vorbei, um uns zu retten.

Nach kurzer Zeit lässt das Adrenalin nach, und alles tut weh. Mein Gesicht glüht und pocht, meine Magengrube schmerzt, und Hansen hat von seinem Zahnkranz einen klaffenden Schnitt an der Wade. Die erste kleine Inventur ergibt, dass die Typen nur ein paar Kamerastative, mein iPhone-Display und die Solaranlage leicht beschädigt haben. »Lässt sich alles reparieren«, fasst Hansen zusammen. Damit hat er recht. Schwerer wiederherstellen lässt sich unser positives Bild von Kasachstan und seinen Bewohnern und diese optimistische Arglosigkeit, mit der wir bisher gut gefahren sind.

Alles fällt so unendlich leicht, wenn man ein Rettungsnetz hat, das meine Mutter Urvertrauen nennen würde. Wenn man grundsätzlich immer vom Bestmöglichen ausgeht. Hansen ist da ein bisschen anders als ich.

Ich glaube, es gibt Menschen, die mich für vollkommen blauäugig halten und denken, ich sei einer von diesen Glückstölpeln, bei denen irgendwie immer alles gut geht. Als ich vor vier Jahren nach meinem Studium nach Berlin gezogen bin, haben mir alle gesagt: »Mach das erst, wenn du einen Job hast, wenn du einmal arbeitslos ankommst, dann bleibt das auch so.« Mich hat das zwar verunsichert, aber ich dachte: Bei mir nicht. Für mein Leben gelten diese Regeln nicht – und bin hingegangen und hab innerhalb von zwei Wochen einen Job gefunden. Einen Superjob sogar. Zwei Jahre später habe ich mir in den Kopf gesetzt, ein Masterstudium anzufangen – an der TU Berlin gab es einen neuen Studiengang, Human Factors, der die Mensch-Maschine-Interaktion untersucht, etwas, das mich total fasziniert. Man braucht dafür entweder ein abgeschlossenes Ingenieursstudium oder ein Psychologiestudium. Ich habe weder das eine noch das andere, nur ein Diplom in Mediendesign. Trotzdem habe ich mich beworben und bin natürlich abgelehnt worden. Daraufhin habe ich so lange angerufen, bis ich einen Termin mit dem Studiengangsleiter bekam – und muss derart enthusiastisch und auch einigermaßen fähig auf ihn gewirkt haben, dass er irgendwann meinte: »Okay, du hast mich überredet, überzeugt hast du mich noch nicht ganz. Aber du bist motiviert, also sollst du eine Chance haben.« Das klingt alles so nach Selfmademan, aber das meine ich gar nicht. Ich glaube einfach in jeder Situation ganz naiv an mein Glück und will Dinge selbst ausprobieren, bevor ich mir eine Meinung darüber bilde. Und deswegen hat mich dieser Vorfall heute umso mehr umgehauen. Ich bin erschüttert und verunsichert, und ich weiß nicht, ob diese Glücksschicht, die mich immer umgeben hat, nun für immer zerstört ist.

»Scheiße«, sagt Hansen immer wieder, »Scheiße«. Anfangs noch heftig und schimpfend, inzwischen resigniert und leise.

Ich weiß, dass er da liegt und dasselbe denkt wie ich: Sollen wir überhaupt weiterfahren, setzen wir nicht alles aufs Spiel, was wir haben? Ich glaube, Hansen weint leise vor Wut. Irgendwann setzt er sich auf und guckt mich an: »Wir müssen was tun, Paul. Hier rumzuliegen macht alles noch schlimmer, lass uns überlegen, wo wir schlafen können.«

Hansen und ich sind eineiige Zwillinge und selbst nach dreißig Jahren auf den ersten Blick kaum voneinander zu unterscheiden. Wir sind exakt gleich groß, haben dieselben Augen, Münder, Nasen, Hände und die gleiche Stimme. Mit niemandem verstehe ich mich so gut wie mit Hansen, mit niemandem streite ich mich heftiger. Und trotz unserer Ähnlichkeit und der gleichen DNA sind wir grundverschieden. Wir haben uns zum Beispiel nie in dieselbe Frau verliebt. Hansen hat sich immer für wilde Abenteuermädchen mit zotteligen Haaren interessiert und ich, wie Hansen sagen würde, für »blonde Spießerfrauen« – das stimmt natürlich nicht immer so, aber ein bisschen was ist dran. Mir sind materielle Dinge wichtiger als Hansen, ich bin unflexibler, vielleicht sogar unfreier. Hansen kann seine Gefühle zeigen, und ich verstecke sie lieber. Ein weiterer Unterschied ist, dass Hansen der Welt mit viel mehr Skepsis begegnet als ich. Vielleicht, weil er mehr Situationen erlebt hat wie diese, nach denen man nicht mehr einfach genauso weitermachen kann wie zuvor.

Der dumpfe Aufprall eines Steins nicht weit von mir, reißt mich aus meinen Gedanken. Ich zucke zusammen und drehe mich um. Weiter unten in der Mulde winkt Hansen zu mir hoch. Hier können wir unser Zelt aufbauen, gibt er mir mit ausladenden Armbewegungen zu verstehen.

Nach einem tourtypischen Abendessen aus Nudeln mit Olivenöl, Äpfeln und Karotten stecken wir vier Heringe in einem weitläufigen Quadrat um unser Zelt auf. Darum herum lassen wir eine Angelschnur laufen, an deren Ende ein Topf wackelig auf dem Fahrrad steht. Sollten sich Sasch und seine Kumpanen in unsere Nähe wagen, werden wir das immerhin mitbekommen. Außerdem haben wir Hansens Buschmesser, einen dicken Prügel und ein paar massive Steine im Vorzelt liegen.

»Sind wir ein bisschen paranoid?«, fragt Hansen mich, als wir nach getaner Arbeit ins Zelt kriechen.

»Kann sein«, antworte ich, »lass uns einfach hoffen, dass wir nichts davon benutzen müssen.«

Obwohl todmüde, liege ich noch eine Zeit lang wach. Hansen und ich haben beim Abendessen ausgiebig über den Vorfall gesprochen. Mit derartigen Risiken hatten wir nicht gerechnet, aber jetzt wissen wir, was das Auswärtige Amt meint, wenn es davon abrät, abends allein in dünn besiedelten Gebieten unterwegs zu sein. Man glaubt es so lange nicht, bis man es am eigenen Leib zu spüren bekommt. Ob wir weitermachen, wollen wir nicht direkt heute entscheiden, sondern erst in den nächsten Tagen, wenn wir etwas Abstand zu der Sache haben.

Das mögliche Ende unserer Reise vor Augen, denke ich daran zurück, wie wir überhaupt auf die verrückte Idee kamen, diese Tour zu planen. Alles fing an in dieser seltsamen Nacht im Februar 2009, in der wir betrunken in einem Hotelzimmer in einem Vorort von Hamburg lagen, nachdem wir am selben Abend 20000 Euro bei Jörg Pilawas Quizshow gewonnen hatten. Zehn für jeden – eine Riesensumme! Damals haben wir überlegt, was wir mit dem Geld machen. Hansen brauchte das Geld vor allem für sein letztes Studienjahr, ich wollte auf jeden Fall den Motorradführerschein machen und mir eine Maschine kaufen. Einen Teil des Geldes wollten wir für irgendetwas verwenden, dass wir zusammen machen konnten. Ein gemeinsames Abenteuer. Es klingt vielleicht seltsam, aber wir hatten uns als Zwillinge, nachdem wir beide das Elternhaus mit Anfang zwanzig verlassen hatten, gar nicht mehr oft gesehen – vielleicht drei- oder viermal im Jahr. Die Zeit verging schnell, und die 10000 Euro waren weg, ehe wir uns auch nur umschauen konnten. Aber der Traum, gemeinsame Abenteuer zu erleben, blieb uns.

»Milano!«, das war Hansens erstes Wort, als er mich irgendwann im Sommer 2009 mitten in der Nacht aus Maastricht anrief.

»Was meinst du damit? Ist das verschlüsselt für: Hallo, wie geht es dir, mein herzallerliebster Bruder, bitte entschuldige, dass ich dich gerade so rabiat geweckt habe?«

»Nein, Mann Paul! Wir fahren nach Milano!«

»Ach ja? Warum?« Ich war zu müde, um zu begreifen, was Hansen da so aufgeregt erzählte. Aber er blieb hartnäckig.

»Mein ganzer Unikurs fliegt zur Möbelmesse nach Mailand, ich hab aber keinen Bock auf Fliegen, lass uns mit dem Rad fahren!«

»Da muss man über die Alpen, Hansen, es ist April, wir erfrieren bei dem Versuch. Das ist unmöglich, das sind mehr als 1000 Kilometer, vergiss es!«

Aber die nächsten Telefongespräche zeigten: Hansen meinte es ernst. Und schließlich ließ ich mich gegen jede Vernunft dazu breitschlagen, mit Hansen und seinem selbst gebauten 36-Kilo-Full-Suspension-Hollandrad a.k.a. »The Great Hannemann« im April mit einer grottigen Ausrüstung über den Gotthardpass von Maastricht nach Mailand zu fahren. Wir hatten keine Erfahrung und haben so ziemlich jeden Fehler gemacht, den man machen konnte, und kamen schließlich geschlagene drei Tage nach Ende der Möbelmesse an, aber viel entscheidender war, dass wir es geschafft hatten. Und dass wir auf den Geschmack gekommen waren! Wir nahmen uns vor, jedes Jahr eine große Radtour zu machen, und jedes Jahr ein wenig weiter. So fuhren wir 2010 von Berlin nach Budapest zum Sziget Festival und im eiskalten schwedischen Spätsommer 2011, mit 23 Regentagen in einem Monat, über 3200 Kilometer zu den

Lofoten im hohen Norden Norwegens. Und wir wollten weitermachen. Während ich noch an die Umrundung der Ostsee dachte, schmiedete Hansen schon ganz andere Pläne.

»Shanghai!«, war diesmal Hansens erstes Wort, als er mich im Herbst 2011 wieder mitten in der Nacht aus Maastricht anrief.

»China«, stellte ich fest. »Und was soll damit sein?«

»Richtig! China!«, schrie Hansen ungeduldig ins Telefon.

Ich konnte nicht fassen, was er da sagte. »Fahr doch gleich um die ganze Welt«, knurrte ich genervt und wollte schon auflegen.

»Okay, du Idiot, das machen wir als Nächstes, aber erst Shanghai, das ist die perfekte Route! Durch Russland, Weißrussland, Kasachstan, Kirgisistan, durch den Himalaja – stell dir das doch mal vor!«

»Hansen, du spinnst, du kannst nicht mit dem Fahrrad durch den Himalaja fahren und ganz sicher nicht mit unserem knappen Budget, jetzt lass mich schlafen!«

Ich legte auf und schaltete das Telefon auf stumm. Wenn Hansen einmal von einer Idee besessen ist, dann gibt er nicht einfach auf. Die nächste halbe Stunde ließ der Vibrationsalarm das Telefon über den Nachttisch wandern. Als ich ihn am nächsten Morgen anrief, war natürlich kein Hansen erreichbar. Klar, der schläft wahrscheinlich noch bis zum Abend seinen Rausch aus, dachte ich. Da hatte ich mich aber schwer getäuscht. Hansen muss so gut wie überhaupt nicht geschlafen haben, stattdessen bekam ich nachmittags eine ziemlich ausführliche E-Mail, in der er eine etwa 13 000 Kilometer lange Route in 150 Etappen eingeteilt hatte. Spätestens da wusste ich: Mein Bruder meint es bitterernst.

Ein knappes Jahr und Hunderte Vorbereitungsstunden später, für die Hansen sogar von Maastricht zu mir nach Berlin gezogen ist, liegen wir tief unten in der Mulde in einem kleinen Zelt, irgendwo in Kasachstan, um uns herum nur Himmel und Steppe.

Hansen ist verdächtig still, ich glaube, auch er kann nicht schlafen. Er hat sich zur Zeltwand gedreht, sodass ich sein Gesicht nicht sehen kann. Man spürt jedoch irgendwie, ob jemand schläft oder wach ist. Bei Hansen habe ich immer das Gefühl, genau zu wissen, was gerade in ihm vorgeht.

Als hätte er meine Gedanken gehört, murmelt er plötzlich: »Wir haben ganz schön Glück gehabt heute.« Eine Feststellung, kein Gesprächsbeginn.

Ich sage »Ja« und versuche, endlich einzuschlafen.

3120 Kilometer liegen hinter uns, knapp 11000 liegen vor uns – wenn wir sie überhaupt noch fahren …

Film ab!

ALTES UND NEUES LEBEN
Berlin bis Moskau

DER GEBURTSTAG / 6. APRIL / BERLIN

Hansen

Für mich ist das Leben nicht immer so einfach wie für Paul. Ich bin eher der Draufgänger, der Abenteuerlustige, der Unorganisierte und hab die Schule nicht so wichtig genommen. Wenn Paul, bis unter die Ohrläppchen voll, nach einer 15-stündigen Tanzorgie feststellt, dass er mal wieder sein Handy verloren hat, gibt es da ganz bestimmt jemanden, der es ihm zurückbringt und dafür sorgt, dass er heil nach Hause kommt. Ich bin der Tüftler und Bastler von uns beiden, und das macht Fahrräder für mich so besonders faszinierend. Bevor ich mir eins kaufe, überlege ich immer erst, wie ich es selbst noch besser herstellen könnte. Und wenn ich doch etwas kaufe, dann entdecke ich garantiert ein Detail, das sich optimieren lässt. Das war schon immer so und hat sich eindeutig noch verschlimmert, seitdem ich mein Hobby mit dem Produktdesignstudium zum Beruf gemacht habe. Paul lässt sich von meiner Bastelwut gerne anstecken, würde aber viel eher einem fertig gekauften Produkt trauen als ich.

Während für mich eine feste Freundin immer wichtig war, hat er so gut wie nie eine richtige Beziehung. Und wenn er doch mal eine hatte und sie nicht mehr wollte, ergab sich das auch irgendwie ohne größeren Ärger. Er segelt jedem ernsthaften Streit aus dem Weg und kommt damit immer problemlos durch. Allerdings nicht bei mir, ich bin vielleicht der einzige Mensch, mit dem Paul jemals ernsthaft gestritten hat – und das nicht zu knapp.

Schon in der Vorbereitung auf die Tour sind wir uns mehrfach in die Haare geraten. Zu Anfang habe ich noch in Maastricht und Paul in Berlin gewohnt, und ich hatte immer wieder das Gefühl, Paul denkt, er müsse überprüfen, ob ich auch wirklich etwas für die Tourvorbereitung tue. So etwas nervt mich tierisch. Er ist fünf Minuten jünger als ich und tut so, als wäre er mindestens zehn Jahre reifer.

Meine Mutter hat uns an einem sonnigen Apriltag unter Vollnarkose per Kaiserschnitt geboren. Es war bereits das dritte Mal in Folge, dass sie mit Zwillingen schwanger war. Die ersten beiden wurden nie geboren, vom zweiten Paar überlebte nur unsere große Schwester Lilli, und beim dritten Mal gebar sie tatsächlich Zwillinge. Ob sich meine Mutter in der Schwangerschaft darüber gefreut hat, erneut doppelt so schwer tragen zu müssen, weiß ich nicht. Jetzt lacht sie, wenn sie davon erzählt, aber die ersten Jahre waren bestimmt kein Kinderspiel. Immerhin hatte sie meinen Vater als Mitkämpfer, der Kinderarzt ist und ihr zur Seite stehen konnte, wenn die Zweijährige im Garten in eine Wespe trat und die Säuglingsbrüder im selben Moment nach der Brust schrien.

Meine Mutter ist Goldschmiedin, und als wir beide unsere kleine, süße Mama um mindestens zwei Köpfe überragten und in die weite Welt wollten, schenkte sie uns jedem einen Ring, den wir beide seither jeden Tag tragen. Er ist flach und silbern und hat eine goldene Mitte, auf der für Paul ein Kreis mit einem Punkt darin eingraviert ist und für mich zwei parallel laufende gewellte Linien und ein abschließender gerader Strich. Die Erklärung dafür? Als wir etwa vier Jahre alt waren, fragte meine Mutter uns beide: »Sag doch mal, was ist die Welt eigentlich für dich?« Und Paul antwortete: »Hier bin ich, und um mich herum ist Welt.« Und ich habe gesagt: »Hier bin ich, dann kommt ganz viel Wasser und dahinter eine Mauer und dann nichts mehr.« Daran muss ich in letzter Zeit oft denken. Paul, der Egozentrische, ich, der Selbstlose. Man kann es so interpretieren, und sicherlich gibt es einen wahren Kern, aber im Moment bemerke ich stärker denn je die Gemeinsamkeit.

Wahrscheinlich, weil wir einen gemeinsamen Plan haben, einen, der uns beiden tagtäglich exakt dasselbe abverlangt. Es gibt für mich ein Ziel, nach dem ich mich sehne, und ich denke, wenn ich das erreicht habe, bin ich glücklich, und das ist bei Paul nicht viel anders. Im Augenblick ist das Ziel ganz konkret und dennoch so ungreifbar: Shanghai.

Es ist der erste Abend unserer Reise. Heute Morgen sind wir aufgewacht und haben uns gegenseitig zu unserem dreißigsten Geburtstag gratuliert. Wir lagen nebeneinander im Bett, wie auch die letzten paar Nächte zuvor, da wir unsere Zweizimmerwohnung für die Hochphase der Tourvorbereitung völlig umstrukturiert hatten. Der Flur war das Lager, mein Zimmer die Werkstatt und Packstation und Pauls Zimmer Büro und Schlafzimmer. Paul hat uns einen Plan aufgestellt, in dem die letzten Tage in Stunden aufgeteilt waren, was wann genau zu tun sei. Und an viel Schlaf war nicht zu denken. Gestern Abend, als wir noch mit ein paar Freunden und unserer Mutter in der Bellman Bar auf unseren Geburtstag angestoßen haben, haben uns alle mit Schrecken begutachtet: »Ihr seht ja schon jetzt aus wie lebendige Leichen, wie wollt ihr euch denn morgen überhaupt aufs Rad setzen?«, hat unsere Freundin Agatha uns gefragt. »Keine Ahnung, aber die 25 Kilometer bis zum Müggelsee werden wir schon irgendwie schaffen!«, haben wir geantwortet.

Das Lagerfeuer prasselt gemütlich vor sich hin. Ich drehe vorsichtig mein Stockbrot über der Glut. Es ist 23 Uhr nachts, noch eine Stunde, dann geht unser dreißigster Geburtstag und der erste Tag der Tour zu Ende. Paul und ich sitzen mit einer Hand voll Freunden am kleinen Müggelsee. Sogar zwei Unbekannte, die auf die Einladung auf unserem Blog gestoßen sind, haben es zu der Grillstelle geschafft. Es wird gelacht, getrunken, gegrillt und ein Spiel gespielt, das ich zuletzt in der Schule gemacht habe: Flaschendrehen, »Wahrheit oder Pflicht«. Immer wieder schaue ich erst in die lachenden, vom Feuer angeleuchteten Gesichter meiner Freunde und dann zu Paul, der mir ge-

genübersitzt. Manchmal treffen sich unsere Blicke, und ein stummes Nicken bestätigt unseren Gedankengleichschritt. Marei, eine alte Schulfreundin, bemerkt meine Abwesenheit und drückt frech mein Stockbrot ins Feuer, reißt mich so aus meinen Tagträumen und lacht mich an. Die Flasche zeigt auf Paul. Er ist zu feige für die Wahrheit und wählt die Pflicht. Er muss die nächsten Runden jeden Satz mit »Aye Käpt'n« beenden, das hat sich sein bester Freund Koni a.k.a. Käpt'n Koni ausgedacht. Schallendes Gelächter. Dieser Geburtstag ist der schönste seit Langem. Das großartigste Geschenk ist ein unbeschreibliches Gefühl von Freiheit, das mich seit dem Schließen der Wohnungstür nicht mehr verlassen hat.

Nach und nach gehen alle Freunde nach Hause, es ist Karfreitag, der 6. April 2012, und langsam wird es richtig kalt am immer schwächer brennenden Feuer. Noch ein paar letzte Glückwünsche, Verabschiedungen und Umarmungen, bis Paul und ich allein dastehen. Zum ersten Mal bauen wir unser Zelt auf und räumen die Taschen in die Apsis. Kaum sind wir in die warmen Schlafsäcke gekrochen, fängt es an zu regnen.

»Gute Nacht, Bro«, sage ich gegen Pauls Seite der Zeltwand.

»Gute Nacht, Hansen«, antwortet er, und ich starre an die Decke des Zeltes. Mein neues Zuhause für die nächsten 180 Tage. Ich denke daran, wie seltsam es war, heute die Friedelstraße in Richtung Maybachufer hochzufahren, so, wie ich es fast jeden Tag mache. Rechts aufs Maybachufer abbiegen, am Lidl vorbei und immer weiter. Aber man wird nicht nach einem Einkauf umdrehen oder links zum Bellman abbiegen und etwas später dieselbe Straße wieder nach Hause zurückfahren. Nein, diesmal wird es sechs Monate dauern, bis ich das Rad im Innenhof abschließe und die Treppen hoch in den dritten Stock laufe. Vielleicht auch kürzer, vielleicht auch länger – oder wer weiß, vielleicht kommen wir ja auch gar nicht zurück.

Meine Gedanken schweifen ab. Tropfen prasseln auf die Zeltplane. Es dauert keine fünf Minuten, bis ich eingeschlafen bin. Als ich aufwache, regnet es immer noch.

DER ERSTE TAG / 7. APRIL / BRANDENBURG

PAUL

»Hansen, aufwachen!« Ich schüttele meinen Bruder, der diesen ersten richtigen Tourtag für meinen Geschmack ein bisschen zu schläfrig beginnt. Klar, es regnet, und der Kopf ist verkatert, aber hallo! Es geht los!

»Lass mich, du nervst.« Hansen guckt verärgert, aber ich sehe sofort, dass es nur gespielt ist. Kein anderer würde das erkennen, aber irgendein Ausdruck in unseren Gesichtern macht es uns unmöglich, einander anzuflunkern. Im nächsten Moment muss er grinsen und schält sich voller Elan aus dem Schlafsack. »Wo bleibt mein Kaffee, Butler?«

»Ja, Sir, das habe ich mir auch gerade überlegt, wie machen wir es eigentlich mit dem Kaffee, wenn es draußen jeden Augenblick wieder regnen kann und wir kein Gas haben?«

»Sie sind der faulste Butler, den ich kenne«, antwortet Hansen, zieht sich an und macht sich daran, einen kleinen Stapel Holz vor dem Zelt aufzuschichten. Ohne eine Tasse schwarzen Kaffee geht bei uns morgens überhaupt nichts.

»Ich frage mich, wie viele Kalorien wir auf dieser Tour verbrennen werden und wie vor allem du Hungerhaken danach aussehen wirst«, sage ich, während ich den schmalen, sehnigen Rücken meines Bruders beobachte, der sich über den Topf mit dem kochenden Wasser beugt.

»Na, für deine Plauze brauchen wir schon ein bisschen mehr als nur 13 000 Kilometer«, lacht Hansen.

Eigentlich haben wir die gleiche Statur, mit dem Unterschied, dass ich normal dünn bin und Hansen noch ein bisschen dünner, und ja … spätestens seitdem ich zwei Jahre lang jeden Abend mit meiner Exfreundin Marie leckere Sahnesoßen verspeist habe, habe ich minimal Speck über den Hüften angesetzt – Hansen nennt es trotzdem »Plauze«.

Nachdem wir im mittlerweile strömenden Regen unser erstes Lager abgebaut haben, setzen wir uns auf die Räder und steuern gen Osten. Das feuchte Zelt ist ultraschwer, das hätten wir eigentlich trocknen lassen müssen. Ich bin heilfroh, Hansen immerhin nicht mehr auf diesem selbst gebastelten Fahrradmonstrum zu sehen, mit dem er damals von Maastricht nach Mailand gefahren ist. Diesmal haben wir beide dieselben schnieken schwarzen Tourenmaschinen, die uns Wolfgang von Serpentine Velosport in Hilzingen und der Hersteller tout terrain gesponsert haben – und das, ohne uns überhaupt jemals getroffen zu haben. Da soll noch einer den Schwaben nachsagen, sie seien geizig! Ach, der Bodensee …

Weit kommen wir heute nicht, aber das war abzusehen. In der Nähe von Kagel suchen wir uns ein Plätzchen und bauen das Zelt auf. Innen drin ist es kuschelig, aber nur, wenn man im Schlafsack dicht nebeneinander liegt. Hansen und ich schauen raus: Vor dem Zelt steht eine alte Eiche, die von einem Biber getötet wurde, halb angefressen hat der miese Typ sie stehen lassen. Aber vielleicht braucht der Baum gar kein Mitleid, es ist arschkalt und schneit, der Wind pfeift, und ich kann mir nicht vorstellen, dass die Eiche es genießen würde, hier im eiskalten Wind zu frieren.

»Hast du schon das Gefühl, unterwegs zu sein, Paul?«, fragt Hansen. Wir haben den ganzen Tag über kaum gesprochen, weil wir mit dem blöden Schneeregen genug zu kämpfen hatten.

»Ich glaub, heute Mittag habe ich zum ersten Mal realisiert, dass wir gerade Richtung Shanghai fahren, auch wenn wir erst in Brandenburg sind«, antworte ich.

»Wir können noch zurück, Paul, dein warmes Bettchen ist höchstens 70 Kilometer entfernt!«

Tja, verführerischer Gedanke, aber kein Bett der Welt geht über einen Schlafplatz am See, und wenn der Biber die Zeltstangen in Ruhe lässt, werde ich hier heute selig schlafen.

So dachte ich, aber Pustekuchen, denn sobald ich Ruhe um mich herum habe, beginnt sich der lange gelbe Notizzettel in meinem Kopf auszurollen, und ich fange an, die imaginäre To-do-Liste abzuhaken: Postnachsendeauftrag, check, Auslandskrankenversicherung, check, Visa, kein check, ein ziemlicher Stressfaktor, denn die neuen Pässe mit den Visa müssen uns nach Lettland nachgeschickt werden. Vor unserer Abreise haben wir es nicht mehr geschafft, das alles unter Dach und Fach zu bringen. Mietdauerauftrag, check, Erste-Hilfe-Tasche, check, Gaskartusche … »Hansen, Mist! Wir haben vergessen, Gaskartuschen zu besorgen!«

»Dann machen wir eben ein Feuerchen«, gibt Hansen nüchtern zurück und zieht sich den Schlafsack übers Ohr. Bevor mir noch weitere Dinge einfallen, die ich vergessen habe, schlummere ich ein.

Der nächste Tag verläuft nicht viel anders. Es schneeregnet, die Temperaturen sind knapp unter dem Gefrierpunkt, und richtig weit kommen wir nicht. Wir haben die Brandenburger Seenplatte hinter uns gelassen, und die Fichtenwälder mit moosigem Boden weichen langsam großen brachliegenden Feldern. Vereinzelt stehen kleine Birkengrüppchen in der Mitte der Felder, wie Palmeninseln verloren im weiten Meer. Die Straßen sind hinter dem Grenzübergang nach Polen deutlich schlechter geworden, die Wurzeln der Alleebäume heben den Asphalt an vielen Stellen zu hohen Schwellen an und haben hier und da die Straße über ihre ganze Breite aufgerissen. An einer kleinen Kapelle am Straßenrand halten wir an, um eine Pause zu machen. Genau in diesem Moment reißt der Himmel auf, und die Sonne vertreibt mit ihren angenehmen Strahlen die Kälte eines feuchten Apriltages. Vögel fangen an zu zwitschern, und der Geruch der Luft verspricht wärmeres Wetter.

Ich schaue mich um. Die Landschaft erinnert mich an die Gegend am Bodensee, in der ich aufgewachsen bin. Nur Berge gibt es hier nicht so viele, genau genommen gar keine. Eine hügelige Erhebung im Osten wird wohl die einzige Herausforderung an diesem Tage sein. Ein Traktor fährt an uns vorbei, bestückt mit schwerem Gerät. Über ihm kreisen Möwen wie die Geier. Ein seltsamer Anblick. Ich dachte immer, Möwen gäbe es nur am Meer.

Wir sind zwar erst ein paar Tage unterwegs, aber meine Handgelenke fangen schon an weh zu tun. Ein Schlagloch nach dem anderen staucht sie wieder und wieder zusammen. Da fragt man sich, wie die Autos trotz allem mit über 100 Stundenkilometern an uns vorbeirasen können.

»Paul, wir kriechen voran wie der letzte Senioren-Sonntagsfahrklub«, reißt mich Hansen aus meinen Gedanken.

»Hey, was erwartest du, wir sind gerade einmal zwei Tage unterwegs!«

»170 Kilometer pro Tag von jetzt an, bis wir die russische Grenze erreicht haben.«

»Du spinnst, das ist total unrealistisch. Wir fahren uns ein! Und außerdem gibt es noch einiges, das wir vor der russischen Grenze erledigen müssen. Ich sage nur: Visa!«

»Okay, schlag du was Konstruktives vor.«

»Gib mal die Karte!«

Hansen holt die Karte, und ich fahre mit einem kleinen silbernen Kilometermesser die Strecke ab. Man kann auf einem Rädchen den Kartenmaßstab einstellen und dann an einem beliebigen Punkt auf der Karte loslegen und die gewünschte Strecke abrollen, so ermittelt man die tatsächlichen Streckenkilometer, ganz manuell. Ich liebe dieses Ding, meine Exfreundin hat es mir vor der Ungarntour geschenkt – man fühlt sich immer ein bisschen wie ein Entdecker aus dem 19. Jahrhundert.

»Sag an, Mr. von Humboldt, was ist der Plan?«, macht Hansen sich über mich lustig.

»Wir müssen 720 Kilometer bis zur russischen Grenze schaffen – in fünf Tagen. Lass uns einen kleinen Puffer einplanen, das macht 140 Kilometer am Tag.«

»Okay, abgemacht. Aber morgen machen wir 170!«

»Ja, klar, Hansen, weil du es bist ...«

Bleibt nur zu hoffen, dass die Visa tatsächlich vor der russischen Grenze auf uns warten, denn ansonsten hätten wir uns die ganze Eile komplett sparen können. Aber das Thema spreche ich jetzt lieber nicht an.

Unsere erste Grenze muss gefeiert werden, der erste Abend im Ausland. So sitzen wir entspannt am Lagerfeuer, circa 35 Kilometer hinter der polnischen Grenze, trinken Żywiec-Dosenbier und essen Spätzle mit puren passierten Tomaten, über dem eigenen Feuerchen gekocht: ein Festschmaus! Heute Abend ist es etwas wärmer, fast sommerlich. Ein kleines Flämmchen nagt noch mit genüsslichem Knistern an dem letzten Stück Holz.

»Ich habe das Gefühl, das ist das erste Mal seit Langem, dass wir richtig entspannt und friedlich zusammensitzen, oder?«, frage ich Hansen.

»Stimmt. Irgendwas war immer. Die Vorbereitungszeit mit der ständigen Sorge, ob wir es wirklich realisieren können, das hat mich viel mehr gestresst, als ich mir vorgestellt hätte.«

»Ja, man sagt sich immer: Ach, gucken wir einfach mal, wir geben, was wir können, aber wenn es nicht klappt, klappt's eben nicht …«

»… aber dann hängen schon viel zu viele Menschen mit drin, die man nicht enttäuschen will. Und zu viele, die einem die Tour nicht wirklich zugetraut haben und denen man Recht geben würde, das kratzt irgendwie am Stolz!«, vervollständigt Hansen meine Gedanken. »Und die Sponsoren! Ich weiß manchmal gar nicht, ob ich mir mehr in den Arsch beißen würde, weil's nicht klappt oder weil ich so enttäuscht darüber wäre, andere zu enttäuschen.«

Seitdem wir sprechen können, haben Hansen und ich die Angewohnheit, die Sätze des jeweils anderen zu beenden. Das fühlt sich noch nicht einmal übergriffig an, wie ich es bei anderen Menschen empfinden würde. Es ist irgendwie natürlich. Unsere Mutter erzählt immer wieder davon, wie wir als kleine Kinder kommunizieren konnten, ohne dass irgendeiner sehen oder verstehen konnte, wie wir das machten. Wir müssen bereits als zehn Monate alte Babys so ansteckend und herzlich miteinander gelacht haben, und niemand hat je erfahren, warum. Und selbst als wir die Sprache aus der Welt da draußen übernahmen, taten wir das mit einer abgewandelten, teilweise seltsamen Betonung. Zum Beispiel haben wie nie »Kinn« gesagt, mit kurzem i, sondern das i ganz unmöglich langgezogen. Als ich Hansen sage, was mir gerade durch den Kopf geht, muss er lachen: »Weißt du noch, woran sich Mama auch gern erinnert? Es soll Momente beim Frühstück gegeben haben, als wir noch sehr klein waren, da hat einer von uns angefangen, von seinem nächtlichen Traum zu erzählen, und der andere hat ihn fertig erzählt.«

Hansen lacht und wiegt sentimental den Kopf: »Krass. Hach, wir zwei … Wenn die Tour irgendjemand schaffen kann, dann wir beide!«

DIE GRENZE / 10. APRIL / GORZÓW

Hansen

Wie war das mit den 170 Kilometern täglich, die Paul noch auf realistische 140 runtergeschraubt hatte? Schon der erste Tag mit diesem Vorhaben ist gründlich danebengegangen, wir haben heute nicht mal 50 davon geschafft. Immer wieder holt uns etwas ein, dass wir vor der Abfahrt vergessen haben und das noch schnell geklärt werden muss. Hoffentlich geht das nicht so weiter.

»Hier stinkt es überall!«

»Das bist du selbst! Wir haben, seitdem wir losgefahren sind, keinmal geduscht – schon vergessen?«, schreit mir Paul über seine Schulter zu.

»Ist klar, aber ich meine: Polen stinkt mir. Die Leute verbrennen einfach ihren Müll überall, das muss doch supergiftig sein, zumindest riecht es so!«

»Mag sein, aber wir sind auch nicht gerade eine Wohltat für die Nasen unserer Mitmenschen. Hast du gemerkt, wie die Leute im Supermarkt die Nase gerümpft haben? Wie sieht's aus, sollen wir mal irgendwo klingeln und fragen, ob wir duschen dürfen?«

»Du bist gut, darauf haben die hier nur gewartet. Würdest du jemanden wie dich ins Haus lassen?« Ich mustere Paul mit seinen staubgrauen Jeans, den ölverschmutzten Fingernägeln und dem flaumigen Oberlippenbart, der eine zarte, aber keineswegs ansehnliche Spur über seinen trockenen Lippen bildet. Und, verflucht, ich sehe genauso aus! Ich stimme meinem schmutzigen Spiegelbild zu, zumindest versuchen kann man es ja. Mehr als verjagen können sie uns nicht. Wir verlangsamen das Tempo und schauen uns die Häuser an, an denen wir vorbeifahren. Sie haben Vorgärten und sehen ein bisschen kitschig-kleinbürgerlich aus, wie zu groß geratene Schrebergartenhäuser.

»Welches nehmen wir?«, frage ich Paul.

»Ist doch egal ... guck mal, da drüben liegt Kinderspielzeug im Garten, die haben vielleicht Verständnis für Dreckspatzen.«

Gesagt, getan. Wir parken die Räder am Gartenzaun und gehen auf dem gepflasterten Weg auf das Häuschen zu. Wir klingeln, eine Frau mit blondvioletten Locken öffnet und schaut nicht gerade freundlich. Bevor Paul noch »*Excuse me, we just wanted to know if ...*« sagen kann, schimpft sie los und lockt damit ihren Mann von der Fernsehcouch hoch, der uns mit einer Drohgebärde durch den Vorgarten zurück zu unseren Rädern jagt.

»Okay, das müssen wir für meinen Geschmack nicht noch mal versuchen«, sagt Paul, und ich witzele: »Wir stinken wie die Iltisse! Der arme Mann hat keine Luft mehr bekommen!«

Und das Ende der Geschichte: Wir haben uns in ein eiskaltes Bächlein gewagt und sind bewaffnet mit ein bisschen Shampoo untergetaucht. Eine echte Überwindung, aber nachher fühlten wir uns umso sauberer.

Am nächsten Tag wollen wir zumindest ein paar Kilometer weiter als die gesetzten 140 Kilometer fahren, um etwas vom gestrigen Tag wiedergutzumachen. Das Wetter wechselt im 15-Minuten-Takt – April à la carte. Die Landschaft verändert sich langsam, je tiefer wir Richtung Litauen fahren, desto mehr erinnert sie mich an Skandinavien: endlose Laub- und Birkenwälder auf Sandboden, vereinzelte Seen und lange, gerade Straßen, die an kleinen Siedlungen und Bauernhöfen vorbeiführen.

Paul und ich haben unseren ersten richtigen Streit hinter uns. Irgendwann heute Morgen, wahrscheinlich während einer kurzen warmen Sonnenphase, hat er seine Fleecejacke verloren – wie kann man nur so fahrlässig sein? Zugegeben, ich habe vielleicht etwas überreagiert, aber wie kann man nach nur einer Woche Tour ein derart wichtiges Kleidungsstück verlieren? Mich hat vor allem genervt, wie gleichgültig Paul darauf reagiert hat. Als ob er sie an der nächsten Tankstelle nachkaufen könne. Kann er aber nicht! Wir haben bis auf die letzte Sicherheitsnadel alles peinlich genau geplant und abgezählt. Tagelang haben wir zu Hause auf der Suche nach der richtigen Jacke das Internet und verschiedene Läden durchforstet, und dann legt er sie einfach auf seinen Gepäckträger ab und verliert sie ... Fleece weg! Nach unserer Auseinandersetzung treten wir beide wütend in die Pedale. Immerhin diese Extraenergie kann man dem Streit als positiv abgewinnen. Irgendwann tut mir Paul ein bisschen leid, das heißt, mir tut es leid, dass ich heftiger als nötig reagiert habe. Eigentlich ist es meistens so, dass einer von uns beiden nach kurzer Zeit die Versöhnung anbietet, egal wie heftig der Streit war. Wir können uns zoffen, aber wir können uns auch alles schnell verzeihen ...

»Blut ist dicker als Fleece, Paul«, sage ich, als ich mich auf seine Höhe habe zurückfallen lassen. »Lass uns erst mal was essen, okay?«

In einem kleinen Dorf legen wir auf einem Kinderspielplatz eine Pause ein. Statt Keksen gibt es heute Karotten, *w czekoladzie*, Lachs aus der Dose mit fluffigem Weißbrot und Butter, außerdem etwas Käse mit Ketchup und ein Karamelleis. Ein kurzes Nickerchen nach diesem Fest- und Versöhnungsschmaus und weiter geht es Richtung Olsztyn.

Als ich in einer kleinen Einbuchtung wieder zurück auf die Straße fahre und die Navigation auf meinem am Lenker befestigten Handy aktivieren will, schreit Paul auf einmal hinter mir:

»Aaaachtung!« Ich drehe mich rasch um und fahre zur Seite, in der Annahme, dass sich ein Fahrzeug von hinten auf mich zu bewegt. In diesem Moment schießt mir ein Lkw keine 30 Zentimeter entfernt auf meiner Fahrbahn entgegen. Ich falle beinahe vom Rad. Damit hatte ich nicht gerechnet! Gerade eben war meine Straßenseite doch noch frei. Der Lkw fuhr wohl hinter einem anderen Laster auf der Gegenfahrbahn und hat in den wenigen Sekunden, in denen ich auf mein Handy geschaut habe, zum Überholen angesetzt. Mein Herz rast. »Verdammt, wenn ich dich nicht gewarnt hätte, wärst du jetzt Matsch!«, schreit Paul mich wütend an und fügt dann etwas ruhiger hinzu: »Wir müssen uns klarmachen, dass wir als Fahrradfahrer hier keinerlei Rechte haben, es interessiert die schlicht nicht, ob du Vorfahrt hast.« Immer noch vor Schreck zitternd, fahre ich langsam weiter. »Wir müssen noch viel vorsichtiger werden, wenn wir heil ankommen wollen«, höre ich Paul hinter mir sagen. »Der überholende Gegenverkehr ist mindestens so gefährlich wie die Autos, die von hinten kommen.«

Wir beschließen, uns ab jetzt bei Gegenverkehr immer mit dem Ruf »Vorne!« zu warnen. Es wird noch einige Situationen geben, in denen uns diese Maßnahme die Haut rettet.

Der nächste Tag verläuft super. Der erste Tag nach einer Versöhnung ist immer der beste, schließlich wissen wir: Der nächste Streit wird nicht lange auf sich warten lassen! Wir haben 125 Kilometer hinter uns gebracht – den Wind im Rücken, die Sonne im Gesicht. Ein perfekter Reisetag gefolgt von einer traum- und harmlosen Nacht.

Der Tag begann mit der üblichen Morgenprozedur: gegen fünf Uhr, wenn die Sonne aufgeht, aufstehen, alle Klamotten zusammenraffen, die Isomatten aus dem Zelt schieben, splitternackt aus dem Zelt kriechen und sich auf der Isomatte stehend anziehen. So funktioniert es, wenn man keinen Fuß auf den feuchten, eiskalten Boden setzen will, denn in dieser Nacht hat es gefroren, und das Zelt ist zu klein und zu niedrig, um sich darin anzuziehen. Weil es so kalt ist, muss man beim Anziehen superschnell sein, meistens zittere ich so, dass ich die Beine kaum in die Radlerhose bekomme, es folgen die Nylon-Beinstulpen, die lange Unterhose, wenn es richtig kalt ist, Socken und sogar Jeans – zumindest für die ersten Kilometer, bis man etwas aufgewärmt ist, denn dann wird die Jeans gegen eine Badehose ausgetauscht. Oben herum: langes Unterhemd aus Merinowolle (genau das, was einem Mütter im Winter empfehlen, man aber selbst zu unsexy findet), die 200er-Fleecejacke (nur ich …) und darüber den Windbreaker. Anfangs haben wir auch noch Handschuhe getragen. Immerhin hat die Prozedur den gleichen Effekt wie eine kalte Morgendusche – man ist in kürzester Zeit hellwach! »Fertig«, rufe ich Paul ins Zelt zu; jetzt ist er an der Reihe.

Endlich fahren wir los. So langsam wird die Landschaft wieder hügeliger. Kleine Seen und Bäche schlängeln sich in den Tälern und lassen die umliegenden, von Feldern überzogenen Hügel aussehen wie rasierte Köpfe. Traktoren ziehen riesige Pflüge und schwarze Rauchwolken hinter sich her, während sie Felder bestellen, die so groß sind, dass man Tage bräuchte, um drumherum zu laufen. Von manchen kann man das Ende nur erahnen, an einem der dunklen Waldränder am Horizont oder da, wo sich im Dunst die Silhouetten einer Ortschaft abzeichnet. Wir haben uns entschieden, weniger nach Karte und mehr nach Navigationsgerät zu fahren. Das hat den Vorteil, dass wir kleinere, unbefahrenere Straßen nehmen können, welche zudem auch meist die kürzere Route darstellen. Der Nachteil ist, dass sie manchmal, nachdem man schon viele Kilometer gefahren ist, plötzlich zu unwegsamen Sandpisten und Schlammlöchern werden, die einem mit dem schweren Fahrrad den Schweiß ins Gesicht treiben.

Gestern wurde eine Straße plötzlich zu einem Privatweg, von dem uns ein Bauer wegjagte. Die Alternative war ein morastiger Pfad durch schulterhohe junge Weiden und gelbes Gras, der uns erst mehrere Kilometer später wieder auf eine anständige Straße führte. Witzig, wenn man bedenkt, dass dieser Pfad der Weg nach Shanghai ist. Hätten wir den Bauern gefragt: »Entschuldigung, ist dies der Weg nach Shanghai?«, hätte der uns wahrscheinlich mit der Mistgabel ins nächste Irrenhaus getrieben.

Je näher wir der litauischen Grenze kommen, desto weniger Siedlungen und Dörfer findet man. Auch die Landwirtschaft scheint die Grenze zu meiden. Es gibt endlose Wiesen, auf denen vereinzelt kleine Tannen stehen, als ob man sie nach Weihnachten wieder eingepflanzt hätte. Das gelbe Gras auf den Wiesen ist lang und vom Schnee im Winter platt auf den Boden gedrückt, hier und da steht noch ein Stängel von einer Pflanze, die dem Druck des Schnees widerstehen konnte. Niedrige Büsche säumen die Wiese, bevor sie in einen lichten Mischwald übergeht, aus dem hohe, windschiefe Kiefern emporragen.

Plötzlich ist die Straße zu Ende. Ein Schlagbaum versperrt die Weiterfahrt. Wir fragen uns kurz, warum, wundern uns aber nicht weiter, steigen ab und manövrieren unsere Räder durch das dichte Gebüsch. Äste hauen uns ins Gesicht, das Gestrüpp wird dichter, bis wir an eine freigeschlagene Schneise kommen – ein breiter, unbewachsener Streifen, der mich an diese öden Todesstreifen damals zwischen West- und Ostdeutschland erinnert. Dahinter finden wir einen riesigen elektrischen Grenzzaun mit einem verschlossenen Tor.

»Komisch, Paul, ist das jetzt die Grenze zu Litauen?«

»Keine Ahnung, lass mal versuchen, die Pforte zu öffnen.« Wir testen mit einem Grashalm, ob der Zaun unter Strom steht und ruckeln an der Tür. Nichts tut sich.

»Was soll der Scheiß, wir wollen doch nur von einem Schengenstaat in den anderen reisen, was soll diese beschissene Tür!«, schreie ich übertrieben laut, in der Annahme, dass hier eh niemand ist, und stemme mich mit aller Gewalt gegen die Pforte. Nichts.

»Komm, Hansen, vergiss es, an dieser Stelle kommen wir nicht durch und nicht drüber, lass uns zurückfahren«, ruft Paul.

Ich laufe noch kurz an dem Zaun entlang und bleibe plötzlich stehen: »He Paul, ein Bewegungssensor!« Ich trete gegen den feinen Draht, der fast unsichtbar über den kleinen Pfad gespannt ist. War Litauen wirklich so abgeschottet von Polen? Die Sache wird uns langsam unheimlich, und wir beschließen, den Umweg in Kauf zu nehmen.

Es gibt nichts Schlimmeres, als eine eben gefahrene Strecke auf demselben Weg zurückzufahren. Und das ganze 30 Kilometer – macht 60 Kilometer Umweg, ich könnte ausflippen. Als wir gerade wieder polnisches Land betreten, empfangen uns zwei polnische Grenzpolizisten und verlangen unsere Pässe. »Warum wollten Sie über die Grenze nach Russland eindringen?«, fragt der eine streng.

Wir sind baff. Russland?! Das sollte doch Litauen sein!

»Nix Litauen. Russland, Kaliningrad!« Der Mann guckt schrecklich böse. Paul schaut mich entsetzt an, und der Grenzpolizist hält uns ein Ständchen, während der andere unsere Ausrüstung grimmig mustert. Wir haben an der falschen Tür angeklopft. Unser GPS hat uns tatsächlich an die falsche Grenze geschickt!

Kurze Zeit später erwacht die russische Seite zu Leben. Militärs in Tarnkleidung mit steifen, großen Tellermützen, Uschankas und Kalaschnikows samt ruppiger Spürhunde säumen die Grenze. Eine ganze Armee, mindestens zwanzig Mann, durchkämmen das Gelände. Erstaunlich ist, dass die russischen Grenzpolizisten peinlich genau darauf achten, keinen Fuß über die Grenzlinie zu setzen. Nicht einmal ein Handschlag über die Grenze mit den polnischen Grenzwächtern hinweg scheint erlaubt.

Die grimmigen polnischen Grenzbeamten stellen sich, nachdem wir Ihnen unsere Situation erklärt haben, als ziemlich hilfsbereit heraus und schildern uns geduldig die Lage. Sie teilen uns mit, dass wir wegen unseres illegalen Eindringens auf russisches Hoheitsgebiet eine Strafe zahlen müssten und froh sein könnten, nicht von den Russen geschnappt worden zu sein, denn da wären wir um einiges schlechter weggekommen. Allein das Berühren des Tors hätte unsere Situation wesentlich verschlimmern können, und wir haben immerhin richtig daran gerüttelt und versucht es aufzubrechen … Die Polen versprechen, das nicht zu erwähnen. Es habe Wanderer gegeben, die wegen illegalem Grenzübertritt zehn Jahre ins Gefängnis mussten, so etwas sei ganz bestimmt keine Lappalie, warnen sie uns.

Ich bleibe als Pfand bei den Spürhunden und den mittlerweile hinzugekommenen polnischen Motorradsoldaten, während Paul mit zwei Beamten in die nächstgelegene Stadt fährt, um genügend Geld abzuheben. Auf der anderen Seite werden währenddessen akribisch Fotos von unseren Fußspuren auf russischer Seite genommen, die Profilabdrücke abgegossen und kleine Fähnchen daneben gesteckt. Oh Mann, ich muss mich wahnsinnig zusammenreißen, keinen dummen Kommentar abzugeben. Jetzt lassen sie auch noch die Hunde an meinen Schuhen schnuppern, damit sie unsere Fährte aufnehmen können. Als Paul zurückkommt, blechen wir die Kohle, ganze 500 Euro! Die russischen und polnischen Grenzmilitärs verabschieden sich knapp und formell, und die Russen verschwinden in ihren Camouflage-Jeeps. Als wir uns von ihnen verabschieden, fragen die beiden polnischen Polizisten noch beiläufig, wo wir denn als Nächstes hinfahren wollen, und als wir ihnen unser Ziel verraten, lachen sie. Der eine sagt: »Wenn ihr so weitermacht, würde ich euch Krakau empfehlen, das liegt weit weg von jeder Grenze und ist die schönste Stadt der Welt!«

Später erzählt mir Paul, wie dankbar wir den polnischen Grenzbeamten sein könnten, sie hätten ihm im Auto geraten, alle Fotos und Videos zu löschen, die wir von unserer »Grenzattacke« gemacht haben, das hätte uns ansonsten 250 Euro Strafe pro Foto und Video gekostet!

»Aber selbst wenn du das gelöscht hast, können wir die Daten doch retten, oder?«, frage ich.

»Ja, stimmt, das dachte ich heimlich auch, aber der Grenzpolizist hat mir ins Gewissen geredet. Er meint, wenn irgendwas davon jemals gezeigt werden sollte und die Russen kriegen das mit, ist er seinen Job los.«

»Dann lass es uns jetzt direkt überschreiben«, sage ich und halte die Kamera auf Pauls noch immer etwas blasses Gesicht. »Zumindest eine gute Geschichte, oder?«

»Schon, aber ein bisschen zu teuer für meinen Geschmack.«

Ehrlich gesagt war ich ziemlich froh, Polen zu verlassen. Ich weiß, man sollte nicht von ein paar Eindrücken auf eine ganzes Land schließen, aber so ist das eben beim Reisen, man schreibt ständig an einem imaginären Reiseführer und erklärt sich die Welt in übersichtlichen Schubladen. Es ist ganz subjektiv, aber ich muss es trotzdem loswerden. Ich verstehe die polnische Logik nicht! Einerseits sind sie superkorrekt und man wird nachts von Polizisten verjagt, weil man im Wald nicht zelten darf, andererseits lassen sie gerade dann Fünfe gerade sein, wenn es absolut keinen Sinn ergibt. Warndreiecke bei einem Unfall aufzustellen würde zum Beispiel niemandem einfallen. Andererseits überquert noch nicht einmal ein Punk bei Rot die Ampel. Ich werde nicht schlau aus diesem Land. Ich hatte das Gefühl, keiner spricht hier mit Fremden, es sei denn, sie sind selbst Fremde. Aber wahrscheinlich lag es einfach daran, dass wir zwei unrasierte und ungewaschene Radfahrer waren.

Am nächsten Tag überqueren wir die richtige Grenze. Das Bild vor meinen Augen könnte trister nicht sein, und trotzdem kann es unserer Laune nicht das Geringste anhaben: fünf Grad Außentemperatur, eine graue, verregnete Straße, vorbeidüsende klapprige Laster, und dort hinten ein blaues Schild, das hinter dem Regenvorhang kaum zu entziffern ist. Als Paul, der 100 Meter vor mir radelt, daran vorbeifährt, wirft er dem Schild eine Kusshand zu. Die orangefarbenen Regenüberzüge seiner Fahrradtaschen leuchten durch den Regenvorhang. Jetzt erkenne auch ich den EU-Sternenkranz auf dem Schild. Endlich Litauen. Das richtige Litauen. Zeit, eine Pause zu machen.

»Paul! … Pau---el! Lass uns irgendwo Mittagspause machen. Wie wär's mit dem kleinen Häuschen da?«, frage ich.

»Das ist eine Friedhofskapelle, du Hirni, da kann man nicht einfach 'ne Jause einlegen.«

»Und warum nicht? Meinst du, die Toten stören sich an ein bisschen Gesellschaft?«

Es regnet zu stark, und die trockene Stelle unter dem überstehenden Dach der Kapelle ist zu verlockend, um Pauls Sinn für Pietät aufrechtzuerhalten. Wir drücken uns an die Hauswand und packen die Einkäufe aus. »Ich habe dieses Kümmelbrot noch nie gemocht, aber ich finde es gerade extrem geil.« Pauls Augen leuchten mich über einem großen, gelbgoldenen Laib Weißbrot hinweg an, von dem er genüsslich ein dickes Stück abbeißt. Vielleicht schmeckt er sogar noch ein bisschen besser, weil man sich nirgends lebendiger fühlt als auf einem Friedhof. Aber psssst!

Gestärkt von der Mittagspause fahren wir noch eine ganze Weile weiter durch den dichten Regenvorhang. Seit ein paar Stunden schauen wir kaum noch auf die Straße, sondern haben unsere Augen fest auf dem Display des digitalen Tachos fixiert. Als die Zahl auf Tausend umspringt, fängt Paul an zu schreien.

»Tausend!!!«

Und ich rufe zurück: »Aller guten Dinge sind drei-… zehn!!!«

Wir müssen nur noch das 13-Fache schaffen, und dann sind wir da.

PAPIERE, PAPIERE / 19. APRIL / UTENA

PAUL

Unser unabsichtliches Eindringen nach Russland war ganz bestimmt das Aufregendste, was uns in der letzten Woche passiert ist, aber es sollte nicht ganz ohne Nervenkitzel weitergehen: Unser Russland-Visum wurde um ganze zehn Tage gekürzt. Das galt nicht uns persönlich, sondern es handelt sich um eine neue Regel: »Visa für mehr als 21 Tage werden nicht länger gewährt, wenn die beantragende Person keinen Reiseplan mit Hotelbuchungen vorlegen kann.« So fehlen uns zehn Tage auf unserer Fahrt durch Russland, für die wir eigentlich dreißig Tage berechnet hatten. Und das ist nicht alles: Als wir nach einem 143-Kilometer-Tag von Litauen aus die Grenze nach Lettland überquert hatten und wirklich keinen Zentimeter mehr gegen den nicht enden wollenden Regen anfahren konnten, checkten wir notgedrungen in einem heruntergekommen Trucker-Stundenhotel ein und mussten dort feststellen, dass unsere Ausweise weg waren. Weg!

»Hansen, wo sind die Ausweise?« Meine Stimme kippt.

»Keine Ahnung, Paul, du hattest sie doch irgendwo clever eingepackt!«

Hansen scheint sich in diesem Moment noch nicht entschieden zu haben, ob er ruhig bleiben oder mir an die Gurgel springen will. »Wann haben wir sie denn zuletzt benutzt?«

Der dicke bärtige Rezeptionist schaut uns halb fragend, halb genervt an.

»Fuck, fuck, fuck!!« Ich stampfe mit dem Fuß auf, das scheint zu helfen, denn plötzlich fällt mir ein, wann wir die Ausweise zum letzen Mal benutzt haben. »Polen, Russland, Hansen!«

»Was faselst du da?«

»An der Grenze, Mann! Du hattest die Ausweise in deine Jackentasche gesteckt. Und jetzt sind sie weg.«

Hansen greift noch einmal in seine Jackentaschen und schaut mich entsetzt an. »Scheiße«, sagt er und steckt seine Hand durch die vermeintliche Tasche unten zur Jacke wieder raus. »Ich habe sie wahrscheinlich in den Lüftungsschlitz gesteckt ... Wer hat diese beschissene Jacke entworfen?«

Ich fummele trotzdem noch einmal in meinen eigenen Jackentaschen, weil ich hoffe, sie dort doch zu finden, und entdecke das nächste Dilemma: ein triefnasses iPhone, das bereits gute zwei Stunden ein Bad in meiner Jackentasche genommen haben muss. »Neeeeeiiiin! Nicht auch das noch!« Meine Jacke ist natürlich wasserdicht, aber ich hatte die Tasche nicht zugemacht. Also hat sich das Wasser darin gestaut wie in einer Plastiktüte. Wie blöd kann man sein! Dem Rezeptionisten wird es zu bunt. Ausweise seien ihm eh wurscht, und wenn jemand länger als nur ein paar Stunden bleibe, umso besser.

Auf dem Zimmer schmeiße ich mich aufs Bett und tobe vor Wut über unsere Dummheiten.

»Paul, jetzt reiß dich zusammen«, unterbricht Hansen mein Gejammere. Bau doch das iPhone auseinander, vielleicht lässt es sich trocknen. Wäre nicht das erste Mal, dass wir so was wieder hinkriegen. Und was die Ausweise betrifft ... wir hoffen einfach, dass wir bis Daugavpils nicht kontrolliert werden, und da liegen dann sowieso unsere Pässe mit den Visa für uns bereit.«

Erneut übernimmt Hansen den vernünftigen Part, irgendwas stimmt nicht mit unserer Brüderrollenverteilung, seitdem wir losgefahren sind ...

Das ganze Zimmer hängt voll mit unseren nassen Sachen, die wir zum Trocknen aufgehängt haben. Ich positioniere das Handy vorsichtig in der Nähe der bullernden Heizung und lege mich in meinem Schlafsack auf die verschlissene Bettwäsche. »Wie bist du denn drauf, Paul? Da haben wir ausnahmsweise ein hübsches Bett, und du legst dich in deinen Schlafsack?«

»Hansen, schau dich doch um! Siehst du, was dieses Poster mit dem Sonnenuntergang uns sagen soll? Das ist eine Werbung für Kondome. Das hier ist kein Hotel zum Übernachten, hier wird gevögelt!«

»Aber immerhin scheint man Kondome zu benutzen«, schlussfolgert Hansen nüchtern.

»Vielleicht auch gerade nicht! Vielleicht hätten die das vom Hotel aus Hygienegründen nur gern ... und außerdem Kondome hin oder her, das macht die Sache auch nicht wirklich besser!«

»Komm schon, Paul, sei doch nicht so prüde, das ist ein Hotel d'Amour ... ist doch schön!«, scherzt Hansen.

»Lass gut sein, Mann, sonst baue ich gleich noch das Zelt im Zimmer auf.« Ich rutsche tief in den Schlafsack und schlafe ein.

Am nächsten Tag lässt sich das iPhone tatsächlich wieder einschalten, nur ein paar hübsche Wasserflecken auf dem Display erinnern an das Bad in der Jackentasche. Wir versuchen, möglichst harmlos und unauffällig zu wirken, als wir am nächsten Tag ohne Pässe die Grenze zu Lettland überqueren. Aber offenbar sind zwei voll bepackte Radfahrer spannend genug, sodass man sie auch ein paar Kilometer nach der Grenze rauswinken muss. Uns rutscht das Herz in die Hose. Schicken die uns jetzt zurück? Kann nicht ein Grenzübertritt innerhalb der EU mal reibungslos verlaufen? Die Grenzbeamten mustern neugierig unsere Ausrüstung. Als sie uns fragen, woher wir kommen und wohin wir wollen, und wir wahrheitsgemäß antworten, dass wir auf dem Weg nach China sind, schauen sie uns halb belustigt, halb fassungslos an. »Die sind doch bekloppt«, ruft der eine dem anderen zu, das kann ich verstehen, auch wenn ich kein Wort Lettisch spreche. Aber das denken sowieso alle hier, denen wir begegnen. Jetzt kommt der Moment, vor dem wir uns die letzten 70 Kilometer gefürchtet haben: »*Your passports!*«

Stille.

Ich schaue Hansen fragend an. »*We lost our passports*«, versucht er schüchtern.

»*No passports, no Latvia*«, sagt der Grenzbeamte. Hansen und ich erklären die ganze Geschichte, all die dummen und unglücklichen Umstände, die dazu geführt haben, dass unsere alten Ausweise in irgendeiner polnischen oder litauischen Pfütze schwimmen, und dass die frisch gedruckten inklusive aller Visa fünf Kilometer hinter dieser Grenze in Daugavpils auf uns warten. Wir wurschteln Führerschein und Passkopien aus unseren Radtaschen, der Grenzbeamte wiegt seinen Kopf gespielt nachdenklich hin und her und winkt uns mit einer gönnerhaften Handbewegung durch. »Gute Reise, ihr Knallköpfe! Und wenn ihr eure Pässe nicht wiederfindet, bleibt doch einfach im schönen Lettland, wir können ein paar junge, gesunde Männer wie euch gut gebrauchen!«, scherzt der Größere von beiden und gibt Hansen einen Klaps auf die Schulter.

Beschwingt setzen wir unsere Fahrt nach Daugavpils fort, und als es gerade dämmert, erreichen wir das Hotel, in dem unsere Pässe auf uns warten sollen.

Die Frau an der Rezeption ist in ein Kreuzworträtsel vertieft, als wir uns über die Bar lehnen. Ob in den letzten Tagen ein Päckchen aus Deutschland für uns angekommen sei, fragen wir sie.

»*Niet*.« Sie schüttelt den Kopf.

Noch ein Versuch: »Entschuldigen Sie, wir erwarten ein sehr, sehr wichtiges Päckchen, das eigentlich hier auf uns warten sollte.«

Sie schaut auf: »Der Postbote kam heute Vormittag – nichts dabei. Ihr könnt ja warten.« Uns bleibt also nichts anderes übrig, als zu warten und zwar nicht nur bis zum nächsten Tag, denn es ist Samstag, und sonntags kommt die Post natürlich nicht.

Wir checken ein, und ich freue mich heimlich, endlich Pause zu machen und zwei ganze Nächte unter einem warmen Federbett schlafen zu dürfen. Hansen gehen ganz andere Dinge durch den Kopf: »Paul, meinst du, dieser Visatyp hat einen Fehler gemacht und die Pässe sind von der Post abgefangen worden?« Jetzt erst fällt mir wieder ein, dass wir einen kleinen Trick anwenden mussten, da man Passdokumente nicht mit der Post verschicken darf. Wir haben also mit der Visa-Agentur in Berlin ausgemacht, dass sie uns ein Buch schicken und die Pässe dort hineinlegen. »Du meinst doch nicht, dass der das vergessen hat? Der macht doch so was sicher jeden Tag!«

»Keine Ahnung …« Hansen fängt an, nervös mit den Ringen an seiner Hand auf dem Nachttisch herumzuklappern.

»Hör auf damit, Hansen!«, herrsche ich ihn an. »Ich rufe den Typen an, dann wissen wir's.« Es fühlt sich schon jetzt, nach etwa zehn Tagen, seltsam an, am Telefon eine deutsche Stimme zu hören. Der Visaberater kann mich beruhigen, das Paket habe er vor vier Tagen abgeschickt, anhand der Trackingnummer kann er sehen, dass es in Riga ist, es müsste also Montag, allerspätestens Dienstag ganz bestimmt da sein. Spätestens Dienstag! Ich beschließe, Hansen vorerst nichts von dieser Möglichkeit zu sagen zu sagen. »Hansen, Montag ist es da. Hör auf mit dem Geklappere. Wer duscht zuerst?«

Sich einen festen Strahl heißes Wasser auf die Kopfhaut prasseln zu lassen ist himmlisch. In den ganzen letzten Tagen sind wir immer wieder vom Regen durchnässt worden, mussten in kalten Bächen duschen, um überhaupt sauber zu werden. Und jetzt haben wir im Zimmer Fernsehen, Internet, Federkernmatratze, Minibar! Wir wollen das Beste aus dieser ungeplanten Pause machen und laufen nach der Duschorgie in den nächsten Supermarkt, um uns ein paar Dosen Bier, Wodka, Salami, Brot und Schokolade zu kaufen. Hansen ist auch nach der vierten großen Bierdose noch nicht ganz relaxed, und ich kann ihn nicht davon abbringen, noch einmal zur Rezeptionistin zu wanken.

»Hallo … noch eine Sache. *One thing, unos sachos …*«

»*How can I help you?*« Die Rezeptionistin lässt sich nicht aus der Ruhe bringen.

»Wenn das Paket ankommt …, können sie uns dann sofort (hier baut Hansen eine dramatische Pause ein) … anrufen? Unsere Zimmernummer ist …« Hansen wirft einen Blick die Treppe hoch, als könne er von dort aus die Nummer auf unserer Tür erkennen.

»Ich kenne Ihre Zimmernummer«, unterbricht ihn das lettische Fräulein. »Und nun gute Nacht.«

Hansen trottet davon. »Ich habe alles geklärt«, lallt er. »Wir können jetzt Urlaub machen.«

Dose Nummer fünf muss ich ihm halb voll aus der Hand nehmen, weil er darüber eingeschlafen ist.

Am Montagmorgen nach dem Frühstück ist das Päckchen immer noch nicht da. Wir schreiben im Zimmer Blogposts und skypen mit unseren Eltern, und da wir beide davon ausgehen, dass die Dame an der Rezeption nach Hansens nächtlicher Vorstellung umgehend anruft, sobald das Päckchen abgegeben wird (allein schon, um uns endlich abfahren zu sehen), legen wir noch eine Baderunde ein. Gegen 14 Uhr mache ich mir Sorgen, dass ich Hansen eventuell doch etwas davon sagen muss, dass die Visa auch erst morgen ankommen könnten. Ich laufe runter, um zu fragen, wann der Postbote kommt. »Immer um elf«, lautet die Antwort.

»Und es war wieder nicht …?«, beginne ich, aber da zeigt die Frau auf etwas, das mutterseelenallein auf der Kante der Rezeption steht. »Da!«, sagt sie nur, und ich werfe ihr einen bösen Blick zu. Das Ding steht da seit mehr als drei Stunden, und nicht nur, dass uns keiner Bescheid sagt, sie machen sich noch nicht einmal die Mühe, das kostbare Paket sicher zu verwahren!

Auf der Treppe bleibt mein Blick auf dem angehefteten Inhaltszettel hängen. Was zum Teufel steht da?! *»China Travelbook and two Passports with Visa Documents«*, lese ich. Ist der Typ irre? Der China-Reiseführer sollte doch als Versteck dienen! Wir können von Glück reden, dass die Dokumente überhaupt zugestellt wurden. Hansen reißt mir das Päckchen aus der Hand, öffnet es und blättert aufgeregt in seinem neuen Pass. Einen Augenblick ist Stille, dann ein Aufschrei: »Verdammter Mist, Paul, die haben meinen Namen falsch geschrieben!« Mein Bruder wird blass. »Hansen mit z!«, ruft er fassungslos.

»Welches Visum ist das?«

»Das Russland-Visum.« Hansen blättert nervös in seinem Pass.

»Hör mal zu, du Dummkopf, das Visum klebt in deinem Reisepass, also bitte, reg dich ab, was soll denn da bitte missverständlich sein?«

»Vollidioten …«, murmelt er. Und nach einigem Vor- und Rückblättern: »… Moment mal, ist das eine russische Schreibweise, hier unten haben sie Hoepner komplett falsch … das ist vielleicht eine Kodierung …?«

»Das ist Kyrillisch! Bei mir ist es genauso.«

»ХЁПНЕР als Hoepner. Wenn sie uns damit nicht reinlassen, will ich das Geld fürs Visum zurück!«

»Hansen, wenn sie dich damit nicht reinlassen, haben wir ganz andere Probleme, dann ist das Geld fürs Visum das Letzte, woran du denken wirst!«

Hansen fotografiert die Visa mit seinem Handy ab, und wir schicken sie uns gegenseitig per E-Mail. Immer auf Nummer sicher. Russisches, kasachisches, chinesisches Visum …

Ich blättere in meinem Pass. Mein Blick fällt auf den USA-Stempel. 2009 war das. Mit Marie. New York und danach Honduras. In meinem Kopf mache ich eine Reise zurück in die Hitze von Utila, einer kleinen Insel vor der Küste von Honduras, wo ich mit meiner Exfreundin tauchen war. Damals hatten wir schon diese Gespräche, in denen ich abklopfen wollte, wie viel Abenteuerlust in Marie steckt, und sie absolut nicht verstehen konnte, wie man sich einen Lebenstraum erfüllt, indem man Tauchlehrer in der Karibik wird. Ein gutes Jahr später haben wir uns getrennt.

Hansen weckt mich aus meinen Gedanken. »Was ist los, Paul?«

Ich verschränke die Arme vor meiner Brust. »Nix ist los. ich bin einfach so entspannt. Seltsam wie entspannt.«

Während Litauen mehr oder weniger aussah wie Polen, beginnt sich in Lettland die Landschaft langsam zu verändern. Die Architektur der Häuser wird nordischer: viel mehr Holzbauten und kleinere Hütten und Siedlungen. Birken mischen sich wieder häufiger unter die Nadelbäume, und sanfte, runde Hügel, bedeckt von immer noch braunen, winterlichen Wiesen, gewähren uns gelegentlich einen weiten Blick über das Land. Die Straßen werden weniger von großen Baumreihen gesäumt, sondern zunehmend von fein verästeltem Gestrüpp, hinter dem es sich ganz gut zelten lässt. Hier hat der Frühling schon langsam angefangen, und vereinzelt sieht man farbige Blumeninselchen auf den Wiesen. Je weiter wir Richtung Russland kommen, desto sandiger wird der Boden wieder und desto häufiger passieren wir kleine, schilfgesäumte Seen und Moore.

Am Abend streift die Sonne über die Wipfel der hohen Kiefern und wirft ein rötliches Licht mit langen Schatten durch den Wald auf unser Zelt. Wenn die Sonne morgens gerade aufgeht und die noch feuchte Luft in Nebelschwaden über die Wipfel der Bäume treibt, scheint es mir manchmal, als ob der Wald in Flammen stünde, als würde ein Feuer hoch oben an den Ästen der Kiefern lecken. Diese Momente sind leider unmöglich mit der Kamera einzufangen und dauern nur wenige Minuten. Wenn Hansen und ich mal wieder in den Genuss kommen, nicht von Regen geweckt zu werden, sondern mit der Sonne aufzustehen, genießen wir diesen Anblick, halten inne und blinzeln durch das Nadeldach dem Licht entgegen – in der einen Hand eine aufgeschnittene Cola-Dose mit heißem Kaffee, in der anderen ein Brot mit gefrorener Nutella.

RUSSLAND / 28. APRIL / WOLOKOLAMSK

Hansen

Das Russland-Visum nimmt nur eine kleine Seite im Reisepass ein, aber mir ist es gerade mehr wert als Gold. Selbst wenn es bedeutet, dass wir uns nur zwanzig Tage in Russland aufhalten dürfen und deshalb die nächsten Wochen ein ordentliches Pensum absolvieren müssen. Wir haben uns vorgenommen, die nächsten 18 Tage durchschnittlich 120 Kilometer zu fahren. In Moskau legen wir einen Touristentag ein, und einen Tag Puffer brauchen wir, falls es Probleme an der Grenze zu Kasachstan geben sollte.

Seitdem wir die russische Grenze vor einigen Tagen überquert haben, sah jeder Tag ähnlich aus. Mit der Grenze zu Russland hat sich auch die Landschaft verändert, als ob sich die Vegetation an die vom Menschen gesteckten Grenzen halten würde. Die Straße war kurz hinter der Grenze noch erstklassig, verlor dann allerdings sehr schnell an Güte, als ob jemand voller Enthusiasmus mit dem Bau begonnen und nach kurzer Zeit die Motivation verloren hat. Dafür blieb aber die Natur sehr beeindruckend. Gesäumt von üppigen Nadelwäldern, die einem den Blick in die Weite versperren, läuft die Straße über Berg und Tal. Kaum ein Zentimeter des Waldbodens ist unbewachsen. Zwischen den meterdicken Eisplacken, die noch vom Winter in den dunklen, kühlen Wäldern liegen, drängt sich

Farn und Moos nach oben, um ein wenig Tageslicht abzubekommen. Ab und zu passieren wir schaurige kleine Moore, in denen dicht über dem Boden dünne Nebelschwaden wabern und tote Baumstämme wie Mahnmale einer Geisterwelt in den Himmel ragen. Hin und wieder treffen wir auf Menschen, die an der Straße unter anderem getrockneten Fisch, Fleisch, Honig und etwas, das ich zunächst als eingelegte Birne missverstehe, verkaufen. Ich bin ein Fan von eingemachtem Obst, also bleiben wir sofort stehen, als ich die appetitlichen Gläser entdecke.

»Können wir davon ein paar haben?« Ich zeige auf das Glas und zähle an meiner rechten Hand bis fünf.

Paul unterbricht mich. »Warte mal, ich weiß nicht, ob es das ist, wofür du es hältst …«

»Wieso? Was soll das denn sonst sein?«

Paul spricht die Frau an: »Sind das Birnen?« Er pflückt in der Luft ein paar imaginäre reife Früchte, in die er genüsslich hineinbeißt.

Die Frau lacht, schüttelt den Kopf, zeigt zwischen ihre Beine und formt mit der anderen Hand ein Körbchen.

»Was meint sie damit?«

»Ich weiß nicht … vielleicht sind es eingelegte Straußeneier?«

Die Frau zeigt jetzt zwischen unsere Beine und lacht.

»Ach du Scheiße!« Mir fällt es wie Schuppen von den Augen. »Das sind eingelegte Hoden!«

Paul und die Händlerin biegen sich vor Lachen. Hoden, das ist für einen Eben-noch-Vegetarier wie mich eine Nummer zu hart. Mir ist bewusst, dass ich es mir abschminken kann, wählerisch zu sein, aber so lange es noch geht, verzichte ich auf Innereien, und statt der Hoden kaufen wir eine ganze Menge von dem getrockneten Fisch. Schließlich wollen wir wie vorgestern 140 Kilometer am Tag schaffen, wohlgemerkt auf Rädern, die mit dem ganzen Gepäck bis zu 60 Kilogramm wiegen – und wir können unglaublich viel essen. Manchmal, wenn wir einen Imbiss finden, in dem Piroggen verkauft werden, isst jeder von uns fünf oder sechs große davon, und selbst die stämmigen Lkw-Fahrer staunen, immerhin sehen wir verglichen mit ihnen aus wie langgliedrige Heuschrecken.

Auch wenn wir während der Fahrt die meiste Zeit schweigen und auf die Landschaft oder, so wie ich gerade, auf die aufgeblähte Jacke des Vordermanns starren, denken wir uns für jeden Abend neue Kommunikations- oder Unterhaltungsmethoden aus. Gestern haben wir an unsere Walkie-Talkies ein Headset gelötet, und jetzt lernen wir über Funk ein bisschen Russisch. Paul hat sich ein Vokabelprogramm heruntergeladen, mit dem wir uns abwechselnd abfragen, während wir voreinanderher fahren.

Es surrt aus dem Lautsprecher: »Was heißt fünf, Hansen?«

Und ich antworte: »*Pjat.*«

Paul: »Sechs?«

Ich: »Warte, irgendwas, das klingt wie Sch…, Moment, ja, *scheßt.*«

»Brrravo!«, rasselt es aus dem kleinen Gerät. »Frag du mich was.«

Und so geht das endlos weiter. Wir erzählen uns Witze über das Funkgerät oder spielen das Krimispiel, in welchem einer einen Tatort beschreibt und der andere den Fall lösen muss. Beim letzten Mal hat sich Paul einen besonders brisanten Fall ausgedacht: »Eine Frau liegt tot in ihrer Wohnung, auf ihrem Körper entdeckt der Pathologe große Flächen verbrannter Haut, im Zimmer finden sich aber keinerlei Spuren eines Brandes. Was ist passiert?«

Ich bin der Kommissar und muss präzise Fragen stellen, die Paul mit Nein oder Ja beantworten kann. »Gibt es Zeugen für ihren Tod?«

»Nein.«

»Wer hat den Mord gemeldet?«

»Du musst die Frage anders stellen!«

Es dauert bestimmt 20 Kilometer, bis ich den Fall geklärt habe: Der Freund der Frau war abends zum Essen eingeladen, und da er kein Geschenk gekauft hatte, pflückte er am Straßenrand einen Strauß dieser buschigen Blüten, die er für Hortensien hielt. Die Frau freut sich, drückt den Strauß an sich und serviert das Essen. Der Mann fährt nachts zurück nach Hause, duscht noch, bevor er sich zu Bett legt, und als er sich am nächsten Tag bei seiner Freundin melden will, antwortet diese nicht. Abends findet er sie tot in der Wohnung. Es stellt sich heraus, dass es sich bei dem Strauß Hortensien in Wirklichkeit um den gefährlichen Riesenbärenklau gehandelt hat, der bei Berührung mit der Haut und den UV-Strahlen des Sonnenlichts die Zellstruktur der Haut auflöst – derselbe Effekt wie bei einer Verbrennung. Als die Frau morgens die Gardinen aufzieht und auf dem Balkon die Blumen gießt, erkennt sie auf ihrem Oberkörper große Flächen, die sich röten und zusehends verbrennen. Sie beginnt sich zu waschen, aber es ist längst zu spät.

»Paul, das ist aber mächtig übertrieben, oder?«, frage ich nicht ganz ohne Sorge – denn hier in Russland wächst dieser Riesenbärenklau wie Unkraut.

»Keineswegs, das ist die reinste Vampirpflanze, supergefährlich, zersetzt in Verbindung mit UV-Licht die Haut«, belehrt mich Dr. Paul.

»Und woher bitte weißt du so was?«

»Das stand in einem Blog, den jemand genau über diese Route geschrieben hat.«

»Vielleicht will derjenige sie einfach für sich allein haben und erfindet Horrorstories.«

»Probier's doch aus, du Depp«, herrscht Paul mich ein bisschen beleidigt an, weil ich seine lebenswichtigen Tipps nicht zu schätzen weiß.

Was natürlich so nicht stimmt, denn tatsächlich sind wir, sobald wir die Straße auf der Suche nach einem Nachtplatz verlassen, extra vorsichtig, um ja nicht mit dem Teufelszeug in Berührung zu kommen.

An unserem zweiten Tag in Russland ändert sich das Bild wieder. Die Wälder verschwinden, und brandgerodete Felder und

Wiesen übernehmen mit meterhohen Flammen das Landschaftsbild. Schon von Weitem kann man ein solches Feuer erkennen. Anfangs haben wir noch Angst, dass es ein Waldbrand sei, ein außer Kontrolle geratenes Feuer. Als wir jedoch zum wiederholten Mal durch dicke Rauchschwaden fahren, riesige Flammen neben uns an der Straßenböschung züngeln und Männer und Frauen mit brennenden Stöcken dahinter auftauchen, um die Feuer zu legen, wird uns klar, dass in Russland die Erfindung des Rasenmähers wohl noch keinen Anklang gefunden hat. Außerdem ist dies wahrscheinlich eine der effizientesten Arten, den Riesenbärenklau einzudämmen. Manchmal sieht man nur ganz weit weg am Horizont noch ab und zu eine große Flamme, die sich in den Rauchschwaden aufbäumt, davor liegt, soweit das Auge reicht, schwarzes, verbranntes Land. Wir beschließen jedenfalls, unser Zelt nachts nie auf einer brennbaren Wiese aufzustellen.

In Russland ist es kein Problem, wild zu campen. Eines Morgens werden wir trotzdem von zwei ziemlich einschüchternd aussehenden russischen Militärs geweckt. Sie sagen irgendwas, das wir nicht verstehen, und ich antworte: »*Priviet, klaschileniu, ja ne goveriu po russki*«, was laut Sprach-App so viel heißen soll wie »Hallo, Entschuldigung, aber ich spreche kein Russisch.«

Der eine von beiden antwortet: »*Priviet. English better? How are you?*«

»*We are fine, how are you?*«, antworte ich schüchtern.

Superhöflich antworten beide: »*Fine, thanks, very well*«, und fragen dann, wo wir herkommen.

Ich sage: »Berlin, mit dem Rad.«

»Wow!« Sie sind sichtlich beeindruckt. »Und wo wollt ihr hin?«

»Nach China, Shanghai.«

»MOTHERFUCKER!« Das kam wie aus der Pistole geschossen, und ich bin derart überrascht, dass ich laut zu lachen anfange. Scherzhaft schauen mich die beiden kurz polizistenböse an, lachen dann aber laut mit, wünschen uns viel Glück und ziehen von dannen.

»Was wollten die eigentlich?«, fragt mich Paul mit verschlafenem Blick.

»Keine Ahnung. Hallo sagen?«

Die gleichmäßigen Fichtenwälder werden lichter, und langsam deutet sich durch den zunehmenden Verkehr und die Straßenrandbebauung an: Wir nähern uns Moskau. Eine willkommene Abwechslung. Mein Hintern tut mir weh.

Film ab!

TOUR DE RUSSIE
Moskau bis Uralsk

SCHLECHTE LAUNE / 30. APRIL / MOSKAU

PAUL

Ich stehe mit den Rädern im frischen Wind vor einer Bank, einem Blumenladen und einem Kiosk irgendwo in Moskau. Ganz nach dem Motto: »Wenn er eh schon auf zwei aufpasst, kann er meins auch noch haben« kam eben ein junger Mann vorbei, hat mir sein Rad anvertraut und ist im Kiosk verschwunden. Ob er wohl wiederkommt? Das Ganze ist fast eine halbe Stunde her. Hansen ist in der Bank und versucht, Bargeld nach Hause zu transferieren. Wir haben einfach zu viel davon, und es ist uns zu riskant, das die ganze Zeit mitzuschleppen. Gerade kommt er zurück, die verkniffenen Gesichtszüge verraten seinen Groll: »Nachdem sie mich 20 Minuten haben warten lassen, sagen die mir, sie bräuchten meinen übersetzten Pass, in Kyrillisch!«

Der junge Mann holt sein Fahrrad ab und wirft mir ein freundliches *»spasibo«* zu. Bei Hansen hingegen ist richtig schlechte Laune angesagt, und mit ihm Sightseeing zu machen, ist der reinste Horror: Er hat kein Bock auf Sehenswürdigkeiten, sondern will lieber im Park sitzen und entspannen. Im Moment ist er »erlebnisunfähig«, wie mein Geschichtslehrer es ausgedrückt hätte.

»Mann, Hansen, du tust so, als seist du jede Woche in Moskau! Weißt du eigentlich, was uns die nächsten ich-weiß-nicht-wie viel Wochen erwartet? Karge, erst russische, dann kasachische Landschaft. Wenig Menschen, eingeschränkte Küche, all das, worüber du dich in den letzten Tagen beschwert hast. Genieß es doch jetzt ein bisschen!«

»Ich genieße, dass ich endlich mal nicht zehn Stunden auf diesem harten Scheißsattel sitze und meinen Po durchschubbere, das genieße ich gerade. Lass mich doch einfach mit deinem blöden Sightseeing in Ruhe!«

Manchmal hilft ein gutes Essen. Ich kann Hansen überreden, etwas von dem Bargeld, das er nicht einzahlen konnte, in einen schmackhaften Borschtsch zu investieren, und seine Laune verbessert sich etwas. Geringfügig, aber immerhin. Schöne Frauen gibt es hier in Moskau – nach drei Wochen Kontakt mit dem Bruder, Lkw-Fahrern und ein paar grimmigen Supermarktkassiererinnen bin ich in Flirtlaune. »Hansen, komm lass uns wenigstens ein paar Sachen machen, den Kreml anschauen und dann in den Gorki-Park, da kannst du schlafen, und ich beobachte die Frauen.« Ich kann Hansen ein kleines müdes Lachen hervorlocken. Eines übrigens, das keiner außer mir erkennen kann. Irgendein knisterndes Signal auf unserer geheimen Zwillingsfunkfrequenz. Er willigt ein.

Nach der Kremlbesichtigung wollen wir uns ein paar Picknickutensilien im Supermarkt besorgen. Wieder warte ich bei den Rädern, während Hansen den Einkauf erledigt (da haben wir unsere Regeln!). Ich schaue mich um – das Wetter ist mehr als okay, und mein Magen könnte sich an die vielfältige Nahrung gewöhnen. Ja, ich bin drauf und dran, mich von den Annehmlichkeiten einer Großstadt verführen zu lassen. Moskau gefällt mir! Ich muss unbedingt irgendwann mit weniger Gepäck und mehr Zeit herkommen. Die Versuchung ist groß, sich in einem Hostel einzunisten und ein paar Tage das Stadtleben zu genießen. Unser Aufenthalt gleicht mehr einer homöopathischen Dosis Kultur als Heilmittel gegen die absolute Desozialisierung durch Zelt, meditatives Gestrampele, einseitige Ernährung und dürftige Hygiene. Besonders auffällig war das gestern beim Einchecken im Hotel. Bis ich endlich mit meinen wirklich pennerartig verkrusteten und ölverdreckten Händen mit zu langen Fingernägeln meine blinkende Kreditkarte über den Tresen wandern ließ, stand der Security-Mann des Hotels direkt neben mir, beobachtete den Vorgang scharf und hielt seine Pranken bereit, um mich jederzeit in hohem Bogen rauszuschmeißen.

Misstrauen erntet man hier oft, wenn man mit dem Fahrrad reist. Das machen nur Leute, die wirklich arm dran sind und sich weder Gaul noch Pferdestärken leisten können. In einer Tankstelle auf dem Land wurde ich von einem Wachmann mit einem gezückten Stromschlagstock empfangen. Die Antwort der Kassiererin auf alle meine Fragen war ein knarziges »*Niet*«, bis ich schließlich ohne den gewünschten Schokoriegel, für den ich ja immerhin bezahlen wollte, die Tankstelle verlassen musste.

Hansen ist mit dem Einkaufen fertig. »Mann, ist das verdammt teuer«, knurrt er. In der Einkaufstüte in seiner Hand befindet sich das Nötigste, dafür hat er umgerechnet 30 Euros hinblättern müssen. So viel Geld haben wir schon seit Daugavpils in Lettland nicht mehr auf einen Schlag ausgegeben. Auf dem Weg zum Park fährt auf einmal ein Mann neben mir an der Moskwa entlang: Er stellt sich uns als Stanley vor, ist gebürtiger Moskauer und spricht super Englisch mit einem sympathisch-schweren russischen Akzent. Stanley rettet unsere etwas gedrückte Laune. Manchmal braucht man einfach eine dritte Position, damit sich die Fronten abbauen. Mit viel Humor und Engelsgeduld erklärt uns der ehemalige Sportschwimmer: »*I hchave bin sportsman all my life, bin to New York and Hamburg, hchave business in Moskva and Jermany, ask me anything, I'll trry to ixplein.*« Tatsächlich, auf jede noch so blöde Frage weiß Stanley, der eigentlich Stanislaus heißt, eine Antwort. Ein bisschen erinnert er mich an meinen Opa mit seiner lustigen, warmen und fürsorglichen Art. Er zeigt uns die schönste Stelle im Gorki-Park und verabschiedet sich nicht, ohne mir seine Nummer zu geben: »*If you hchave trrouble in country side, call me any time, auff Widderssechhen.*«

Der Gorki-Park ist riesig, überall tummeln sich Menschen, die spazieren gehen, irgendwelche undurchsichtigen Geschäfte tätigen oder einfach faul im Gras sitzen, so wie wir. Aber selbst wenn wir uns unauffällig verhalten, ziehen unsere Fahrräder doch jede Menge Aufmerksamkeit auf sich. Hansen kommt nicht zu seinem heiß ersehnten Mittagsschläfchen. In der nächsten Stunde werden wir von vier Menschen nach Werkzeug gefragt, um ihre Räder und Rollerskates zu reparieren. Hansens Mechanikerherz kann es nicht lassen, und er legt überall selbst Hand an. Er repariert sogar den Platten eines Pärchens, das sich per Rad Moskau anschaut. Vielleicht könnten wir hier irgendwann eine kleine Werkstatt aufmachen. Die letzte Stunde vor Sonnenuntergang sitzen wir auf einer Mauer am Fluss, trinken Bier aus einer Ein-Liter-Dose und genießen die Aussicht auf die im Licht bunt glitzernde Wasseroberfläche und die goldenen Kuppeln.

PARTY / 1. MAI / MOSKAU

Hansen

Eigentlich wollte ich bloß noch ins Hotel und am nächsten Morgen so früh wie möglich raus aus dieser lauten, sündhaft teuren Stadt. Als der Wecker um sechs Uhr morgens klingelt, drücke ich aber immer wieder auf Snooze, bis es beinah schon Zeit ist auszuchecken. Die Träume in der Snooze-Phase sind immer die schlimmsten. Wahrscheinlich bestraft man sich selbst unterbewusst dafür, dass man längst aufstehen wollte. In meinem Traum sind wir auf dem Weg nach Moskau und merken irgendwann, dass uns die Straßenschilder mehr als bekannt vorkommen, das ist Berlin … wir haben den falschen Weg eingeschlagen! Beim nächsten Weckerbrummen stelle ich zwar mit Erleichterung fest, dass wir in einem Hotelbett in Moskau liegen und nicht etwa zu Hause in Berlin, aber dennoch hat der Traum etwas in Bilder gefasst, das mich schon seit einigen Tagen beunruhigt: Wir kommen nicht vorwärts. Das stimmt natürlich nicht, aber mir kommt es so vor. Für meinen Geschmack sind wir noch immer nicht weit genug gefahren, und dieser Aufenthalt in Moskau kommt mir vor wie eine unverdiente Pause, selbst wenn meine müden Knochen mich immer wieder daran erinnern, dass sie nötig ist. Sightseeing ist einfach nicht Teil unserer Tour, irgendwie steht uns das nicht, wir haben nicht mal die richtigen Klamotten dafür. Besser am Lagerfeuer abends irgendwo Stockbrot grillen und sich unterhalten, wortkarg oder sogar meistens schweigend und irgendwie doch gehaltvoll. Es ist halb elf, als wir endlich aus den Betten kriechen, und Paul kann mich davon überzeugen, dass es nicht wirklich sinnvoll ist, heute noch aufzubrechen. Wenn man aus Moskau rausfahren und in der Wildnis campen möchte, muss man früher aufstehen.

»Außerdem ist es doch toll hier, Hansen, lass uns das genießen. Wir können heute Abend ausgehen, ist doch voll was los!«

»Voll was los? Volksaufstand, das ist los! Das würde ich nicht unbedingt Party nennen!«, antworte ich.

Der russische Nationalfeiertag am 9. Mai steht kurz bevor, und die Aussicht auf einen Staat, der sich mit stolzen Militäraufmärschen selbst feiert, erhitzt die Gemüter der Leute, die sich von den Wahlen im Frühjahr betrogen fühlen und gegen Putins dritte Amtszeit im Kreml protestieren. Was genau bei diesen Wahlen schiefgelaufen ist, weiß ich nicht, aber der Unmut ist deutlich zu spüren. Überall Proteste. Ganz klar, hier passiert gerade was.

»Und da wollen wir doch dabei sein, oder?«, hört Paul nicht auf, mich zum Bleiben überreden zu wollen.

»Okay, du hast recht, es macht keinen Sinn, heute noch rauszufahren, aber lass uns aus diesem mies teuren Hotel ausziehen und ein Hostel finden!«

»Super, so machen wir's. Und wenn wir eins gefunden haben, wird gefeiert!«

»Wie Sie wünschen, kleiner Bruder …«

Die Hostelsuche wird zum absoluten Albtraum. Ich hab keine Ahnung, wie man sich in Moskau organisiert, aber jede Adresse, die wir bei Google finden, stimmt irgendwie nicht – es ist weit und breit nichts zu finden, das wir uns leisten könnten. Außerdem scheint die Stadt überfüllt zu sein.

»Lass uns diesen Stanley anrufen, vielleicht hat der ja was, wo wir schlafen können«, schlägt Paul vor.

»Nee, das schaffen wir selbst. Ich frage jetzt ein paar Leute, die wie Backpacker aussehen, irgendwo muss es doch ein Hostel geben.«

Tatsächlich treffen wir einen jüngeren Typen, Cedric aus Frankreich, der für ein Praktikum in Moskau ist und uns zu seinem Hostel mitnimmt. An der Tür steht nichts, das darauf hinweist, dass man hier ein Bett mieten kann, doch nachdem Cedric eine Klingel drückt, öffnet sich die Tür, und glücklicherweise gibt es noch zwei Schlafplätze in einem Dorm. Cedric gibt uns die Adresse einer Straße, in der es »partymäßig abgeht. *Très cool, très fun*«, wie er meint. Also brechen wir dahin auf und machen auf dem Weg noch einen kleinen Borschtsch- und ein paar Wodka-Stopps. Der Weg ist ziemlich lang, aber einerseits wollen wir ein bisschen was sehen und andererseits ist Moskau einfach zu teuer, um Taxi zu fahren. Als wir an der Straße ankommen, von der Cedric uns vorgeschwärmt hat, kann ich meine Enttäuschung nicht verbergen: »Das sieht ja aus wie in Köln auf'm Ring!«

»Echt krass. Und das ist also die super Partygegend?« Paul schaut mich von oben bis unten an. »Du passt irgendwie nicht rein. Da fehlt ein dicker Markengürtel, ein glänzendes Hemd oder zumindest ein Kettchen!«, lacht er. »Guck dich doch an mit deiner C&A-Jeans und dem Windbreaker!«

So langsam kommen wir trotzdem in Feierlaune. Nach ein paar Wodkashots stellen wir uns in der Schlange vor einem Klub an. »Das ist ja voll Ballermann hier.« Paul lallt schon ein bisschen.

»Kann nicht immer und überall wie in Berlin sein, Paule.« Wir werden von den Männern komisch angeschaut, und die Frauen würdigen uns keines Blickes. So fühlt es sich also an, Außenseiter zu sein, denke ich. Ihr könnt uns mal, wir gehen jetzt da rein und machen Party!, denke ich und nicke Paul zu. Der Türsteher ist anderer Meinung und gibt uns deutlich zu verstehen, dass dieser Eingang nicht für Leute wie uns gedacht ist. Ich könnte mich aufregen! Ich würde dem Vollidiot am liebsten ... Paul kann mich mit Mühe daran hindern, noch einmal zurückzugehen und zu versuchen, den Türsteher, der uns schon argwöhnisch beobachtet, noch einmal zu überreden.

»Komm, Hansen, lass'n Taxi nehm und nach Hause«, lallt er. »Issoch eh scheiße hier.«

»Spinnst du Paul?«, schreie ich. »Meinst du im Ernst, wir geben erst 20 Euros für überteuerte Wodkas aus und fahren dann von diesem Scheißladen, in den wir nicht mal reingelassen werden, mit dem Taxi nach Hause? Kapier's endlich, wir haben kein Geld für so'n Kram! Das ist für die Reise, nicht zum Taxifahren, Mann!«

»Hansen, reg dich ab. Wir müssen uns doch nicht bestrafen, nur weil's hier mies is ... Mann, mir tun die Füße weh, ich will nicht noch mal so lange laufen.«

Pauls Gejammere wird in meinen Ohren immer leiser, weil ich inzwischen den Rückmarsch angetreten habe. Ich hab keinen Bock, morgen aufzuwachen und 100 Euro ärmer zu sein, nur weil Paul zu faul zum Laufen ist. Wir sind nicht im Urlaub, das ist unser Abenteuer, unsere verfluchte Radtour, für die uns Leute Geld gesponsert haben, da gönnt man sich nicht zwischendrin 'n schönes Wellnesswochenende in Moskau! Meine Wut und Trunkenheit lässt mich ziemlich schnell marschieren, als ich mich nach 20 Minuten umdrehe, um zu schauen, wo Paul ist, kann ich ihn nicht mehr sehen. Aber was soll's, der weiß genauso gut wie ich, wo's langgeht, und im Moment kann ich auf seine Gesellschaft echt verzichten. Am Hostel angekommen, fällt mir auf, dass ich derjenige mit dem Schlüssel und dem Geldbeutel bin. Aber Paul wird schon anrufen, wenn er rein will.

VADIM / 2. MAI / KURZ HINTER MOSKAU

PAUL

Hansen übertreibt mal wieder tierisch. Warum muss er immer so ein Drama aus Kleinigkeiten machen? Warum muss er so verflucht dogmatisch sein! Wir haben uns eben gestritten, weil er nach Hause laufen will, um das Geld fürs Taxi zu sparen. Mir tut aber einfach alles weh, und morgen müssen wir in aller Frühe auf die Räder! Eben waren ihm die Preise in den Bars noch scheißegal und jetzt ein Riesenkrampf wegen vielleicht 20 Euro Taxigeld. Er läuft 200 Meter vor mir her und dreht sich nicht mal um, um zu gucken, wo ich bleibe. Ich bin zu betrunken für den Terror und ich laufe so langsam, wie ich will, er geht mir eh schon den ganzen Tag auf die Nerven. Ein paar Kilometer weiter kann ich Hansen nicht mehr sehen. Zum Glück habe ich mir die Ecke gemerkt, an der man abbiegen muss, um zum Hostel zu kommen. Als ich endlich da bin und die Klingel drücken will, fällt mir in meinem wattigen Schädel ein, dass die Leute im Hostel vorhin sagten, dass die Klingel ab 23 Uhr abgestellt wird, damit nicht alle geweckt werden. Na toll, und Hansen hat natürlich den Schlüssel. Ich rufe Hansen an, das Telefon springt sofort auf die Mailbox um. Ich rufe noch mal an, dasselbe. Bestimmt eine Stunde lang sitze ich auf den Stufen vorm Hostel und fühle, wie ich mit zunehmender Kälte nüchterner und weinerlicher werde. Auch wenn ich schon weiß, dass immer dasselbe passiert, wenn ich Hansens russische Nummer wähle, rufe ich bestimmt noch 10 oder 20 Mal an. Irgendwann tutet es, ein verschlafender Hansen meldet sich am anderen Ende der Leitung. »Paul, sorry ...«

»Hast du 'n Dachschaden dein Handy auszuschalten?«

»Hab ich gar nicht ... es war leer, und ich hab's eben erst ...«

»Komm sofort runter und mach mir auf!«

Natürlich schaffen wir es auch am nächsten Tag nicht, um sechs Uhr loszufahren, aber immerhin sind wir gegen neun auf dem

Weg aus Moskau raus. Die Vororte ziehen sich endlos hin. Und immer, wenn es laut Karte zu Ende sein sollte, kommt noch ein weiteres Neubaugebiet – jedes in einem anderen, seltsamen Stil. Krass bunt ist das, wahrscheinlich macht es sich hier die neue Mittelschicht bequem. Das Verrückte ist, dass nicht mal Google Maps bei der Entwicklung mitzukommen scheint. Man kann sich auf überhaupt keine Routenbeschreibung verlassen. Bestimmt fünf Mal führt uns der Weg zu einer eingezäunten Siedlung, bei der es ohne Anwohnergenehmigung kein Durchkommen gibt. Die Leute, die sich an diesem Ort einzäunen, sind uns Radvagabunden gegenüber skeptisch, und kein Pförtner lässt uns durch. Wir müssen einen Umweg nach dem anderen machen.

Am Ende wollen wir über einen Feldweg abkürzen und bleiben im tiefen Schlamm stecken. Zu allem Überfluss weht uns ein eisiger, kräftiger Wind entgegen, sodass wir irgendwann beschließen, für heute abzubrechen und einen Nachtplatz zu suchen. Der Weg führt uns in ein Tagebaugebiet, und da weit und breit nichts Besseres zu finden ist, nisten wir uns in einer offenen Hütte ein, die wohl normalerweise eine Baggerwerkstatt ist, dem öligen Boden und den Werkzeugen nach zu urteilen.

Kaum haben wir unsere Isomatten ausgepackt, erscheint ein kleiner, schwerer Mann mit einem rosafarbenen Gesicht. Er trägt eine blaue Latzhose und eine Pudelmütze und hat auffällig große Hände. O nein, will man uns verjagen? Bevor der Mann auch nur ein Wort sagen kann, versuchen wir entschuldigend zu erklären, was wir gerade machen, aber der Mann winkt herzlich lachend ab. »Ich bin Vadim, der Baggerführer. Ihr wollt wirklich hier überachten? Warum kommt ihr nicht zu mir nach Hause, nur 15 Kilometer westlich!«, gibt er uns mit Händen und Füßen zu verstehen. Hansen und ich überlegen kurz. Es wäre unhöflich, dieses Angebot auszuschlagen, andererseits liegt Vadims Zuhause in der falschen Richtung, und ein Besuch würde bedeuten, dass wir jetzt und morgen früh noch einmal 15 Kilometer zusätzlich fahren müssten. Wir versuchen,

Vadim zu erklären, dass die Baggerhütte perfekt für uns ist. Vadim lächelt. »Macht was ihr wollt, Jungelchen! Ihr seid überall willkommen.« Er zeigt uns stolz seine Werkstatt und erklärt uns seine Leidenschaft für Bagger. Ein Mann und sein Traumberuf, soviel steht fest. Dann scheint ihm irgendetwas Sorgen zu bereiten, denn er guckt nachdenklich und versucht, uns auf Russisch vor einer Gefahr zu warnen.

»Wir verstehen nichts, Vadim!«, sage ich.

Vadim überlegt: *»You know Tom & Jerry?«*, will er wissen.

»Klar kennen wir Tom & Jerry!«

»Jerry live here!«, verkündet Vadim und zeigt ins Innere der Hütte.

»Was meint er damit, Hansen? Wohnt hier jemand?«

Vadim wiederholt: *»Jerry, you know Jerry? He live here!«* Und er macht eine schnelle Bewegung mit der rechten Hand.

»Ich hab's!«, ruft Hansen. »Er meint, hier leben Mäuse! Jerry ist die Maus!«

Vadim freut sich, dass wir ihn verstanden haben.

»Jerry macht uns gar nichts! Wir packen unsere Nahrungsmittel gut weg!«, sage ich und stecke demonstrativ ein Stück Brot in meine Radtasche.

Vadim nickt eifrig und verabschiedet sich dann. Er erklärt, dass er jetzt mit seinem Chef die ganze Nacht baggern wird. *»ßpakójnaj Nótschi!* Gute Nacht!«, sagt er und verschwindet im Dunkel der Nacht.

»Ich bin froh, wieder raus aus der Stadt zu sein, Paul. Die Straße hat uns zurück. Menschen wie Vadim findet man nicht in der Stadt.«

»Du übertreibst. Denk nur an Stanley! Wir treffen überall großartige Menschen.«

»Trotzdem, ich bin echt froh, dass wir aus Moskau raus sind«, seufzt Hansen zufrieden.

Wir kochen uns ein kleines Festmahl aus Rüben und Kartoffeln, ich nähe mein zerrissenes Merinowollhemd zusammen, das sich mitten in Moskau in meinen Speichen verfangen hat. Nach dem Essen räumen wir als Dankeschön die Werkstatt auf und reparieren die Tür. Das ist unsere Art, uns für den Unterschlupf zu bedanken, das machen wir seit unserer ersten Tour schon so. Wo immer wir übernachten, wird irgendetwas repariert, als Gastgeschenk sozusagen. Die Hütte wackelt im tobenden Sturm so heftig, dass ich fast Angst bekomme, sie könne in sich zusammenfallen. Der kalte Wind pfeift zwischen den Planken hindurch. Wir legen uns auf die Holzpritschen, rollen uns in unseren Schlafsäcken zusammen und schlafen ein. Wir wachen erst auf, als Vadim seinen Bagger vor der Tür parkt und vorsichtig anklopft. Als wir ihn hereinbitten, steht er mit zwei dampfenden Tassen Kaffee da, wünscht uns einen schönen guten Morgen und verabschiedet sich. »Ich gehe jetzt schlafen«, sagt er müde. »Bleibt ihr, so lange ihr wollt.«

Wir wollen früh los, aber der Tagebucheintrag fehlt noch. Das ist mühsam, aber es muss sein. Etwas außerhalb des Tagebaus in einem kleinen Birkenwäldchen stehe ich neben meinem Rad und tippe in mein iPhone, weil das USB-Kabel zum Handyaufladen über die am Rad befestigte Solaranlage zu kurz ist, als dass ich mich hinsetzen könnte. In letzter Zeit fällt es mir immer schwerer, am Blog zu schreiben, vor allem abends, wenn ich nur noch tot umfallen könnte.

Hansen sitzt währenddessen im Gras und biegt an seinem Rückspiegel herum, der links am Helm befestigt ist. Den Rückspiegel haben wir aus einer verspiegelten Sonnenbrille und einer Speiche gebaut, um zu sehen, ob die von hinten kommenden Lkw uns gesichtet haben oder direkt auf uns zuhalten. Der Seitenstreifen, den wir als Radweg nutzen, wird von den Auto- und Lkw-Fahrern oft als zweite Spur benutzt, und mit einem Radfahrer rechnet hier keiner. Ständig weichen wir in den sandigen Graben neben der Straße aus. Die überall in die Straße »eingearbeiteten« wilden Hunde und Katzen sind wie Mahnmale, die einen daran erinnern, besser einmal mehr auszuweichen.

Hansen ist mit der kleinen Reparatur fertig und will losfahren. Die schmächtige Birke richtet sich auf, als ich sie vom Gewicht meines Fahrrads erleichtere. Hansen schiebt sein Rad vor mir durch das weiche hohe Gras zurück zur Straße, die Sonne scheint auf meine in Daugavpils neu erstandene schwarze Fleecejacke, und mir wird endlich warm. Auch wenn es tagsüber schon richtig heiß ist, in den Nächten ist es gerade mal um die fünf Grad. Aber der Frühling bahnt sich in Russland an und lässt endlich auf warme Nächte hoffen. Mein Magen knurrt. Das Frühstück ist ziemlich dürftig ausgefallen – ein Kaffee und ein trockener Müsliriegel. Geschäfte sind hier selten und die Tankstellen sehr teuer. Aber wir nehmen es sportlich und sehen es als Training für die wirklich verlassenen Gegenden, die uns in Kasachstan und China erwarten.

Obwohl es uns immer schwerer fällt, die für Russland angepeilten Etappen einzuhalten, schaffen wir es mit Ach und Krach. Heute waren es wieder einmal 140 Kilometer. Kurz bevor wir uns auf Schlafplatzsuche gemacht haben, haben wir bei einem Männlein am Wegrand angehalten, um ein paar Kartoffeln zu kaufen, die er in einem großen Eimer anbot. »Nur eimerweise!«, sagte der Bauer und verweigerte uns das Geschäft. Als wir enttäuscht weiterfahren wollten, drückte er Hansen lachend eine Tüte mit Kartoffeln in die Hand: »Ich verkaufe nur eimerweise, aber die paar kannst du geschenkt haben.« So gefällt mir das Geschäftemachen. Sie schmecken dann auch extragut.

Vierundzwanzig Stunden später, nach einem harten Sprinttag, liegt Hansen neben mir im Zelt und schreibt an seinem Blogpost. Im Dunkeln wird sein Gesicht vom iPhone erhellt. Konzentriert tippt er mit beiden Daumen, und ich vermute, er schreibt über den heftigen Streit, den wir heute Morgen hatten. Wir haben uns mal wieder über lächerliche Kleinigkeiten total in die Haare gekriegt, mit dem Ergebnis, dass Hansen danach mit ernster Miene und scharfem Ton sagte: »Ich werde mir bis heute Abend überlegen, ob ich diese Tour weiterfahren will, ich sehe keinen Grund, mich weiter derart zu quälen!« Ich weiß nicht, ob das übertrieben war, aber ich konnte ihn in jenem Moment sehr gut verstehen, mir geht es ganz ähnlich. Es sind die ersten ernsthaften Zweifel an unserem Vorhaben, dabei sind wir gerade mal 2600 Kilometer weit gefahren. Wir sind schon jetzt am Ende unserer Kräfte, und die Nerven liegen blank. Wollen wir wirklich so lange auf so vieles verzichten? Werden wir beide es schaffen, unsere Dickköpfe auf unser gemeinsames Ziel hin auszurichten? Wir können nur hoffen, dass alles ein bisschen entspannter wird, sobald wir Russland fristgerecht verlassen haben und in Kasachstan endlich kürzere Etappen fahren können.

Heute Abend sind wir von Campnachbarn mit beinahe körperlicher Gewalt in die Wagenburg zum Wodkatrinken eingeladen worden. »Kommt schon, nur eiiin kleines Gläschen!«, riefen sie uns ständig zu. Und dann: »Es ist sehr, sehr unhöflich, unsere Einladung auszuschlagen, Jungchens.« Unsere Erklärungen, dass wir uns keinen Kater leisten können, wurden als schwache Ausreden abgetan. »Ich komm gleich, um euch rüberzuholen«, drohte Maria, die dicke Lkw-Fahrerin, und ließ uns vorerst mit unserem Abendbrot (Nudeln mit Ketchup) allein.

Die beiden Wodka-Russen, Maria und Aleksej, haben uns schon oft auf ihrer Tour zwischen Moskau und Penza gesehen, die sie fast täglich fahren. »Auf der M5, der Landstraße zwischen Moskau und Samara, kennen euch inzwischen alle Trucker!«, erklärt Aleksej und findet wie immer, dass das ein Grund für ein paar Gläschen ist. Das erklärt, warum fast jeder Lkw uns anhupt: Das ist ihre Art, uns zu grüßen! Dass einen diese lauten Tröten fast vom Rad hauen, spielt dabei keine Rolle. Übrigens können weder Aleksej noch Maria Englisch oder Deutsch, und wir sprechen kaum mehr als ein paar lächerliche Wortfetzen Russisch, aber mit Stöcken und unserer Sandtafel auf dem Boden haben wir uns blendend verständigen können.

Die Einladung ist sicher lieb gemeint, aber bei unserem derzeitigen Zeitdruck und den ohnehin schmerzenden Körpern, können wir uns nicht auch noch einen schweren Kopf leisten, sonst riskieren wir, das Visum zu überschreiten. Also kriechen wir heimlich ins Zelt und verhalten uns still. Ich höre, wie Maria noch ein Weilchen nörgelnd um uns herumschleicht, aber zumindest versucht sie nicht, uns aus unserem Schlafsack zu ziehen.

Am nächsten Morgen kommt Aleksej noch einmal ganz zerknittert zu uns, um uns eine gute Reise zu wünschen, und schenkt uns zum Abschied seinen Kugelschreiber. »*Davai, Fortuna*«, ruft er uns hinterher und verschwindet mit seinem Weißwein-Tetrapack – offenbar sein Frühstück – wieder in seinem Lkw.

NATIONALFEIERTAG / 9. MAI / KURZ VOR KASACHSTAN

Hansen

Ein Problem, das uns in der nächsten Zeit immer wieder die Nerven rauben wird, taucht wie aus dem Nichts auf: Mücken. Supermücken, Terrormücken, eine ganze Mückenarmee, die es von jetzt an jeden Tag gnadenlos auf uns abgesehen hat. Wenn wir im Zelt liegen, hämmern sie gegen die Zeltwand, die sie glücklicherweise davon abhält, über uns herzufallen und uns auszusaugen. Morgens sprühen wir uns im Vorzelt mit Autan ein und begegnen todesmutig unseren kleinen Feinden. Die Mücken hier sind nicht nur deutlich zahlreicher, als ich es mir jemals erträumt hätte, sondern auch sehr viel aggressiver, und sie fliegen den ganzen Tag. Sie verfolgen uns auch auf dem Fahrrad und stechen uns, während wir uns bewegen. Paul nennt sie scherzhaft »Mücke 2.0, Next Generation of the Beast«. Schneller, effizienter, aggressiver, 24/7 aktiv. Ich bin übersät mit Mückenstichen, die besonders jucken, wenn man auf dem Rad genügend Zeit hat, über sie nachzudenken. Manchmal fahren wir einhändig und kratzen mit der freien Hand im Takt der Pedalumdrehungen unsere Waden.

Inzwischen ist es tagsüber brütend heiß, die Gegend wird immer eintöniger und menschenleerer. Nur ab und zu sieht man noch halb verfallene Schrebergartenanlagen. Die Birken, die aus den Schornsteinen und Mauern der Häuschen wachsen, finden wir auch abseits jeglicher Behausung entlang der Straße wieder. Irgendwie hatte ich mir die Landschaft hier schöner vorgestellt. Gelegentlich gibt eine Lücke in dem am Straßenrand wachsenden und wahrscheinlich im Winter gegen Schneewehen dienenden Gestrüpp den Blick auf endlose Weiden und Äcker frei, die vielleicht so manchem Agrarinvestoren das Wasser im Munde zusammenlaufen lassen, uns aber auf Dauer zu Tode langweilen. Dazu kommt: Meine Knochen schmerzen. Die großzügig berechneten Tageskilometer fordern ihren Tribut. Was für ein Trip. Er ist insgesamt schöner, als ich ihn mir vorgestellt habe, aber auch härter, als ich befürchtet hatte. Manchmal wünschte ich mir, ich wäre die Kamera, die wir in unserer Radtasche mit uns herumtragen. Sie muss nur die schönen und interessanten Dinge anschauen und bekommt von der gähnenden Langeweile dazwischen nichts mit.

»Woran denkst du?« Paul beobachtet mich schon seit einigen Minuten.

»Wenn ich einmal wiedergeboren werden sollte, möchte ich eine Kamera sein«, antworte ich, und Paul schaut mich ratlos an.

»Wohl eher als Kamera-denschwein.«

Wir lachen. Das tut gut, denn in den letzten Tagen hatten wir ständig dumme Streitereien, manchmal ganz schön heftige. Immerhin haben wir uns auch immer wieder gezwungen, danach miteinander zu reden, um endlich näher an die tieferliegenden Gründe für diese Auseinandersetzungen zu kommen. Uns ist klar geworden, dass wir wie ein altes Pärchen sind, das schon seit dreißig Jahren miteinander verheiratet ist und jetzt eine ausgewachsene Beziehungskrise hat. Und wenn wir normalerweise einen Fluchtweg hätten, uns in unser Zimmer zurückziehen oder uns bei Freunden über die Dummheit des Bruders ausheulen könnten, bleibt uns hier nichts anderes übrig, als es durchzustehen und den Dingen auf den Grund zu gehen. Wie sonst sollen wir die nächsten 10 000 Kilometer schaffen?

Ich lerne meinen Bruder auf eine Art kennen, die mir bisher fremd war. Ich hatte immer den Eindruck, dass Paul und ich unglaublich unterschiedlich sind, und fand das immer gut. Aber je länger wir unterwegs sind, desto mehr verstehe ich, was der Grund für die meisten Streitereien ist: dass ich Pauls Eigenarten nicht wirklich akzeptieren kann. Ich wünsche mir, dass wir uns mehr ähneln. Das ist komisch, weil wir als Kinder immer nach Unterschieden gesucht haben und vor allem von anderen möglichst unterschiedlich wahrgenommen werden wollten. Es ist einfach anstrengend und oft auch verletzend, wenn man als Zwilling immer als eine Person angesehen wird. Jeder von uns hat seine Eigenarten, und wenn Paul etwas auf eine Art macht, die mir stinkt, dann versuche ich, ihn auf meinen Weg zu bringen, und umgekehrt genauso. Es ist für mich schon überraschend, dass wir offenbar einen tiefen inneren Wunsch nach Ähnlichkeit haben und uns zugleich unterscheiden wollen. Ein Dilemma. Aber ich lerne daraus, Paul stärker zu akzeptieren, wie er ist.

Der gestrige Tag war wieder einer dieser Höllenritte. Und er wurde am Nachmittag noch von einem heftigen Gewitter dramatisch untermalt. Das Gewitter war derart stark, dass wir uns in eine Abflussröhre unter der Straße flüchten mussten, aus Angst, unsere Fahrräder könnten vom wütenden Zeus als Blitzableiter missverstanden werden. Nachdem der letzte Donner vergrollt war und vom sturzartigen Regen nur noch seeartige Pfützen übrig geblieben waren, wurde die Luft unbeschreiblich frisch und klar. Die vorher drückende Schwüle war durch das Gewitter angenehm abgekühlt, beste Voraussetzungen für einen kleinen Sprint, der dann in ganze 35 Kilometer ausgeartet ist. 35 Kilometer lang haben wir alles gegeben, und das mit knapp 60 Kilo Gepäck pro Rad. Und es hat sich gelohnt, wir haben einen wunderschönen Schlafplatz an einem verwunschenen Flüsschen gefunden.

Als wir heute Morgen nach einem tiefen Schlaf aufgewacht sind, hören wir dumpfe Tritte im Gras.

»Was zum Teufel ist das?«, flüstert Paul.

»Keine Ahnung, aber es scheinen viele zu sein.« Ich krieche ins Vorzelt und luge aus dem Spalt. »Das sind Kühe! Eine ganze Herde!«, schreie ich Paul zu.

»Super, zapf uns doch mal ein Glas warme Morgenmilch!«

Als ich aus dem Zelt krieche, muhen mir die träge schwankenden Tiere freundlich zu. Plötzlich ruft ein Kuhhirt irgendetwas in Kuhsprache, und die Herde hebt den Kopf und muht irgendetwas zurück. Schon witzig, wie die sich offenbar untereinander verständigen können. Ich versuche, eine schöne Braune »anzusprechen«, aber sie kaut einfach lethargisch weiter. Wahrscheinlich spricht sie kein Deutsch. Das mit der Milch wird nicht klappen, also bahne ich mir einen Weg zum Flussufer durch die widerwillig zur Seite wankenden Wiederkäuer, die mich anschauen, als wollten sie sagen: »Mach nicht so einen Stress hier. Du bist schließlich nur der Gast.« Aber ich will Wasser auffüllen, bevor die Kühe ihre Tränke erreichen und das Wasser nur noch aus Schlamm, Schnodder und Urin besteht. Leider scheint flussaufwärts schon eine Herde am Wasser gewesen zu sein, denn später müssen wir feststellen, dass das Flusswasser modrig schmeckt. Endlich, nachdem uns die Münder so ausgetrocknet sind, dass das Sprechen schwerfällt, entdecken wir ein Häuschen in der Ferne. »Da werde ich mal nachfragen, ob ich mir ein bisschen Wasser abzapfen darf«, rufe ich Paul zu.

Ein alter Mann öffnet mir die Tür. Ich stammele auf schlechtem Russisch einen Satz, in dem das Wort »Wasser« vorkommt, und als er merkt, dass ich aus Deutschland komme, legt er mir seine Hand auf die Schulter und sagt in gebrochenem Englisch: »*Today nith May … – Russia win Germany!*« Ich nicke und schüttle ihm feierlich die Hand. Der alte Herr gibt mir zu verstehen, kurz auf ihn zu warten, und verschwindet. Er kommt mit einer frisch gekühlten Fanta zurück, die er mir als Geschenk mitgibt. Was für eine nette Geste zum 67. Jahrestag des Sieges über Deutschland!

Zurück bei den Fahrrädern, erzähle ich Paul von der Geschichte, und er findet, dass eigentlich wir dem Herrn etwas hätten schenken sollten und nicht umgekehrt. So oder so, ein guter Grund, heute mal einen Feiertag einzulegen. Zumindest ein bisschen.

»Es ist echt zu heiß zum Radeln, und wir waren doch gestern so super effizient.«

»Hast recht«, antworte ich meinem lang im Schatten ausgestreckten Bruder. »Aber sobald die Mittagssonne sinkt, ist unser Feiertag zu Ende, okay?«

»*Dawai*«, antwortet Paul, zieht sich sein gepunktetes Abenteuertuch über die Augen und leckt sich den letzen Tropfen Fanta von den Lippen.

»Okay, schalt mal ein!«, Paul kann es nicht erwarten, unser neuestes Entertainmentsystem auszuprobieren. In einem Supermarkt haben wir für ein bisschen Kleingeld zwei schrottige Aktivboxen gekauft, die wir an Pauls Fahrrad montiert haben. »Wir können mal versuchen, ob wir das über die Walkie-Talkies übertragen können, das wäre doch genial!« Paul spielt »We All Live In a Yellow Submarine« von den Beatles ab und fährt los, bei mir scheppert es ziemlich metallisch aus dem Walkie-Talkie, aber immerhin, irgendwie cool! Paul spielt den DJ und sucht die ganze Zeit Songs, die irgendwie zur Situation passen. Als später ein Gewitter aufzieht, spielt er »Thunderstruck« von AC/DC – da soll noch einer sagen, ich sei hier der Kalauerkönig. Das geht noch ein paar Stunden so weiter, bis mir das Gescheppper zu viel wird.

»Paul, gib mir mal die Boxen und hör du dir den Salat aus dem Walkie-Talkie an, das ist echt kein Spaß«, brülle ich der fahrenden Disco zu.

»Okay, okay, mich nervt das auch langsam.«

So gut es tat, mal wieder Musik zu hören, es ist auf Dauer anstrengend. Wir nehmen uns vor, an einer neuen Entertainmentlösung für die Fahrt zu basteln.

HUNGER, HITZE UND TOTALE ERSCHÖPFUNG / 13. MAI / KURZ VOR DER KASACHISCHEN GRENZE

PAUL

Die letzten Tage in Russland sind ziemlich hart. »TaTok, TaTok, TaTok«. Die Straße, auf der wir fahren, besteht aus aneinandergefügten Betonplatten, und auf jede Platte folgt ein Schlagloch, das sich quer über die ganze Straße zieht. Unausweichlich wird der ohnehin schon leidende Hintern rhythmisch weitermalträtiert. Dazu glühende Hitze, extremer Gegenwind, kein Wasser mehr – die Laune ist am Tiefpunkt. Das Sprechen haben wir uns weitestgehend abgewöhnt. Die meisten Konversationen bestehen nur noch aus einzelnen Worten, weil das einfach effizienter ist. Eine Mittagspause hört sich in etwa so an. Ich: »Pause.« Hansen: »Okay.« Ich: »Brot.« Hansen kramt die letzten Krumen aus den Tiefen der Tasche hervor. Schweigendes Kauen. Wenn das so weitergeht, schaffen wie es nie rechtzeitig nach Kasachstan. Wir nehmen uns vor, die Mittagshitze abzuwarten und dann bis in den kühleren Abend hinein zu fahren. Eine Strategie, derer wir uns in der Wüste noch öfter bedienen werden. So sitzen wir nun circa 20 Kilometer vor Saratow am Straßenrand, im Schatten junger Birken. Die sandige Böschung wimmelt von kleinen, sehr aggressiven Ameisen, die uns unser letztes Essen abzwacken wollen. Irgendwie sind sie ja niedlich, wie sie eifrig nach jedem Brotkrümel suchen und sich mit manchem größeren Fragment gnadenlos übernehmen. Wenn sie Emotionen hätten und sprechen könnten, würden sie sicher laut fluchen.

Auch die Lkw und andere Fahrzeuge tun sich mit der steil ansteigenden Straße schwer. Ein paar Hundert Meter unterhalb unseres Rastplatzes sehen wir zwei Jungs, die auf einem Roller den Berg hochfahren, na ja, besser gesagt, einer der beiden sitzt auf dem in höchsten Drehzahlen kreischenden Gefährt und raucht eine Zigarette, während der andere hinterherläuft und bei drohendem Stillstand schieben muss. Von der anderen Seite nähert sich ganz langsam ein Baufahrzeug: »Pffft, Pfft, Pfft.« Es besprüht den Mittelstreifen mit neuer Farbe. Hinten auf der Ladefläche sitzt auf einem ausgedienten Autositz ein rauchender Mann neben einer Tonne voller weißer Farbe und betätigt Pi mal Daumen den Sprühhahn. Alles, was auf der Straße liegt, wird einfach mitgefärbt, und so bekommt ein platter Igel noch einen Rennstreifen verpasst. Die Autos, die ungeduldig hinter dem langsamen Fahrzeug herfahren, ignorieren eiskalt die frisch verrichtete Arbeit und zerfahren gnadenlos die Farbe – was für ein Anblick.

Unser russisches Geld ist beinahe aufgebraucht, alles hier ist so viel teurer, als wir erwartet hatten. Selbst Angebote wie »Zwei Kuchen zum Preis von einem« müssen wir ausschlagen. Wir sind abgebrannt. Müssen mit unseren Ressourcen besser haushalten. So versuchen wir, nicht in den Dörfern, sondern auf dem Land an günstigere Nahrung zu kommen. Als wir später am Tag an einem kleinen Bauernhof beschließen, noch ein Päuschen zu machen, haben wir Glück: Die Bäuerin hat gerade für eine aus Kasachstan erwartete Busladung Piroggen und eine Art Buletten gemacht. Sie ist fürsorglich wie eine Mutter, und als sie uns abgemagerten Radfahrer sieht, lässt sie uns für umgerechnet 1,50 Euro so viel essen, wie wir schaffen. Immer wieder bringt sie Nachschlag, bis wir fast platzen. Der Herr des Hauses besteht noch darauf, dass wir mit seinem Sohn Kontakte austauschen. Wenn wir ihn richtig verstanden haben, will er ein Auto in Deutschland kaufen. Das seien gute »Maschina«, meint er und klopft mit den Knöcheln seiner beeindruckend großen Hand auf den Tisch, als ob dieser die unglaublich widerstandsfähige Motorhaube eines deutschen Qualitätsautomobils sei.

Die Landschaft um uns herum wird immer mehr zum Steppen- und Grasland. Unvorstellbare Weiten, am Himmel wie auch auf der Erde. Man bekommt ein Marlboromann-Gefühl von Freiheit inmitten dieser überwältigenden Maßstäbe, fühlt sich klein und unbedeutend, doch auf eine entlastende

Art. Man kann verstehen, wie winzig die Rolle ist, die man auf diesem Planeten spielt, aber auch, wie alles irgendwie zusammengehört: Nichts von dem, was ich hier sehe, ist für mich durch einen Flug oder eine Zugfahrt von meiner Heimat getrennt, es ist alles das gleiche Stück Erde. Meter für Meter habe ich selbst die Verbindung abgefahren und kann bestätigen: Sie existiert. Ich glaube, das ist etwas, das in Zeiten des schnellen Reisens verloren geht, das Verständnis, dass Orte keine in sich abgeschlossenen, voneinander getrennten Räume sind, zwischen denen eine Zugfahrt oder ein Flug wie eine Brücke steht. Ich wusste, dass Moskau auf dem gleichen Planeten liegt, aber wirklich begriffen habe ich es erst, als ich den Weg dorthin mit dem Rad zurückgelegt hatte. An unserem letzten Abend, kurz vor der kasachischen Grenze, reden Hansen und ich lange darüber. Werden wir diese Erfahrungen für unser Leben in Berlin irgendwie nutzen können? Was nimmt man mit zurück von einer solchen Reise – wie schnell holt einen der stressige Alltag wieder ein?

»Wir sind drin! Wir haben es geschafft!«, rufe ich Hansen zu, der mir mit einem breiten Grinsen und Nicken antwortet. Russland hat uns gehen lassen, und Kasachstan hat uns hineingewunken, alles ganz geschmeidig und ohne Probleme – so kann's auch gehen. Nach ein paar Hundert Metern hält Hansen an und sieht sich um.

»Was ist?« Ich halte neben ihm.

»Paul, das war noch gar nicht die Grenzstation, schau dich mal um!«

Hansen hat recht. Das war zu früh gefreut, denn offenbar liegt zwischen der russischen Grenzstation und dem Eingang nach Kasachstan ein Niemandsland von etwa drei Kilometern. Die Straße, auf der wir fahren, ist links und rechts eingezäunt, und auf gigantisch hohen Wachtürmen patrouillieren Grenzsoldaten mit Maschinengewehren. Wir fahren weiter, denn Stehenbleiben ist sicher nicht die beste Methode, um das Vertrauen der uns ständig beobachtenden Grenzpolizei zu erlangen. Kurze Zeit später taucht hinter einem Hügel der echte Grenzposten auf. War wohl doch nicht alles so easy. Oder vielleicht schon? Man darf die Hoffnung nicht aufgeben. Ich sehe Hansens Körperhaltung an, dass er aufs Schlimmste gefasst ist. Und er hat recht. Die Grenzposten sind es nicht gewohnt, dass jemand zu Fuß oder mit dem Rad die Grenze überqueren will, und heißen uns als hübsche Attraktion zum sonstigen Einerlei willkommen. Als wir ein Foto schießen wollen, verschlechtert sich die Stimmung. Aggressive »*Niets*« aus allen Richtungen: So was sei verboten, geben uns die auf einmal sehr ernsten Zöllner zu verstehen und schütteln grimmig die Köpfe. Wir sind eingeschüchtert und versuchen, die Stimmung aufzulockern. Sie fragen uns, wo wir hinwollen, und ich höre Hansen sagen: »*Ketai*«, also China. Sie schauen uns an, als seien wir Wahnsinnige, und schieben uns kopfschüttelnd zur Gepäckkontrolle. Sie nehmen unser ganzes Gepäck auseinander, und das ist immer mit das Schlimmste, was passieren kann, weil wir eine penible Ordnung halten, damit das Ganze überhaupt transportabel ist, und man weiß nie, ob sie nicht doch etwas finden, das hier als illegal gilt…

»Der Typ hat sich die Trockenfrüchte eingesteckt!«, zische ich Hansen zu. Der wirft mir einen bösen Blick zu, der soviel heißen soll wie: »Lass doch die Trockenfrüchte! Wenn es nur das ist!« Mich ärgern solche Kleinigkeiten schon, die hatten wir uns gerade erst in Ozinki gekauft, und jetzt sind sie gleich wieder weg! Die fangen auch noch an, sie vor unseren Augen mit breitem Grinsen genüsslich zu futtern!

»Das ist einfach die Demonstration ihrer Macht«, raunt Hansen mir zu. »Das ist immerhin Teil ihres Jobs und mal ehrlich: An so einer Grenze passiert auch wirklich nicht viel.« Und erneut nimmt Hansen den nüchternen, besonnenen Part ein.

Schlimmer wird's, als sich der eine mein Schweizer Taschenmesser einstecken will. Er guckt es an, dreht es vor seinem Gesicht und sagt: »Oh! Danke für das Geschenk!« Ich schaue ihn ungläubig an. Soll das ein Scherz sein? Das Taschenmesser ist verdammt noch mal wichtig für uns! Da fällt mir das Schild auf, das hinter ihm steht: »Falls Sie Bestechungsgelder zahlen sollen, wenden Sie sich an diese Nummer.« Ich deute erst auf das Taschenmesser und dann auf das Schild. Der Grenzbeamte tut so, als sei alles bloß Spaß gewesen und schiebt mir das Messer zurück in die Tasche. Schließlich lassen sie uns ziehen.

Auf den nächsten Kilometern grolle ich noch wegen der Trockenfrüchte vor mich hin. »Wenn wir reinwollen, müssen wir das alles mit uns machen lassen oder was?«

Hansen hat genug von meinem Gemaule. »Paul, du kannst nicht im Ernst erwarten, dass alles abläuft wie an irgendwelchen europäischen Grenzen.«

»Ja ja, du hast recht. Trotzdem, Mann, jetzt dürfen wir die nächsten Tage wieder nur Brot und Reis fressen!« Meine Stimme kippt ins Jammerige.

»Paul, ich mach gleich Trockenfrüchte aus dir – wir sind in Kasachstan. Endlich! Da kann man wohl ein paar Hundert Kilometer auf Feinkost verzichten. Schau dich doch um! Graslandschaft soweit das Auge reicht. Es sieht aus wie die Mongolei, das ist ein Traum von uns, genieß ihn gefälligst!«

Er hat ja recht. Manchmal muss man ein bisschen streng mit mir sein, damit ich mich nicht in irgendwelchen Nörgeleien ergehe und darüber mein Glück vergesse. Und kaum ist es mir bewusst, werde sogar ich ein bisschen sentimental: Es geht leicht bergab und mit guten 30 Stundenkilometern fahren wir mit der sinkenden Sonne im Rücken durch die vom Wind gestreichelte Graslandschaft. Das Grün schimmert in den Sonnenstrahlen, und die Halme bewegen sich wie Wellen im Wasser. Ein gutes Gefühl.

Film ab!

KAZAKHSTAN HEAT
Uralsk bis Aralsk

WASSER / 15. MAI / URALSK

Hansen

Yes! Kasachstan! Ich bin so glücklich, diese Raserei in Russland hinter mir zu haben. Kasachstan gibt uns 44 Tage Zeit, durchs Land hindurchzufahren, und das bedeutet, wenn wir an jedem Tag fahren würden, gerade mal um die 60 Kilometer täglich. Himmlisch! Alles erscheint mir entspannter und freundlicher als in Russland. Ich bin fast wie in Trance, was vielleicht auch daran liegt, dass ich meinen Körper vor Schmerzen und Erschöpfung kaum mehr spüre.

Seit ein paar Wochen können wir auch endlich die dicken Winterjacken in den Taschen lassen – seitdem wir südwärts unterwegs sind, ist es Frühling geworden. Die blassgrünen Wiesen und nackten Bäume sind wie verwandelt, der Löwenzahn explodiert. Über die vor Kurzem noch kahle Landschaft ergießt sich wie mit einem gewaltigen Pinselstrich plötzlich ein knalliges Gelb, ergänzt durch hellgrün leuchtende Blättchen und einen strahlend blauen Himmel. Wir haben den Winter endgültig verabschiedet. Seitdem wir die wenig zuvorkommenden Grenzbeamten hinter uns gelassen haben, ruft man uns von allen Seiten dieses freundliche »*Kazachstan normal?*« zu, und meine Antwort lautet immer: »*Da!*« – Ja, es gefällt mir! Ich bin wirklich überglücklich hier zu sein.

Kurz vor Uralsk, der ersten größeren Stadt in Kasachstan, entscheiden wir uns, an einem schattigen Plätzchen einen kleinen Mittagsschlaf einzulegen.

Plötzlich zieht ein Schatten über mein Gesicht, und ich schrecke hoch. Neben mir steht ein alter, runzeliger Mann mit imposantem Goldgebiss, der einen Krug mit glasklarer Flüssigkeit und eine Tasse in der Hand hält.

O nein, denke ich mir, verschont mich bitte mit eurem Wodka – es ist doch gerade erst Mittag! Ich stehe auf, während Paul ungestört weiterschläft, und stelle mich vor. Auch der Mann nennt seinen Namen, Sergej heißt er. Ich bin auf ein beleidigtes Gesicht eingestellt, als ich die Wodkaeinladung ablehne, bekomme aber als überraschende Antwort ein lautes Lachen zu hören. Es sei frisches, eiskaltes Wasser, welches er selbst mit seiner Pumpe aus dem Boden holt, gibt mir Sergej zu verstehen.

Er reicht mir die Tasse, und noch etwas skeptisch nehme ich einen ersten, kleinen Schluck. Es ist herrlich, einfach köstlich! Er sieht mir meine Begeisterung an und schenkt nach. Vermutlich vom Gluckern des Wassers wird Paul aus seinen Träumen gerissen. Auch er erfrischt sich mit mehreren Tassen. Sergej bietet uns noch an, unsere Wasservorräte aufzufüllen, und zeigt Paul stolz seine Pumpe. Angetan von seiner Hilfsbereitschaft, verabschieden wir uns mit vielen herzlichen und ausladenden Gesten von Sergej und seinem struppigen Hund Puma, der noch schnell das Vorderrad von Pauls Fahrrad markiert, und machen uns wieder auf den Weg. Wasser – und daran werden wir im späteren Verlauf der Tour noch öfter denken – ist das kostbarste Gut. Sergej ist zu Recht stolz auf seine Wasserpumpmaschine.

Ein paar Kilometer vor Uralsk kränkelt Paul, und das liegt nicht an Sergejs gutem Wasser, sondern ganz einfach an Überanstrengung. Manchmal kann man die Grenzen der eigenen Leistungsfähigkeit kaum einschätzen. Der Sprint durch Russland hat uns alle unsere Energiereserven gekostet. Paul wird übel, und er bekommt heftige Gliederschmerzen. Wir hatten ja schon geplant, eine mehrtägige Erholungspause in Uralsk einzulegen, aber so wie Paul gerade aussieht, weiß ich nicht, wie ich ihn die letzten Kilometer bis in die Stadt bringen soll. Er kann sich kaum noch aufrecht halten. Ich fahre dicht vor ihm, um ihm Windschatten zu geben. Mit letzter Kraft schleppt er sich in ein Hotel, in dem wir ausgenommen werden wie die Weihnachtsgänse. Die sehen uns an, dass wir nicht in der Lage sind, noch groß rumzufeilschen. Teure, stinkende Zimmer, eine kalte Dusche mit schimmligen Wänden und Kaugummi auf den Kopfkissen, aber für heute ist mir das alles egal.

Am nächsten Tag finden wir für einen günstigeren Preis ein Zimmer mit antiken Tropenhotelstyle-Möbeln und orientalischen Teppichen. Kleines Manko: Die Betten sind etwa 1,50 Meter lang, da legt man sich als knapp Zwei-Meter-Riese lieber auf dem Boden daneben ab. Paul geht es wieder ganz passabel, daher genehmigen wir uns noch ein ordentliches Wodkabesäufnis mit unserem Freund Arslan vom Wochenmarkt.

»Vielleicht brauchen wir zumindest einen Goldzahn, oder?«, lallt Paul, während er in die uns lachend zuprostenden Gesichter schaut.

Tatsächlich, sogar bei Kindern sieht man hier Frontzähne aus Gold, das scheint ein wichtiges Statussymbol zu sein.

»Kannst ja Mama fragen, ob die dir 'ne Schneidezahngoldmütze anfertigt. Genug Platz zum Rüberstülpen ist ja drum herum da!«

Paul lacht sich schlapp, und ich betaste mit der Zungenspitze meine eigene Zahnlücke zwischen den Schneidezähnen, während das Wasserglas vor mir wieder randvoll mit samtig-weichem Wodka gefüllt wird.

TEUFELSZEUG / 16. MAI / URALSK

PAUL

Hansens Gesicht verkrampft sich. Seine Lippen sind aufeinandergepresst, die Adern auf der Stirn treten hervor. Seine Hand sitzt fest in der von Pjet. Nachdem sich Arslan verabschiedet hat, hat Hansen sich von einem der Männer in der Bar zum

Armdrücken breitschlagen lassen. Der stämmige Kasache hat meinen schlanken Bruder offenbar deutlich unterschätzt: Vergebens versucht er, gelassen zu schauen, während Hansen seine Anstrengung nicht verheimlicht. »Ich habe ihn zwischendrin auch mal gewinnen lassen«, wird Hansen mir am nächsten Tag sagen, »ich wollte nicht, dass er als Gastgeber blöd dasteht.«

Kaum sind die 500 Gramm Wodka leer, die kleinste Maßeinheit, in der man den Wodka in dieser Bar kaufen kann, ist Pjet schon wieder aufgestanden, um den nächsten zu holen. Obwohl wir kein Russisch oder Kasachisch sprechen, verstehen wir uns den ganzen Abend über blendend – oder wir reden aneinander vorbei, wie auch immer! »Immer ein Glas Cola, danach einen Wodka«, gibt uns Pjet zu verstehen, »dann muss man nicht kotzen.« Als die Bar zumacht, wollen wir nach Hause, solange wir noch können. Zufällig wohnt Pjet aber auch in unserem Hotel, und wir kommen nicht drum herum, noch auf einen Absacker in die Hotelbar zu stolpern. Hier sitzen wir jetzt, und Hansen gibt sein Bestes, um auf dem Hocker zu bleiben. Ich halte mich mit beiden Händen an der Bar fest und versuche, die mich eiskalt ignorierende Bedienung zu bequatschen. Das Letzte, an das ich mich erinnere, ist, dass Pjet eine neue Runde Wodka bestellt und schon wieder Armdrücken will.

Ich öffne die Augen: Ich liege angezogen auf dem Boden eines Hotelzimmers auf einer Matratze. Es ist mein Hotelzimmer – ist es mein Hotelzimmer? Ja, ist es. Erleichterung. Was ist passiert? Panik – ich bin ich Kasachstan. Ich richte mich auf. Viel zu schnell, mein Kopf hämmert. Hansen liegt zusammengerollt auf seinem Bett, die Kiefermuskeln entspannt, gibt der geöffnete Mund den Blick auf seine herabhängende Zunge frei. »Hansen«, lalle ich, »Haansen!« Er wacht nicht auf. Ich werfe einen Socken nach ihm, immer noch keine Reaktion. Ich drehe mich zur Seite und rüttle an seinen Fuß. Mit lautem Stöhnen dreht er sich um. Als er die Augen öffnet, sieht er aus wie Johnny Depp in dem Film »Rum Diary«. Schweigen. Hansen scheint zu versuchen, sich an letzte Nacht zu erinnern, und ich lasse meinen Blick durch's Zimmer schweifen.

»Scheint alles noch da zu sein«, stelle ich fest, worauf Hansen aufgeschreckt erwidert: »Scheiße! Wo ist der Rucksack?« Und tatsächlich, der Rucksack mit all unseren Wertsachen und Papieren fehlt. Dieses wichtige Detail hatte ich bei meiner ersten Begutachtung großzügig übersehen. Krampfhaft versuche ich, mich zu erinnern, aber das Armdrücken ist der letzte dumpfe Anhaltspunkt.

»Die Rezeption«, platzt es nach einer Weile aus Hansen heraus: »Wir hatten die Wertsachen doch an der Rezeption abgegeben.« Wieder Erleichterung. Bis auf ein ziemliches Blackout scheint alles gut gegangen zu sein, laut Reisekasse haben wir sogar nur fünf Euro für das Saufgelage ausgegeben, das wären in Wodka umgerechnet immerhin anderthalb Liter. Mir wird kotzübel. Schnell mixe ich mir und Hansen mein bewährtes Katergetränk: Salzwasser und Vitamintabletten. Auf die richtige Dosis Salz kommt es dabei an.

»Lass uns einen Tag verlängern, ich kann heute unmöglich auf's Rad«, sagt Hansen und nimmt einen Schluck.

Ich nicke, stehe wortlos auf und suche den Zimmerschlüssel.

»Wo gehst du hin?«, fragt Hansen.

»Rezeption, Rucksack, Piroschkas, viele Piroschkas.«

»Und Kartuschkas!«, ruft mir Hansen hinterher.

Die Straße ist verlassen, es ist zehn Uhr morgens. Gott sei Dank hat der Piroggen- und Kartuschkastand aber geöffnet. *»Pjat Kartuschka, Pjat Pirogga, Poscholsta«*, beuge ich mich vor das kleine Fensterchen. Die Frau hinter dem Fenster lacht laut auf. Sie hat den Ernst der Lage sofort erkannt und händigt mir jeweils sechs zum gleichen Preis aus. »Gute Besserung«, gibt sie mir mit einem Augenzwinkern zu verstehen, ich grinse durch meine dunkle Radbrille zurück, nehme die zwei warmen Papiertüten und drehe meinen schmerzenden Kopf vorsichtig in Richtung Hotel.

Nach unserem Katerfrühstück verfallen wir bis vier Uhr nachmittags in ein tiefes Verdauungskoma – der Tag ist gelaufen, und auch der klägliche Versuch, noch in das örtliche Heimatmuseum zu gehen, scheitert. Aber irgendwie tat es gut, mal wieder fast den ganzen Tag im Bett zu verbringen. Der krisselige Fernseher läuft, eine Frau preist Sachen in einer Sprache an, die wir nicht verstehen. Schon lange nicht mehr in einen richtigen Bildschirm geschaut, fällt mir dabei auf.

Während ich zu Hause manchmal das Gefühl habe, keine halbe Stunde ohne meinen Rechner auszukommen, haben sich die Bedürfnisse auf der Tour verschoben. Was ist mir wichtig momentan? Ich meine: wirklich wichtig? Es sind ganz essentielle Sachen: Essen, Trinken, Schlafen, Vorwärtskommen, Gesundheit. Was ich vermisse? Ich vermisse vieles, aber ganz andere Dinge als erwartet. Ich vermisse nicht meinen Computer, den ich täglich nutze, sondern das Klavier, dass ich viel zu selten spiele. Nicht mein Bett, sondern den Balkon. Es gibt vieles, das meinen Lebensalltag zu Hause ausmacht, und ich vermisse so wenig davon? Warum freue ich mich mehr auf die Dinge, die ich zu Hause selten mache, als auf die Dinge, die regelmäßiger Bestandteil meines Lebens sind? Ich glaube, wenn die alltäglichen Pflichten sich im Wesentlichen auf Wasserbeschaffen, Essen und Schlafen beschränken, findet eine Art »Komplett-Reset« statt. Alle festgefahrenen Lebensprogramme werden beendet, das gesamte System wird in eine Art Sparbetrieb gebracht, sodass ein Neustart möglich ist. Ich werde nach meiner Rückkehr nach Berlin zuerst die »Programme« ausführen oder die Sachen machen, die unabhängig von der Gewohnheit für mich am wichtigsten sind – Segeln, Basketball spielen, Musik machen und so viel wie möglich in die Natur gehen. Einige werde ich sicherlich wieder aufnehmen, einfach weil ich dann nicht mehr allein bin, sondern meine Freunde, meine Familie um mich habe. Aber viele Dinge, wie das tagelange Vor-dem-Computer-Sitzen und das Immer-erreichbar-Sein, werden hoffentlich auf ewig verbannt sein.

GURKE UND TOMASO / 18. MAI / KURZ HINTER URALSK

Hansen

Am nächsten Morgen klingelt der Wecker uns gnadenlos aus dem Bett. Heute müssen wir unsere Kurzkur in Uralsk beenden und uns wieder auf den Weg machen. Der Kater vom vorherigen Tag sitzt mir noch in den Knochen, aber ein bisschen Sport wird da nicht schaden. Nachdem wir die letzten Einkäufe erledigt und uns von unserem Freund Arslan vom Wochenmarkt verabschiedet haben, sitzen wir um etwa 15 Uhr endlich auf dem Rad und fahren die Eurazia Avenue runter. Das Gefühl habe ich vermisst: Es ist unglaublich befreiend zu wissen, dass man alles dabeihat, was man braucht, wieder unterwegs ist, sich hinknallen kann, wo man will, und einfach immer Richtung Osten fährt. Und draußen schlafen ist doch tausendmal besser als in einem Hotelzimmer – selbst eins mit Perserteppichen! Von diesem Glücksgefühl getragen, fahren Paul und ich nun aus Uralsk heraus und überqueren kurz hinter der Stadt den gleichnamigen Fluss, der als die geografische Grenze zwischen Asien und Europa gilt.

»*Goodbye Europe, hello Asia!*«, ruft Paul laut.

»Bis Asien haben wir es also schon mal geschafft«, rufe ich über meine Schulter zu Paul zurück, »Faulheit kann uns jetzt wirklich keiner mehr vorwerfen.« Die Grenze zu Asien war nach Moskau ein wichtiger Meilenstein für uns, und entsprechend motiviert und gut gelaunt fahren wir weiter.

»*Yes, Tomato!*«, schreit eine runde, gut gelaunte Kasachin von ihrem Liegestuhl am Straßenrand zu uns herüber. Keine 200 Meter zuvor hatte ich mit Paul die Idee, uns einen lebenden Talisman in Form einer Pflanze zuzulegen und diese an unserem Fahrrad ranken zu lassen. Als Weggefährten sozusagen. Als wir den Marktfrauen erklären, dass wir eine Gurke und eine Tomate in unserem Getränkehalter platzieren wollen, sind die von der Idee erst einmal alles andere als begeistert und ernsthaft besorgt um ihre Pflänzchen, denn sie würden jeden einzelnen ihrer kleinen Zöglinge wie ihre Kinder lieben, erklären sie uns. Nach ein bisschen Bitten, Betteln und Flirten lassen sie sich aber doch noch von der Idee begeistern und helfen uns eifrig bei der Konzeption und Umsetzung. Sie suchen im Straßengraben nach alten Plastikflaschen, diese werden unter der Rundung abgeschnitten, die Pflanze mitsamt Erde eingesetzt und dann der abgeschnittene Teil wieder in den unteren Teil hineingesteckt. Der Deckel bleibt offen, damit ein bisschen Luft in das Minigewächshaus hineinkommt. So passen die Pflanzen in den Flaschenhalter. Gute 15 unterhaltsame Minuten später hat Paul seine Tomatenpflanze und ich meine Gurke am Fahrrad, die wir feierlich »Tomaso« und »Gurke« taufen.

Weil wir in Uralsk neben den Einkäufen noch eine unserer berühmt-berüchtigten Ausmist-Aktionen veranstaltet haben, bei der wir uns von überflüssigen Medikamenten, Kleidung wie Handschuhen und Wollmützen und bisher nicht gebrauchtem Werkzeug getrennt haben, kommen wir an diesem Tag nicht mehr besonders weit. Wir radeln nach der Tomaten-Gurken-Installation noch eine Weile vor uns hin, bis wir einen Platz gefunden haben, der uns zusagt. Wie immer nicht allzu weit von der Straße entfernt, aber so, dass man vor direkten Blicken geschützt ist. Wir machen uns gerade daran, den fast luftdichten Zelteingang durch eine durchlässigere Fliegengaze zu ersetzen, als ein UAZ-Militärjeep angeprescht kommt und zwei uniformierte Männer aussteigen.

Mir rutscht das Herz in die Hose. Was haben wir denn jetzt wieder angestellt? Harsch weisen sie uns zurecht, nur verstehen wir nicht, was sie uns eigentlich mitteilen wollen. Aber als wir ihnen unsere Geschichte erklären, sind sie plötzlich verständig und hilfsbereit. Sie geben uns zu verstehen, dass wir unser Zelt exakt über einer Hochdruckölpipeline aufgeschlagen haben. Ob wir unser Nachtlager nicht bitte einfach 20 Meter weiter errichten könnten. Vor Erleichterung lachen wir laut auf, die müssen denken, wir seien total bekloppt. Das denken sie sowieso, bzw. das denken eh alle hier. Ständig werden wir gefragt: »Was macht ihr denn überhaupt, wo sind eure Frauen, eure Kinder?« Dass zwei junge Männer im besten Alter von gerade dreißig Jahren auf dem Rad um die halbe Welt fahren, unverheiratet sind und keine Kinder haben, ist allen ziemlich unverständlich.

Nach dem Standardabendessen aus Kartoffeln, Butter und Karotten sitzen wir noch eine Weile am Lagerfeuer und schnipsen Steinchen in die Glut. »Hm, Paul, die haben doch eigentlich recht. Wo sind unsere Frauen und Kinder? Warum benehmen wir uns mit dreißig Jahren immer noch, als seien wir 17 und frisch von zu Hause ausgezogen?«, frage ich.

»Aber da sind wir doch nicht die Einzigen, das mag ja vielleicht in Kasachstan unnormal sein, aber überleg doch mal in Berlin … Kennst du irgendjemanden mit Kind?«

»Na ja, nicht viele, aber deshalb ist das doch nicht normal! Weißt du, wenn die hier kaum aus der Pubertät sind, fangen sie an, Geld zu verdienen und eine Familie zu gründen, und wir hängen locker noch eine zehnjährige Zweitpubertät an!«

»Erzähl mir nicht, du willst tauschen. Dann wärst du nämlich nicht hier.« Paul knufft mich und guckt wieder, als wolle er ein zu tiefgründiges Gespräch schnell noch in leichtere Bahnen lenken. Aber da hat er sich zu früh gefreut.

»Als Marie vor zwei Jahren wissen wollte, ob du dir Kinder vorstellen kannst, hast du doch direkt die große Panik bekommen. Ich hätte nicht gezögert.«

»Das sagst du so leicht, weil du dir zu der Zeit nichts mehr gewünscht hast als eine Freundin.«

»Genau, und du hattest eine und lässt sie gehen.«

»Ja, weil's vielleicht nicht die Richtige war, und außerdem entscheide ich doch so etwas nicht allein. Du tust ja so, als hätte das alles bloß an mir gelegen.« Paul knibbelt an einem Ast und schiebt sich dabei einen Splitter unter den Fingernagel. »Au!« Und dann sagt er: »Denkst du, wir hätten die Tour machen können, wenn einer von uns in einer Beziehung wäre? Ein halbes Jahr weg sein und das nicht gerade unter den ungefährlichsten Umständen?«

»Vielleicht nicht ganz so lange, aber ich glaube, wenn es die Richtige ist, versteht sie das.«

»Hansen, ich glaube, es ist nicht so einfach, mit Zwillingen wie uns zusammen zu sein. Marie hat mir mal gesagt, wenn sie auf jemanden eifersüchtig war, dann auf dich. Selbst wenn wir uns eine Weile nicht verstehen, du spielst immer die wichtigste Rolle in meinem Leben. Wenn es zum Beispiel darum ging, Silvester zu planen, war mir immer am wichtigsten, dass du dabei bist.«

»Also, das würde mich auch nerven.«

»Weißt du noch Silvester in Berlin?«

Paul muss lachen. »Oh shit, das, wo Stephan Raketen aus seinem nackten Hintern abgefeuert hat?!«

»Ja, genau! Da sind wir beiden irgendwann noch ohne Marie weitergezogen und erst am nächsten Tag um zwölf Uhr mittags zurückgekommen.«

»Dass sie da nicht die Schnauze von dir voll hatte ...«

»Trotzdem, es war schon eine coole Zeit. Ich würde mich eigentlich auch gerne mal wieder verlieben.«

»Da werde ich aber eifersüchtig, Paul!«, sage ich mit gespielt weiblicher Stimme.

Wir sind beide nachdenklich geworden. Ich weiß nicht, warum das mit mir und den Frauen in den letzten Jahren nicht geklappt hat. Ich treffe gelegentlich welche, die ich toll finde und die mir wichtig sind, aber dann bald nicht mehr oder andersherum, oder es ist superkompliziert und verletzend. Manchmal habe ich darüber nachgedacht, ob diese Reise und die ganze lange Vorbereitungszeit, in der ich mich immer wieder habe sagen hören »im Moment kann ich einfach keine Beziehung haben«, nur ein Davonlaufen ist. Eine gute Ausrede. Aber jetzt bin ich hier und sollte genießen, was gerade ist.

»Überleg mal, Paul. Irgendwann werden wir auf diese Tour zurückblicken und uns erinnern. Und dann ist das alles vorbei.«

Paul nickt stumm. »Vielleicht sind wir auch schon auf der nächsten, umsegeln die Welt oder sind zwei alte Männer, die auf ihr Leben zurückblicken.«

»... und nichts bereuen«, füge ich nach einer Pause hinzu und stochere mit meinem Schürstock im Feuer. Die Glut wärmt mein Gesicht. Ich stelle mir vor, wie ich mit Paul im Schaukelstuhl auf einer Veranda sitze, immer noch der gleiche Humor, immer noch wir zwei, aber 50 Jahre älter. Und mich überkommt ein Gedanke, den ich schon so oft hatte: »Einer von uns beiden wird zuerst sterben«, sage ich. »Ja, einer von uns wird den anderen sterben sehen ...«, antwortet Paul leise.

Stille.

Wie immer versucht Paul, nach einer kurzen Zeit der emotionalen und ernsten Stimmung, Richtung Humor auszuweichen: »Es sei denn, wir machen zur Abwechslung mal das, was man von Zwillingen erwartet, und sterben einfach gleichzeitig.« Diesmal bin ich ihm richtig dankbar dafür.

Mein Kopf liegt auf Pauls Knie, so sitzen wir eine Weile, bevor wir wortlos alles einpacken, um schlafen zu gehen.

SASCH / 19. MAI / ALGABAS

PAUL

Heute sind wir früh aufgebrochen, um endlich wieder ein bisschen Tempo in unsere Tour zu bringen. Selbst wenn wir jetzt in Kasachstan mehr Zeit haben, wollen wir weiter um die 120 Kilometer am Tag fahren. Man weiß schließlich nie, wozu man ein paar Extratage benötigen kann. Einer von uns könnte krank werden, ein Rad müsste vielleicht repariert werden ... Und selbst wenn das alles nicht passiert, ist es umso besser, an einem schönen Fleck ein bisschen Urlaub einzulegen oder eine der freundlichen Einladungen, die wir in Kasachstan fast täglich bekommen, endlich mal anzunehmen.

Der Wind pfeift heute noch heftiger als in den letzten Tagen, was die Strecke zu einem echten Kraftakt werden lässt. Viel später als gedacht, sind wir endlich soweit, dass wir uns nach einem Schlafplatz umschauen können, biegen aber noch in ein kleines Dorf abseits der Route ab, um ein paar Lebensmittel zu kaufen und vor allem, um unseren Wasservorrat aufzustocken.

Wir verlassen gerade Algabas Richtung Landstraße, als wir von einem silbernen Ford Galaxy überholt werden …

WEITERFAHREN / 20. MAI / KURZ HINTER ALGABAS

Hansen

Vielleicht ist es das Beste, was wir nach dieser Horrorszene in Algabas machen konnten. Einfach weiterfahren. Das heißt: auf den Rädern sitzen, in die Pedale treten, nach vorn starren und nicht darüber sprechen, was jetzt genau passieren soll. Ob wir nach Aktöbe fahren, dort ein Flugzeug nach Moskau oder Istanbul und weiter nach Berlin nehmen, oder ob wir von Aktöbe einfach weiter nach Shanghai fahren, ist noch offen. Für mich hat das Strampeln eine heilsame Wirkung, ich fühle mich im Moment nirgends sicherer als auf meinem Rad, mich fortbewegend. Jeden Meter, den wir uns von Algabas entfernen, bewegen wir uns von dem Überfall weg. Zumindest mein Kopf funktioniert so. Ich weiß allerdings nicht, wie es Paul gerade geht, und ich traue mich nicht, ihn zu fragen. Warum eigentlich nicht? Weil er »Nein« sagen könnte? Weil für ihn womöglich längst alles vorbei ist? Ich beobachte ihn, während er vor mir fährt, mein Blick klebt an seinem Nacken, dort, wo ihn Sasch gestern immer wieder hart angepackt hat.

Das Schlimmste war, hilflos zusehen zu müssen. Was, wenn die wirklich ernst gemacht hätten? Mich durchzuckt es. Das schlimmste Gefühl, das ich kenne, ist die Vorstellung, Paul passiert etwas, und ich kann ihm nicht zu Hilfe kommen. Aaarrgh, ich darf an so etwas nicht denken, mir wird schlecht, ich darf ihn nicht mal anschauen für die nächsten Minuten, sonst kommen mir die Tränen. Um mich davor zu retten, setze ich zum Überholen an. Als ich gerade auf gleicher Höhe mit ihm bin, hält mich Paul am T-Shirt fest. »Was ist los, Hansen?«

Was los ist? Hat der etwa Augen im Hinterkopf, wie soll er wissen, das etwas mit mir ist? »Ich bin so froh, dass dir nichts passiert ist, Paul!«, platzt es aus mir heraus, und mir verschwimmt der Blick.

»Ich auch Hansen … ich weiß genau, was du meinst.« Natürlich weiß er das. »Wir fahren weiter, oder?« Paul schaut mich an.

»Klar, fahren wir weiter. Das kann doch keinen echten Seemann umhauen«, witzele ich, um mich aus meiner sentimentalen Stimmung herauszuwinden. »Und wenn wir weit genug gefahren sind, genehmigen wir uns eine kleine Pause und bringen die Kamerastative und den ganzen Krempel wieder in Ordnung.«

Gesagt, getan. Wir suchen uns ein sandfreies Nachtlager, um die Räder durchzuchecken und alles auf Vordermann zu bringen. Das ist neben dem Radfahren das, was mich am meisten beruhigt: mit öligen Fingern an Dingen herumschrauben.

Mitten in der Nacht schrecke ich auf. Es ist stockfinster und draußen vor dem Zelt sind schwere Schritte zu hören und ein seltsames Zischeln, fast als würde jemand ein Seil schwingen. Nervös zwicke ich Paul in die Schulter, unser Zeichen für »Aufwachen, aber Mund halten«. Ich kann nichts sehen, weiß aber, dass Paul wach ist, weil sich sein vorher so regelmäßiges Atmen in angespannte Stille verwandelt hat.

Wir lauschen atemlos und warten ab. Die Schritte bewegen sich um das Zelt herum. Es sind mehrere. Seit Algabas sind wir besonders vorsichtig geworden – wir liegen von Bäumen geschützt circa 200 Meter abseits der Straße, um uns vor Überfällen zu schützen. Falls uns doch jemand gefunden hat, sind wir ihm allerdings komplett ausgeliefert, hier kann uns keiner helfen oder sehen. Dann plötzlich ein Geräusch wie ein Furz – zu laut allerdings, kein Mensch furzt derart laut. Paul kichert, ich halte ihm den Mund zu. Jetzt das Schnauben eines Pferdes. »Reiter? Mitten in der Nacht? Was wollen die von uns?« Bevor ich den Satz zu Ende geflüstert habe, galoppieren sie davon. Das Zischeln war wohl der Schweif eines Pferdes – was für eine Erleichterung.

Am nächsten Tag sehen wir um unser Zelt Spuren von mehreren Pferden und etwa in hundert Meter Entfernung stehen sie. Es war einfach nur eine wilde Herde, kein Reiter, kein Horseboy weit und breit.

Wir machen uns auf den Weg, essen lecker und günstig an einem Truckerimbiss Piroggen, Eier und Gulasch und bekommen zwei Aldi-Salamis von einem sehr kurz angebundenen, aber herzensguten russischen Lkw-Fahrer geschenkt. »Jährlich DLG prämiert«, lacht Paul, als er die Wurst begutachtet. Wir sind guter Dinge und kommen trotz Gegenwind recht zügig voran.

Mittags halten wir noch einmal an einem Straßenrestaurant, um nach Wasser zu fragen, und treffen dort Ruslan mit seinem Sohn Arslan, der uns stolz einen etwa 50 Zentimeter langen Hecht präsentiert, den er gefangen hat. Zuerst schlägt er vor, ihn für uns zu kochen. Etwas überrumpelt von dem netten Angebot, lehnen wir aber dummerweise ab, im Nachhinein hätten wir der kleinen Familie gerne Gesellschaft geleistet. Auch als er uns anbietet, dass wir seinen Fisch geschenkt haben und mitnehmen können, lehnen wir wieder ab: Wenn wir den bis abends mit uns mitschleppen, wird er in der sengenden Hitze vermutlich verderben. Wir belassen es also beim Austausch von E-Mail-Adressen und machen ein paar Fotos, um dann aufzubrechen.

Ich habe mich ziemlich erkältet, und die tägliche Tour wird zur Tortur, ich bin einfach total schlapp. Wir quälen uns von Kobda nach Aktöbe und beschließen, hinter Aktöbe ein paar Tage Pause zu machen, um uns komplett zu erholen. Für die knapp zwölf Kilometer bis zu dem Fluss, den wir uns für unseren Kurzurlaub ausgesucht haben, brauchen wir eine kleine Ewigkeit. Orkanartiger Gegenwind macht uns zu schaffen, und die Fahrräder sind schwer beladen mit unseren Einkäufen aus Aktöbe: Karotten, Tee, Nudeln, Tomaten, Kekse, Brot, Butter, Zitronen, Äpfel und dazu 35 Liter Wasser.

Als wir endlich am Fluss ankommen, haben wir eine der bisher schönsten Stellen auf unserer Tour gefunden. Vor meinen müden Augen schlängelt sich ein kleines, klares Bächlein durch ein kiesiges Flussbett, gesäumt von Sanddünen, weiten, sanft geschwungenen Grashügeln und Weidenbüschen. Bleibt nur noch die Querung, denn die ausgeguckte Stelle unter einer Pappel mit Schattenplatz im weichen Sand liegt auf der anderen Seite. Wir finden eine Stelle, an der der Fluss seicht ist, und ich nehme kräftig Anlauf. Mit dem voll bepackten Rad presche ich in den Fluss, der leider nicht ganz so seicht ist wie gedacht. Trotzdem fahre ich mit letzter Kraft eisern strampelnd bis zur anderen Seite durch und tauche dabei bis über die Radachse in den Fluss ein. Ein bisschen erinnert mich das Ganze an einen Reiter, der durch das Wasser galoppiert, nur dass das Pferd das ein bisschen eleganter hinbekäme als ich.

Es ist Nacht. Die Silhouetten der Bäume biegen sich im Sturm, und die Wolken ziehen schnell an der schlanken Mondsichel vorbei. Wir sitzen vor dem Zelt, den Sand unter den Füßen, und Pauls Gesicht ist im schwachen Licht seiner Stirnlampe zu sehen. Wir haben gegessen und genießen das Rauschen und die durch den Wind mückenfreie Nacht. Die nächsten Tage verbringen wir mit kleineren Reparaturen. Wir flicken Pauls Lenkerband und spannen die Kette nach, außerdem basteln wir ein paar Dinge: einen Ständer fürs Rad, Stühle für unsere »Küche« und einen Windschutz für den Kocher. Wir spielen Tic Tac Toe im Sand mit einem Cowboy, dessen Kuhherde uns in alter Gewohnheit auf ihrem Weg zum Fluss fast überrannt hätte. Er hat keinen Ton gesagt, aber als Dankeschön für den angebotenen Tee ein Stück Bauchspeck in einer versifften Plastiktüte aus der

Jackentasche gezaubert. Wir fangen Heuschrecken zum Angeln von Barschen. Die Barsche bleiben allerdings unbeeindruckt von unseren Versuchen, stattdessen fällt ein junger unerfahrener Hecht auf unseren Trick herein. Wir grillen Brot und den Hecht am Lagerfeuer und rufen von einem nahe gelegenen Hügel aus, auf dem wir Empfang haben, unsere Schwester Lilli an, sie hatte Geburtstag. Es ist schön, ihre Stimme zu hören. Sie fehlt mir gerade sehr!

Drei Tage später, am 27. Mai, fahren wir weiter. Meine Erkältung ist immer noch nicht vollkommen abgeklungen, und wir planen, uns nach einem kurzen Einkauf in einem kleinen Dorf ein Stückchen weiter am Fluss niederzulassen und noch zwei Tage Pause dranzuhängen. Erst mal richtig gesund werden. Ein schüchterner und netter kasachischer Cowboy mit stechend blauen Augen zeigt uns eine traumhafte Stelle am Fluss, wo man angeln, baden und im Schatten zelten kann. Zurzeit können wir uns solche Pausen gönnen, später wird das nicht mehr so einfach sein.

Mitten in der Nacht wache ich auf. Im ersten Moment weiß ich gar nicht warum, es ist still, und auch Paul schnarcht ausnahmsweise nicht. Dann bemerke ich, dass meine Beine, meine Arme und mein Gesicht brennen, als wäre ich nackt durch ein Nesselfeld gelaufen. Ich schaue an die Zeltdecke. »*Sandflies*« murmele ich. Ich wecke Paul, der ebenfalls komplett zerstochen ist. Die kleinen Biester sind durch unser selbst eingenähtes Moskitonetz ins Zelt gekommen und haben sich über alle unbedeckten Körperstellen hergemacht. Kein Quadratmillimeter Haut ist verschont geblieben. Wir machen das Zelt sandfliegendicht, was aber leider auch jeglichen Luftaustausch verhindert. Anschließend jagen und erlegen wir mindestens hundert dieser kleinen Biester im Zelt. Morgens liege ich mit Matschbirne da, resterkältet, schlecht ausgeruht, und alles juckt.

»Ich mache Frühstück«, ruft Paul, der schon aufgestanden ist, von der Feuerstelle rüber. Immerhin eine gute Nachricht. »Wie lange brauchst du noch, bis du aufstehst?«

»Okay, eine Minute«, nuschle ich aus dem Zelt heraus und drehe mich noch mal um, »vielleicht auch zehn.«

Paul lacht. Es ist einfach doch noch ein bisschen zu früh für mich.

An diesem Tag versuchen wir wieder, mit Heuschrecken zu angeln, diesmal komplett erfolglos. Aber unser Jagdinstinkt und unsere Experimentierfreudigkeit bringen uns auf eine andere Idee: »Kann man die Dinger nicht auch essen?«, frage ich Paul, als ich gerade wieder eine Heuschrecke auf den Haken spießen will. »Hm, schon …«, antwortet er skeptisch. Aber ich kann Paul dazu überreden, es auszuprobieren, und so basteln wir eine Reuse aus einer Plastikflasche und sammeln Hunderte von Heuschrecken. Um sie zu waschen, werfen wir sie zuerst in kochendes Wasser, danach braten wir sie mit etwas Knoblauch in Olivenöl an. Ich probiere als Erster.

»Und?«, fragt Paul sichtlich angeekelt, als ich mir die Erste in den Mund stecke und vorsichtig zerkaue. »Na ja, die Beine sind etwas grätig, aber der Rest schmeckt wie Garnelen, knusprig, leicht nussig, sehr lecker.« Zunächst noch vorsichtig, dann mit vollen Händen verspeisen wir restlos alle, und ich muss sagen: Das war seit Langem das Beste, das ich gegessen habe!

NILS / 2. JUNI / ZWISCHEN SHALKAR UND ARALSK

PAUL

Es ist der zweite Juni. Wir sind in der bislang trockensten und menschenleersten Gegend unterwegs. Von einem Hochplateau haben wir einen atemberaubenden Blick über eine wüstenähnliche Ebene. Wir halten kurz an, um die Propellerkamera auf meinem Helm zu befestigen, sodass wir die Abfahrt mit der rotierenden Kamera Marke Eigenbau filmen können. Wir sind etwa 200 Kilometer vor Aralsk, und sogar bergab schleppen wir uns langsam gegen den heißen Wind durch dieses unwirtliche Land. Am Horizont sind über einer flimmernden Hitzeschicht Berge zu erkennen – laut Karte noch mehrere Hundert Kilometer entfernt. Über der Straße tanzt die heiße Luft, das grelle Licht blendet mich selbst durch die Sonnenbrille, und mit zusammengekniffenen Augen erkenne ich … das gibt's doch nicht, was ist das denn? Da steht ein Mann und winkt. Mitten im Nirgendwo.

»Hansen! Siehst du das auch?«

»Meinst du das Männlein? Ich dachte, das sei so etwas wie eine Fata Morgana. Was macht der da?«

Je näher wir kommen, desto deutlicher ist zu erkennen: Da steht tatsächlich jemand, und hinter ihm erkennen wir eine kleine Bushaltestelle. Die Szene ist skurril, weder die Bushaltestelle noch die Gestalt machen in dieser Gegend Sinn. Hier ist doch weit und breit gar nichts. Der Mann winkt weiter. »Fototermin«, murmelt Hansen. Aber irgendetwas ist anders. Der junge Mann sieht nicht kasachisch aus, und es scheint fast, als erwartete er uns. Er trägt eine weiße, kurze Camouflage-Hose, Turnschuhe und Socken, ein weißes Feinripp-Unterhemd und als Kopfbedeckung eine goldbestickte muslimische Kappe. Um den Hals baumeln Kopfhörer und ein Schal. Als er uns anspricht, tut er das auf Deutsch mit einem deutlichen Kölner Akzent. Ich bin total perplex.

»Ich bin Nils«, stellt er sich vor. »Mein Spitzname ist Nilsistan. Schön euch endlich zu treffen.«

»Wie bitte? Woher wusstest du, dass wir kommen?«, frage ich ihn.

»Die anderen Deutschen, die ihr letztens getroffen habt, haben mir gesagt, dass da zwei Radfahrer in meiner Richtung unterwegs sind.«

Unfassbar, wie der Wüstenfunk funktioniert. Die Welt ist so klein: Nils kommt aus Köln, ist in China in der Nähe von Chengdu mit dem Rad losgefahren und hat sich mit einer wirklich beachtlich einfachen Ausrüstung und ohne einen Cent bis hierhin durchgeschlagen: Eingang-Rad, kein Zelt, eine dünne Decke und als Nahrung fast ausschließlich Compressed Army Biscuits, die es in China in fast jedem Supermarkt zu kaufen gibt.

»Ahhh«, stöhnt er immer wieder und hält sich mit beiden Händen den Kopf: »Mein Kopp, ich hab mir wohl bei Murat und Achmed im Lkw entweder 'ne Gehirnerschütterung geholt, oder drei Liter Wasser am Tag sind einfach zu wenig!« Ich tippe auf Letzteres. Hansen und ich trinken, wenn irgendwie möglich, jeder zehn Liter Wasser am Tag. Nils ist ziemlich mitteilungsbedürftig, und nach ein paar großen Schlucken Wasser erzählt er uns seine Geschichte.

Nils versucht, mit seiner Tour der »ganzen Kommerzkacke« zu entfliehen, wie er es nennt. Daher seine minimale Ausrüstung. Er ernährt sich von allem, was er im lokalen Umfeld auftreiben oder erlegen kann, unter anderem Schlangen, Insekten, Vögel, Erdmännchen und verschiedene Pflanzen. »Erdmännchen schmecken echt pissig, kann ich euch sagen, echt pissig, die ess' ich nur, wenn ich richtig Hunger hab! Aber sie sind superleicht zu fangen. Ich sag euch, wie!« Er lacht über meinen mitleidigen Gesichtsausdruck. »Einfach über den Bau stellen, reinpissen oder Wasser reingießen und dann von oben am Nacken packen. Die hassen Wasser«, erklärt er seine Jagdmethode und hält eine imaginäre frisch erlegte Erdmännchentrophäe hoch. »Apropos Fressen«, sagt Nils, »ich hab da noch drei kleine Vögelchen hier in einem Nest unterm Dach gefunden, da machen wir uns gleich ein kleines Süppchen.« Er holt einen Hammer hervor, klopft die Fliesen von der Bushaltestelle ab und versucht, mit der Hand an die kleinen Vögel in der Hohlwand zu kommen. Die Mutter fliegt wild zeternd um ihn herum. Etwas mulmig ist mir schon, als er die kleinen Vögel mit einer Drahtschlinge aus dem Loch zieht und ihnen mit einer Kneifzange das Genick bricht. Aber im Grunde muss ich ihm recht geben: Die kleinen Vögel zu essen ist weniger grausam als eine Portion Chicken Wings bei Burger King.

Leider geben die allenfalls wenige Wochen alten Vögel nicht viel her. Nachdem wir sie gerupft und ausgenommen haben, bleibt gerade ein Bissen pro Vogel übrig. Nils zerteilt sie und schmeißt sie in das kochende Wasser. »Probier mal«, sagt er, als sie fast eine halbe Stunde gekocht haben, und hält mir einen Löffel mit der Brühe hin. Die Suppe schmeckt wirklich super, wie Hühnersuppe – ich bin begeistert! Trotzdem, sollte ich irgendwann erneut in die Verlegenheit geraten, Vögel zu jagen, müssten sie schon ein paar Nummern größer sein, damit das Ganze am Ende mehr als bloß eine Art Gewürz ist …

Im Anschluss an unser Mittagessen zeigt uns Nils eine ganze Menge hilfreicher Dinge, etwa das Kochen auf Pferdeäpfeln oder Kamelkacke, die es hier wirklich überall gibt und die sich innerhalb von Sekunden zu einer perfekten Glut verwandeln lassen. Er führt uns verschiedene Fallen vor, zeigt, was man essen kann und worauf man achten muss. Nils sagt, dass beinahe alle Vögel essbar sind, man beim Ausnehmen aber aufpassen muss, weder Gallenblase noch Darm zu verletzen. Und wenn man kein Glück mit der Jagd habe, ließen sich auch viele Kräuter nahrhaft verarbeiten.

Wir sitzen noch lange hinter der Bushaltestelle im Sand und reden über Gott und die Welt. Es tut gut, sich mal wieder mit jemand anderem als Hansen zu unterhalten, aber es ist auch ungewohnt.

Am nächsten Morgen wache ich von Nils Gebrülle auf: »Kann dieser Scheißvogel nicht mal die Klappe halten, ich will schlafen! Verpiss dich, du blödes Drecksvieh, Maaaann ey«, schreit er durch seine Decke, die er sich über den Kopf gezogen hat. Das Vogelgezeter ist die Rache der armen Mutter, deren Kinder wir gestern verspeist haben. Mir wird ein bisschen übel. Die Vogelmutter lässt sich auch von Nils Geschrei nicht einschüchtern. Entnervt steht er schließlich auf und räkelt sich ausgiebig und theatralisch. Wir frühstücken gemeinsam und tauschen noch ein paar seiner Compressed Army Biscuits gegen unsere kasachische Schokolade (Zucker mit Nüssen). Dann verabschieden wir uns: Nils fährt weiter nach Deutschland, wir nach Shanghai.

So gut es getan hat, mal wieder mit jemand anderem als Hansen deutsch zu reden, so anstrengend war es auch. Nils bezeichnet sich immerhin selbst als Plappermaul, somit war die Begegnung eine Art Schocktherapie für mich: raus aus den wortkargen Abenden mit Hansen, hinein in die Dauerberieselung …

Als wir mittags an einer kleinen Raststätte anhalten und 40 Liter Wasser tanken, um die 190-Kilometer-Durststrecke bis Aralsk zu schaffen, bekommen wir von dem lokalen Metzger, der den Kopf eines Hammels in der anderen Hand hält, mit blutiger Pranke ein Stück Fleisch überreicht.

Ein echter Glückstreffer, denn außer Brot, Honig und Wasser konnten wir nichts einkaufen. Um das Fleisch nicht schlecht werden zu lassen, grillen wir es kurzerhand am Straßenrand auf einem Feuer aus getrockneter Kamelkacke über einem Rost aus Draht, den wir aus einem kaputten Lkw-Reifen gemacht haben. Hansen baut außerdem aus zwei Dosen und einem alten Luftfilter einen Miniofen zum Kaffeekochen: Powered by Camelshit! Echt geniales Ding! Für diesen Tipp werde ich Nils ewig dankbar sein.

Abends versuchen wir erfolglos, ein paar Enten zu jagen, und lassen uns an ihrer Oase inmitten der Steppe nieder. Als uns in der Nacht ein enormes Gewitter überrascht, müssen wir aus unserem Zelt in eine danebenliegende kleine Kuhle fliehen, in der wir frierend eine gute halbe Stunde im strömenden Regen sitzen, während um uns herum in unmittelbarer Nähe die heftigsten Blitze einschlagen, die ich je gesehen habe. Die Stahlrahmen unserer Räder sind hier in der Gegend die höchste leitende Konstruktion, und mitten im Gewitter wollten wir nicht unbedingt genau danebenliegen.

Am nächsten Morgen versuchen wir, uns im Tümpel zu waschen. Hansen will sich als Erster mit ein bisschen Anlauf und einem kühnen Sprung ins Wasser wagen. Weit kommt er allerdings nicht. Noch vor dem Wasser stockt sein Lauf, und er sinkt bis zu den Oberschenkeln im Schlamm ein, der als fester Lehmboden getarnt ist.

»Verdammt, Paul, hilf mir!«, schreit er mit etwas gespielter Panik. Ich ignoriere sein Winseln und amüsiere mich köstlich. Seine Versuche, sich selbst zu befreien, scheitern kläglich. Er versinkt zwar nicht weiter, aber der Wunsch, zumindest den Oberkörper schlammfrei zu halten, indem er sich mit flachen Händen von dem trügerischen Untergrund hochdrückt, führen nur dazu, dass zwar seine Beine etwas an Höhe gewinnen, daraufhin aber auch seine Hände im Schlamm feststecken. So langsam wird mir klar, warum sich alle Tiere zum Trinken auf die andere Seite des Tümpels begeben, für uns ist das allerdings keine Option, da wir hierfür durch ein Sumpfgebiet müssten. Hansen Überlebensdrang besiegt dann aber doch seine Eitelkeit. Er beugt sich flach, mit dem Bauch voran, auf den weichen Boden und nutzt auf diese Weise eine größere Fläche, um seinen Oberkörper zu halten und seine Beine beweglich zu machen. Wenige Minuten später erreicht er fluchend festen Untergrund.

»Schweine machen das auch so«, lasse ich das herankriechende Schlammmonster wissen.

Hansen grunzt zufrieden zurück. Er versucht, sich den groben Schlamm von der Haut zu wischen, aber so wird das nichts. Wir gehen zu einer anderen Waschtaktik über. Ein Kanister wird an einem Seil festgebunden, und wir schmeißen ihn in die Mitte des Tümpels, wo er vollläuft, bevor wir ihn über den Schlamm zurückziehen. Es bedarf ungefähr zehn solcher Ladungen, um den zähen Schlamm von Hansens Haut zu entfernen. Nachdem auch ich noch in den Genuss einer Dusche gekommen bin, brechen wir um etwa halb zwölf auf.

Entgegen unseren Erwartungen gibt es auch an den Straßenrestaurants der Route nach Aralsk nur dürftige Möglichkeiten, etwas zu essen. Die Straße ist so wenig befahren, dass es sich wohl nicht lohnt, viel zu kochen. Weil auch unsere Essensreserven zur Neige gegangen sind, sitzen wir vor einem Haufen rauchender Kamelkacke und haben uns ein Süppchen aus frischem Knoblauch und Brühwürfeln gemacht. Ein wenig Weißbrot und Compressed Army Biscuits gibts dazu. In einiger

Entfernung hört man »Nugget« piepen, einen noch flugunfähigen Jungvogel, den wir von der Straße gerettet haben. Für ein Süppchen war das Bündel aus Haut und Knochen nicht zu gebrauchen, mal davon abgesehen, dass wir es gar nicht übers Herz gebracht hätten, ihn zu schlachten. Also haben wir ihm aus einem mit Fell gefütterten Kindermokassin, den Hansen von unserem Freund Friedrich zum Abschied bekommen hat, ein kuscheliges Nest gebaut, aber das undankbare Vieh ist einfach abgehauen. Wenn er es nicht anders will: Bitte schön, die nächste Schlange wird sich freuen.

DIE EXPLOSION / 7. JUNI / KASACHISCHE STEPPE BEI BAIKONUR

Hansen

Letzte Nacht und heute haben wir uns dazu entschieden, ohne Zelt draußen zu schlafen.

»Schon geil, wenn man die Welt als Schlafzimmer hat«, sage ich zu Paul, der neben mir sitzt und wie in Trance in den gigantischen Sternenhimmel starrt.

Plötzlich zuckt Paul aufgeregt zusammen und zeigt an den Horizont: »Was ist das?!« Im Westen ist ein helles Leuchten am Himmel zu erkennen, eine Wolke die langsam größer wird.

»Sieht aus wie eine riesige Explosion, fast wie ein Atompilz«, antworte ich, während mir im ersten Moment noch gar nicht bewusst ist, was ich da gerade gesagt habe. Und als es mir klar wird, erschrecke ich mich vor meinen eigenen Worten! Das ist doch absurd! Wir sitzen ja nicht vor der Kinoleinwand und gucken »Dr. Seltsam, oder wie ich lernte, die Bombe zu lieben«!

Beide sitzen wir im Schlafsack auf unseren Isomatten und starren gebannt auf die schnell größer werdende Wolke. Ich springe auf: »Siehst du das auch?«, schreie ich und deute mit dem Zeigefinger auf einen gleißend hellen Punkt, der aus der

Wolke aufsteigt. Mir bleibt die Luft weg. Es ist totenstill, kein Wind, nichts ist zu hören. Ein kalter Schauer nach dem anderen läuft mir den Rücken herunter. Der Punkt beginnt, sich nun zu drehen und versprüht Licht in alle Richtungen. Die leuchtenden Spiralarme werden immer größer, bis sie sich auf einmal in einem lautlosen, gigantischen Lichtblitz auflösen. Von der Stelle, an der eben noch der Punkt zu sehen war, breitet sich nun eine Druckwelle aus Licht über das Firmament aus.

»Sie kommt auf uns zu«, sagt Paul wie versteinert.

»Was machen wir, was ist das?« Meine Stimme zittert. Wegrennen ist unmöglich, sie bewegt sich schnell, viel zu schnell.

»Sterben wir, Hansen?«, fragt Paul leise.

Ich sehe, wie er nach seinem Handy greift, eine komische Reaktion. »Was machst du da?«, frage ich.

»Ich weiß nicht … jemanden anrufen? Filmen?«

»Du kannst nichts machen, Paul, nur: mach niemanden da draußen verrückt! Wenn das jetzt das Ende ist, ist das das Ende. Daran kann dein Handy auch nichts ändern.« Ich höre mich diese Dinge sagen und bin seltsam ruhig. Kurz denke ich an die Möglichkeit eines Kometeneinschlags, und dann doch wieder an eine Atomexplosion. Immerhin war Kasachstan doch das Testgebiet der UdSSR im Kalten Krieg. Wer weiß, was aktuell in der Welt passiert – was wissen wir schon? Wir haben seit Monaten keine Zeitung mehr gelesen. Meine Vermutungen überschlagen sich.

Ich lausche angespannt und versuche, irgendetwas wahrzunehmen, aber ich höre und spüre nichts. Ich weiß, wie nervös Paul ist. »Wer weiß, wie verstrahlt wir jetzt sind? Vielleicht sollten wir nach Aralsk reinfahren?«, frage ich.

Paul schweigt. Wir sitzen noch eine Zeitlang regungslos da. »Scheint nichts weiter zu passieren«, sagt Paul. Langsam lässt die Anspannung nach, die große Frage bleibt. Was zum Teufel war das gerade? Nach einer gefühlten Ewigkeit hole ich den Wodka raus, den wir als Bakschisch oder auch für den nächsten ruhigen Abend mit einem Cowboy gekauft hatten. Aber jetzt brauchen wir ihn dringender.

Wie wir Tage später herausfinden, hat Russland über Kasachstan eine neue atomar bestückbare Langstreckenrakete getestet. Unbestückt natürlich. Die Rakete ist kurz nach dem Start außer Kontrolle geraten und dann explodiert. Wir sind baff. War unsere Vermutung doch gar nicht so falsch. Hätten wir das Ganze nicht gefilmt, würde ich kräftig an meinem Verstand zweifeln.

Kasachstan ist so riesig und öde. Wie gerne würde ich mal wieder einen Wald sehen, oder zumindest eine Ansammlung von ein paar Bäumen! Es ist heiß und das Radfahren unglaublich anstrengend. Nicht allzu motivierend ist es, wenn man an einem Straßenschild vorbeifährt, das den nächsten Ort mit einer vierstelligen Kilometerzahl dahinter anzeigt. Zum Beispiel: »Taras 1250 km« oder: »Urumqi 3120 km«. Und zu allem Unglück müssen wir da auch noch hin!

Weiterstrampeln und nicht zu viel nachdenken. Auch wenn nicht viel los ist, irgendein Geräusch ist immer zu hören, und sei es noch so leise. Kein Wind, keine Vögel, keine Autos, keine Stimmen – trotzdem ist es nie still. Ich bin schon einmal 50 Meter tief getaucht, und überall war Geräusch! So langsam gewöhne ich mich an das Leben, das wir hier führen. Ich muss mich um nichts außer die ganz grundlegenden Sachen kümmern. Das, und dass ich ansonsten nur Rad fahren muss, lässt mich Dinge anders wahrnehmen. Ich fahre durch eine Gegend, in der nichts als Sand ist. Die Straße ist erst ein paar Tage zuvor fertiggestellt worden und noch schwarz und glänzend. Es ist heiß, aber ich habe Rückenwind, und den hört man im Gegensatz zum Gegenwind nicht, sodass ich mich ganz auf das singende Geräusch meiner Reifen auf dem frisch gegossenen Belag konzentrieren kann. Es ist so ein angenehmer Sound! Nimm das leichte Säuseln des Sands dazu, der über die Straße weht und sich in meinen Felgen fängt. Wie ein ganz leichter Regen. Ich spiele mit dem Klicken der Rohloff-Nabe, indem ich die Pedale langsamer oder sogar rückwärts trete. Je nachdem, in welchem Gang ich fahre und wie schnell, klingt es höher oder tiefer. Mein Straßensound. Manchmal ist unter dem neuen Straßenbelag die alte Straße aus aneinandergefügten Betonplatten zu spüren, dann gibt es eine kleine, spürbare Narbe, etwa alle zehn Meter. »Tamtam … tamtam … tamtam …« Mein Schnürsenkel schlägt sanft gegen den Flaschenhalter aus Aluminium – ein sauberes »Pling«, exakt im Offbeat zum restlichen Sound. Ich könnte ewig so weitermachen. Je genauer ich hinhöre, desto mehr entdecke ich und desto weniger bekomme ich mit, was um mich herum geschieht …

»Tuuut!«, ein langgezogenes Hupen reißt mich aus meiner Trance. Es ist weder das Quaken der kleinen kasachischen Autos noch das Heulen der Lkw, es ist eine Honda Transalp, die ihren Fahrer André von Rosenheim nach Wladiwostok befördern soll. »Hallo, ihr Radfahrer!«, ruft er durch das hochgeklappte Visier seines schwarzen Helms und hält an. Dass er zu wissen scheint, wer wir sind, wundert uns inzwischen überhaupt nicht mehr – der Straßenfunk funktioniert hier einwandfrei, vor allem, was die Reisenden betrifft. Jeder freut sich, wenn er auf der langen, öden Straße jemanden trifft, der in einer ähnlichen Situation ist. Gut möglich, dass André auf Nils gestoßen ist oder auf Lucie und Gilles, die beiden Franzosen, die mit ihrer weiß-blau-roten Ente auf dem Rückweg von Indien nach Frankreich sind und die wir erst vor ein paar Tagen getroffen haben.

»Habt ihr Lust auf ein Süppchen zum Mittagessen?«

»Aber klar doch!«, ruft Paul dem Motorradreisenden zu, und schon wird ein Topf mit einer Tütensuppe aus Deutschland heiß gemacht.

In der staubigen Hitze der Straße gibt es weit und breit keinen Schatten, also stellen wir Motorrad und Fahrräder um uns herum auf und hocken uns dazwischen. André ist ein 21-jähriger Student und totaler Motorradfreak. Er hat sich fünf Monate Zeit genommen, um mit seiner Honda von Rosenheim bis an die östlichste Ecke Russlands nach Wladiwostok zu fahren. Wir schwärmen von der Gastfreundschaft der Kasachen, unterhalten uns über technische Probleme und Ersatzteilbeschaffung und übers Essen. André gibt zu, dass er sich schon ziemlich auf das Wirtshausessen nach seiner Rückkehr freut. »Dagegen hätte ich jetzt auch nichts einzuwenden«, lache ich und löffele brav die Tütensuppe.

Plötzlich kommt ein Bauarbeiter auf uns zu und macht warnende Bewegungen mit dem Arm. Deutet immer wieder auf die Straße, zeigt mit seiner Hand Vertiefungen an und richtet seinen Zeigefinger auf den Punkt, wo die Straße in der Horizontlinie verschwindet. »Er meint die Straßenbauarbeiten«, übersetzt André und wiederholt das Zeichen. Der Kasache nickt. »Wir sollen vorsichtig sein, wegen der Löcher in der Straße.« Wir bieten dem Mann ein bisschen Suppe an, die er dankend ablehnt. Er gibt uns noch zu verstehen, dass heute Morgen drei Menschen umgekommen sind, weil die Straße an einem Fluss plötzlich aufhöre – dort sei die Brücke noch nicht gebaut… Wir bedanken uns, und er zieht weiter. »Krass, dass die hier nicht mal einfach ein paar große Schilder aufstellen können. Das ist doch echt supergefährlich!«, sagt Paul.

Nach unserem Picknick verabschiedet sich André von uns, und wir tauschen Nummern aus, denn er plant in Baikonur einen längeren Stopp einzulegen. Wenn wir zur selben Zeit da sind, wollen wir uns unbedingt treffen. Zu dem Wiedersehen in Baikonur wird es zwar nicht mehr kommen, aber durch einen irrsinnigen Zufall haben wir zwei Tage später noch einmal Kontakt mit dem Rosenheimer. Am 9. Juni erreicht uns eine SMS, er habe seinen Ersatzreifen verloren, ob wir ihm diesen mitbringen könnten, falls wir ihn auf der Straße finden sollten.

»Der ist witzig!«, sagt Paul, als er die SMS liest. »Selbst wenn wir den Reifen finden – nicht eben federleicht so ein 10-bis-15-Kilo-Ding, wie sollten wir das bis Baikonur schleppen?« Recht hat er, auch wenn ich mir die Sache überlegt hätte, falls wir Andrés Reifen tatsächlich gefunden hätten…

Kurz vor Baikonur treffen wir auf eine Truppe Biker aus England, die gerade ein Picknick machen und uns einladen, mit ihnen zu essen. Der eine von ihnen sitzt bequem auf einem runden Gummisitz, der mir nur allzu bekannt vorkommt.

»Praktischer Sitz, so ein Reifen«, sage ich.

»Ja, stellt euch vor, den hat John eben beim Pinkeln hinter den Büschen entdeckt. Muss irgendjemand verloren haben, der ist nämlich noch nagelneu.«

»Wir wissen auch, wer den Reifen verloren hat!«, ruft Paul dazwischen. »Könntet ihr uns bzw. einem Freund einen Riiiesengefallen tun?«

Und so kam es, dass André per englischem Motorradkurier keinen halben Tag später wieder im Besitz seines Ersatzreifens war. Verrückt, solche Zufälle.

Ein paar Monate später habe ich einmal die Weblogs ein paar unserer Straßenbekanntschaften angeguckt und gelesen, dass Andrés Motorradreise in der Mongolei ein Ende nahm, als er die Maschine einfach nicht mehr zum Laufen brachte. Da stand er dann mit all seinem Gepäck, noch ein ganzes Stück entfernt von seinem Ziel Wladiwostok. Erneut waren es andere Weltreisende, die ihm weiterhalfen – das letzte Stück nahm ihn eine vierköpfige Familie aus Frankreich mit, die mit einem Pick-up nach Wladiwostok und weiter nach Vietnam, Laos und Thailand unterwegs war. Ich lese Paul die Geschichte vor.

»Siehst du, man kann auch mit Familie Weltreisen machen«, halte ich fest.

Immer wenn wir unterwegs auf andere Reisende treffen, stelle ich fest, dass es tausend verschiedene Gründe gibt, eine Reise anzutreten. Von außen sieht es schnell ganz ähnlich aus: Aussteiger, die dem Hamsterrad ihres westlichen Lebens entfliehen wollen (und auf ein anderes Rad umsteigen …) – Nein, im Ernst: Es gibt die Aussteiger, dazu würde ich auch Nils zählen, es gibt die Leute, die ganz besonders von ihrem Fahrzeug begeistert sind und es an seine Grenzen bringen möchten, wie André, es gibt die Sinnsuchenden, wie Gilles und Lucie, es gibt die Extremsportler, die Abenteurer, die Kulturinteressierten und diejenigen, die für eine Zeit den Kopf freibekommen möchten. Welche Art Reisende wir eigentlich sind, ist gar nicht leicht zu beantworten. Mittlerweile habe ich immer mehr das Gefühl, dass es hier um uns zwei geht, um unsere Beziehung als Brüder und Freunde, und um unsere Entfremdung voneinander – vielleicht ist es am Ende aber auch ein Abschied von dem alten Paul und Hansen und der Anfang einer neuen Bruderschaft, die hoffentlich ein bisschen erwachsener ist.

»Manchmal kommt es mir vor, als wären wir auf der Walz«, sage ich. »Ich meine das eher im übertragenen Sinne, verstehst du? Die Walz ist doch auch ein Sich-selbst-Kennenlernen. Man geht das erste Mal von zu Hause weg und darf sich ein bisschen austoben. Oder wie das ›*Rumspringa*‹ bei den Amish!«

»Das was?« Paul guckt mich fragend an.

»Es gibt bei den Amish eine Zeit, in der die Jugendlichen sich austoben können, saufen, Sex haben, Auto fahren, bevor sie sich entscheiden getauft zu werden und ein Leben nach den Regeln der Amish zu führen oder eben nicht.«

»Verrückt. Und was hat das mit uns zu tun?«

»Na, ich denke gerade darüber nach, was diese Tour eigentlich für uns ist. Und ich glaube, es geht vor allem um uns beide. Wir testen unsere Grenzen miteinander aus, und entweder wir können uns am Ende der Tour oder schon vorher überhaupt nicht mehr ausstehen oder wir erreichen ein anderes Level … endlich.«

»Hauptsache, ich muss dafür keinen Sex mit dir haben.«

»Uuuarrgh, Paul, du kannst aber auch alles kaputt machen. Halt einfach die Klappe und fahr weiter.«

Film ab!

NEUE FREUNDE
Aralsk bis Kirgisistan

GASTFREUNDSCHAFT / 10. JUNI / TURKESTAN

PAUL

Gut zu wissen, dass es einen Ort gibt, an dem man willkommen ist! Oralbeck, ein gut gelaunter Mann mit rundlichem Gesicht und Pfirsichbäckchen spazierte heute Morgen, nachdem wir 20 Kilometer hinter uns gebracht haben, auf einem Dorfplatz mit seiner kleinen Enkeltochter an der Hand auf uns zu und gab uns zu verstehen, dass wir herzlich eingeladen seien, uns bei ihm frisch zu machen und mit ihm und seiner Familie zu Mittag zu essen. Wir verstanden erst einmal gar nichts, denn er sprach viel und nicht gerade langsam. Und wir waren zögerlich, denn manchmal kippt so eine freundliche Situation, wie zum Beispiel vor ein paar Tagen, als wir uns mit ein paar Jugendlichen unterhalten haben, die irgendwann gern einen unserer Helme haben wollten. Als wir meinten, das ginge nicht, da wir sie noch bräuchten, hat der eine uns einen reichlich unsanften Schlag auf den Helm gedonnert. Auf der anderen Seite hatte ich Nils Worte im Ohr: »Jungs, euer ganzen Zeugs, die ganze blöde High-Tech-Ausrüstung, das könnt ihr doch voll vergessen, das ist doch alles ersetzbar. Aber was nicht zu ersetzen ist, sind Bekanntschaften – Einladungen von Leuten, die man auf der Reise trifft!« Diese Worte sind mir in den letzten Tagen ziemlich viel im Kopf herumgegangen. Manchmal hecheln wir auf unser Ziel zu und vergessen dabei, die Strecke zu genießen …

Außerdem – so enthusiastisch, wie er seine Botschaft vermittelte, konnten wir Oralbecks Einladung schlecht ausschlagen, und ich bin heilfroh, dass wir es nicht getan haben! So folgten wir dem kleinen Mann, der mit einer hüpfenden Enkelin an der linken Hand forsch vor uns her marschierte und immer wieder Halt machte, um jemandem die Hand zu schütteln und uns wie zwei hohe Staatsgäste vorzustellen. Soweit ich ihn verstanden habe, ist es ihm ein wichtiges Anliegen, die deutsch-kasachische Freundschaft zu pflegen. Wenn wir uns dafür unter seine Dusche stellen können, soll's mir nur recht sein, dachte ich mir. Ein paar Stunden später schäme ich mich für diesen Gedanken.

In einem für diese Gegend typischen Haus aus Lehm und Stroh, halb weiß, halb blau gestrichen, erwarteten uns seine Frau und seine vier Kinder, die nicht besonders überrascht schienen, dass Oralbeck Gäste mitbrachte. Vielleicht hatte er sie auch, ohne dass wir es bemerkt hatten, übers Handy informiert? In dem kleinen hübschen Garten, der sich zwischen Haus und einem hohem Zaun befindet, sitzen wir nun und lassen es uns gut gehen.

In der Mitte dieses kleinen Paradieses steht ein großblättriger Baum, der Schatten spendet. Alles hier ist selbst gemacht. Genau Hansens Welt. Mit brennendem Interesse begutachtet er die Wasserpumpe und die selbst gezimmerten Möbel, die aus alten Teilen zusammengesetzt sind. Das Haus, in dem die sechsköpfige Familie wohnt, besteht aus gerade mal einem Raum, mit einem Sofa, das sich zum Bett ausziehen lässt, einem Regal und einem flachen Tisch, von Sitzkissen umgeben.

»Alles, was man braucht!« Hansen sieht so aus, als würde er gern hierbleiben. »Mal im Ernst, Paul, wir denken immer, wir bräuchten alles – Spülmaschine, Computer, Federbett … aber guck, ist doch viel schöner so.«

»Ich erinnere dich beim nächsten Mal daran, wenn du mal wieder vergisst, die Spülmaschine überhaupt nur auszuräumen!«

Uns wird etwas Ähnliches wie Pasta mit Schafsfleisch und hausgemachtem Brot serviert, und die Kinder spielen draußen mit unseren Rädern und den iPhones. Jedes Mal, wenn wir aufgegessen haben, wird nachgeliefert, ich habe bald das Gefühl zu platzen. Nach dem dritten Teller muss ich an einen Ratschlag denken, den mein Vater mir irgendwann gegeben hat: »Wenn du keinen Hunger mehr hast, lass etwas auf deinem Teller liegen!« Es funktioniert.

Nach dem Essen gibt es neugierigen Besuch von zwei giggelnden Frauen, so hoch wie breit, die uns als »Singles« vorgestellt werden. »Ach, deswegen wollten die vorhin unbedingt wissen, ob wir verheiratet oder verlobt sind!«, zwinkere ich Hansen zu. Nachdem Oralbecks Frau uns mit Brot und einigen Flaschen von dem erfrischenden Ayran, einem salzigen Joghurtgetränk, ausgestattet hat, verabschieden wir uns von unserer Gastfamilie und setzen unsere Fahrt fort.

»Mann, war das gut«, höre ich Hansen hinter mir murmeln. Während er stark und gesättigt aussieht, macht seine Gurkenpflanze einen erbärmlichen Eindruck. Lässt sich total hängen, sieht krank aus. Und tatsächlich, leider gab es keine Rettung mehr für die arme Gurke. Wir mussten ihr ein kleines Grab am Wegesrand buddeln.

Der Besuch bei Oralbeck sollte nicht das letzte soziale Event bleiben. Die ganze Woche über wurden wir angesprochen, mal ohne Hintergedanken, mal mit. Immer wieder kommt es vor, dass uns der Weg gezeigt wird, wir auf ein Bier eingeladen werden – und danach die Hand aufgehalten wird, obwohl es vorher aussah wie reine Gastfreundschaft oder Hilfsbereitschaft. Das ist verwirrend. Irgendwie auch verständlich, aber wir bieten stattdessen immer Früchte an. Wenn wir einmal Geld zahlen, spricht sich das vielleicht genauso schnell rum wie alles andere, und furchtbar viel haben wir davon im Moment leider auch nicht.

In Baikonur haben wir nur für einen kurzen Shoppingtrip Halt gemacht und sind direkt weitergefahren. Ein paar Tage später werden wir morgens, gar nicht lange nach dem Frühstück, von einer Gruppe Trucker angehalten. Die Lkw kommen uns bekannt vor, in den letzten Tagen sind sie immer wieder mal an uns vorbeigefahren.

»Oje, Paul, was wollen die denn?« Hansens Stimme klingt etwas zittrig.

»Keine Ahnung, aber freundlich bleiben – an denen kommen wir eh nicht vorbei.«

»Stopp«, gebietet uns der Größte der acht Männer und hält uns die Fläche seiner großen Pranke entgegen.

»*Salam aleikum*«, sagen wir, wie man es hier so macht und halten brav an.

Der Typ hat einen durchdringenden Blick. Was immer er von uns möchte, wir sollten besser einwilligen. »Esst mit uns«, sagt er auf Russisch, und unsere Blicke folgen seinem Zeigefinger, der unter einen der Lkw deutet. Wir trauen unseren Augen kaum. Zwischen den riesigen Rädern des Trucks liegt eine karierte Decke auf dem Boden, darauf stapelt sich alles, was man sich nur wünschen kann: Würste, geräucherter Fisch, süßes Gebäck, Früchte und Wasser. Das Wasser läuft uns im Mund zusammen. Schnell lehnen wir unsere Räder gegen einen der Trucks und setzen uns zu den schweren Jungs. Die Räder an den Trucks, das ist ein gutes Bild, um uns im Vergleich zu den Männern zu sehen: Wenn mein Arm nach dem Salz greift, dass mir Micail reicht, dann sieht es aus, als würde eine Spaghetti auf eine feiste Salami treffen. Welten sind das.

SO ETWAS WIE BERGE / 18. JUNI / TORTKOL

Hansen

»Paul, was ist das da drüben am Horizont?«, frage ich meinen schweißüberströmten Bruder, der vor mir in der unbarmherzigen Hitze fährt, den trockenen Gegenwind im Gesicht. Ich muss ihn noch mal fragen, er hat den Kopf gesenkt und ist in Gedanken oder hat einfach komplett abgeschaltet. »Paul, guck mal, da vorn – sind das Wolken oder sind das etwa …«

»Berge! Scheiße, Hansen, das sind Berge!«

Wir grinsen uns an. »Grüne Wiesen, Wasserfälle, Seen, Flüsse, Pässe mit weiter Sicht, Schatten unter Felsen«, assoziiere ich, und Paul steigt ein: »Wälder, kleine Bergdörfer, kurvige Straßen, endlose Aussichten auf riesige Berggipfel mit über 7000 Meter Höhe, kühle Winde, kristallklares Wasser ...«

»Komm, lass uns das hier schnell hinter uns bringen, wir haben es bald geschafft.« Ich trete fest in die Pedale und überhole Paul von links.

Erst vor wenigen Tagen ist mit bewusst geworden, dass Kasachstan mit seinem heißen Flachland voller kurzer, struppiger Büsche, die keinen Schatten spenden, eine der größten Härteproben auf unserer Tour darstellen könnte. Noch heute Morgen habe ich total resigniert im Sand gesessen und mich gefragt, wozu ich mir das alles antue.

»Nehmt doch die andere Route, am Altaigebirge vorbei, dann müsst ihr nicht über die Berge«, gibt uns ein hilfsbereiter Kasache später am Tag im Cafeci zu verstehen.

»*Ahhh, spasibo!*«, sage ich und tue so, als sei das eine brillante Idee, auf die wir selbst nicht kommen konnten. Es ist müßig zu erklären, dass es uns ja nicht um den kürzesten und vor allem nicht um den flachsten Weg geht.

Paul nerven solche Tipps inzwischen. »Als ob wir uns keine Gedanken über unsere Route gemacht hätten!«

»Mensch, die können sich einfach nicht vorstellen, dass es Menschen gibt, die sich so etwas freiwillig antun und außerdem eine unbequemere Route wählen, nur weil's abwechslungsreicher ist!«

Paul hat schon seit Tagen schlechte Laune. »Reiß dich doch endlich zusammen, ich kann deine schlechte Laune nicht mehr ertragen«, platzt es irgendwann aus mir heraus. »Wir sind ein Team, verstehst du? Da muss man manchmal auch ein bisschen professionell sein und den Ärger runterschlucken, vor allem, wenn ich genau denselben Scheiß mitmache!«

Paul strampelt wütend neben mir her und senkt den Kopf wie ein angriffslustiger Stier: »Verdammt, ich hab einfach die

Schnauze voll von dem Ganzen. Fahren, essen, schlafen, fahren, schwitzen, und immer die gleichen doofen Fragen. Und dann dieses beschissene Warten vor jedem Supermarkt, wenn die Kinder alles am Fahrrad anfassen müssen, lieb und interessiert tun und irgendwann nach Geld fragen. Die ständige Hitze, die endlose staubige Straße, die Kamele und ihr beschissenes Gegröle und die ätzenden Autofahrer, die uns ausbremsen für ein blödes Foto.«

Während Paul sich ausgekotzt hat, ist er so wütend in die Pedale gestiegen, dass ich Mühe hatte, das Tempo zu halten, um zu verstehen, was er sagt. Nicht, dass es mir fremd wäre, aber – wenn wir das hier durchziehen wollen, muss ich jetzt der Starke sein. Zwei Schwache schaffen eine solche Tour nicht, und so wie wir uns mit dem Windschattenfahren, dem Einkaufen, dem Feuermachen und Zeltaufbauen abwechseln, so gibt es auch beim Schwach- und Starksein eine Aufteilung. Keine ausgesprochene natürlich, aber man merkt ganz schnell, dass es anders nicht funktioniert. Ich bitte Paul anzuhalten, zwinge ihn, einen Liter Wasser zu trinken, und rede beruhigend auf ihn ein. Wie ein Trainer, der die Moral seiner Mannschaft aufrechterhalten muss. Ich weiß, irgendwann muss Paul dasselbe für mich tun.

Abends lassen wir uns an einem Bewässerungskanal nieder. Wir haben mittlerweile den Anspruch verloren, uns in klarem Wasser zu waschen, und nehmen jede Gelegenheit wahr. So liegen wir in dem circa 50 Zentimeter breiten und 30 Zentimeter tiefen und schlammigen Kanal hintereinander auf dem Bauch, kühlen uns ab und waschen uns. Was soll's – bald sind wir sowieso wieder von einer dicken Staubschicht bedeckt, die der Wind über die weite Ödnis fegt. Um nicht weiter vor uns hinzuschimpfen, legen wir eine Bastelstunde ein. Inzwischen haben wir bereits so ziemlich alles an unserer Ausrüstung optimiert, haben uns ein Sonnensegel für die Mittagspausen gebaut, eine Wasserkanisterhalterung, ein halb automatisches Bewässerungssystem für Tomaso (der tatsächlich immer noch lebt), aber irgendwas fehlt immer noch.

»Wie wäre es mit einer Waffe?«, schlägt Paul vor.

»Hauptsache, du richtest sie nicht während deines nächsten Wutanfalls auf mich«, lache ich, und wir beginnen unsere Utensilien nach brauchbarem Baumaterial zu durchforsten.

Knapp zwei Stunden und mehrere Verbesserungsdurchgänge später haben wir ein beeindruckendes Geschoss gebaut. Die Stange der Solaranlagenhalterung dient als Lauf, Schraube und Schrumpfschlauch als Bolzendruckventil, eine Wasserflasche als Druckbehälter, ein altes Lkw-Ventil als Einfüllventil, und den Pfeil haben wir aus Nagel und Tesafilm gebaut. Die Waffe funktioniert per Luftdruck und lässt sich mit der Fahrradpumpe »laden«, sie schießt ganze 100 Meter weit, bis etwa 30 Meter mit einer durchschlagenden Kraft, die wir einstimmig als »tödlich (für Kleintiere)« einstufen.

»Damit können wir richtig auf die Jagd gehen, Paul! Vögel, Enten, Hasen – was immer auf dem Menüplan steht!«

»Springforelle mit Mandelkernsoße«, antwortet Paul und leckt sich über die Lippen.

»Aber klar!« rufe ich enthusiastisch. »Wir können sie per Angelschnur auch zur Harpune umbauen!«

»Klar«, murmelt Paul ungläubig, und wir machen noch ein paar Schießübungen, bis das Ziel in der Dunkelheit nicht mehr zu erkennen ist. »Vielleicht können wir uns auch, wenn's drauf ankommt, in Shymkent damit verteidigen«, schlägt Paul vor.

»Bist du bescheuert? Wie soll das gehen? Sagst du deinem feindlichen Gegenüber, er solle doch bitte eben warten, bis du den Drucktank mit der Fahrradpumpe geladen hast? Das Ding hole ich in so 'ner Situation lieber nicht raus, mit Flüchten haben wir da deutlich bessere Chancen.«

Offenbar hat meine Moralpredigt gestern keine lang anhaltende Wirkung gezeigt, denn Paul ist am nächsten Morgen schon wieder unerträglich. Diesmal platzt mir der Kragen, und wir haben einen richtig heftigen Streit. Aber jetzt, ein paar Stunden später, denke ich, dass es ein »guter Streit« war, falls es so etwas überhaupt gibt. Auch wenn es verbal zeitweise unter die Gürtellinie ging, haben wir wieder etwas an unseren Charakteren entdeckt, das uns einfach zu sehr unterscheidet, und auf diese Weise eine potenzielle Streitquelle identifiziert.

Ich habe Paul, nachdem er erneut derart ätzend war, Egoismus vorgeworfen und Paul mir totale Selbstlosigkeit: Immer wolle ich allen alles recht machen. Um das zu untermalen, hat er weit ausgeholt und Beispiele aus der Kindheit oder aus der Zeit, in der sich unsere Eltern haben scheiden lassen, ausgepackt. Völlig übertrieben, wie ich immer noch finde. Ich merke, wie ich wütend werde, wenn ihr nur daran denke. Aber auch wenn beides maßlos übertrieben ist, eine Nuance an Wahrheit steckt dahinter und bietet immer wieder Streitpotenzial: Während Paul der Meinung ist, dass man zu seinen eigenen Gunsten auch mal das Risiko eingehen kann, jemandem auf den Schlips zu treten, versuche ich stets, jeden Streit zu vermeiden, und tue mir damit selbst Unrecht. Der Streit ging also um eine wirklich tiefgreifende Meinungsverschiedenheit, und umso besser war es, dass wir es beide auch genau so erkannt und es tatsächlich geschafft haben, einen verträglichen Kompromiss zu beschließen. Wir wollen einerseits den anderen in stärkerem Maße akzeptieren, wie er ist, und andererseits dem anderen entgegenkommen, wenn es wieder einen solchen Streitpunkt gibt. Mal sehen, wie das demnächst klappt.

Shymkent, das haben wir schon von vielen Leuten in den letzten Tagen gehört, ist als Gangsterstadt verschrien und je näher wir darauf zufahren – spätestens übermorgen sollten wir dort sein – desto mulmiger wird uns. Ich muss zugeben, vielleicht war die Waffenidee gar nicht so aus der Luft gegriffen, wie es vorhin noch schien. Vor allem nach der Sache mit Sasch hatten wir lange Unterhaltungen darüber, ob es Sinn machen würde, sich auf irgendeine Art zu bewaffnen, als reine Selbstverteidigungsmaßnahme natürlich. Wir sind immer zu dem Schluss gekommen, dass uns eine Waffe letztlich mehr schaden als helfen würde. Das Einzige, das wir tun können, ist, mithilfe des um den Zeltplatz gespannten Fadens und eines wackelig auf dem Sattel abgestellten Kochtopfes ab und zu eine Warnfallen, um unser Zelt aufzubauen, wenn wir uns unsicher fühlen.

Während wir auf Shymkent zufahren, passieren wir mehrere Saufgelage – Männergruppen, die wie die Reiher in den schlammigen Bächlein am Rand der Straße stehen, sich kaltes Wasser um die Waden laufen lassen und dazu Bier trinken. Die kühlen sich von oben und unten, sozusagen. Jede Gruppe tut ihr Bestes, uns zu sich zu rufen. Sie winken mit den Bierflaschen in der Hand und grölen: »*Otkuda? – Otkuda?*«: »Woher kommt ihr?« Und dann mit einer Geste Richtung Bierflasche: »Trinkt mit uns mit!« Wir lehnen lachend ab. Natürlich können wir uns nichts Besseres vorstellen, als in einem kühlen Bewässerungskanal zu stehen und kaltes Bier zu trinken, aber unser Visum läuft in wenigen Tagen ab, und wir wollen raus aus Kasachstan, ab in die Berge nach Kirgisistan.

Nur einmal halten wir noch an, als uns ein kleines Mädchen in einem schmutzig-weißen Hängerkleidchen und mit schief geschnittenem Pony in den Weg springt und uns ein Autogramm für ihr Poesiealbum abknöpfen will. Unser erstes Autogramm! Jamira, wie sie sich uns vorstellt, scheint ziemlich viel über uns zu wissen, ohne dass wir ihr irgendetwas erzählt hätten. »So fühlt es sich also an, eine Berühmtheit zu sein«, grinst Paul, und wir zücken einen Stift und geben das allererste Autogramm unseres Lebens: »Alles Gute wünschen wir dir, Jamira. Paul und Hansen auf dem Weg nach Shanghai.« Eines Tages in ein paar Jahren, wird sie das Buch wieder aufschlagen und sich über die fremdsprachigen Zeilen wundern. Wer weiß, wo wir dann sind.

DIE GANGSTERSTADT / 24. JUNI / KURZ NACH SHYMKENT

PAUL

Soviel zur Kraft des Vorurteils. In Shymkent, der Stadt, über die wir die haarsträubendsten Geschichten gehört haben, in die wir quasi mit zitterndem Lenker hineingefahren sind, ist uns nichts als Wohlwollen und Gastfreundschaft entgegengebracht worden. Geld gibt es hier auf jeden Fall, das sieht man den Autos, den Bauten und den schicken Hochzeitsgesellschaften an, die wir beobachten konnten, aber von Kriminalität und Aggression keine Spur.

Die Nacht haben wir bei Norlan und seiner Familie verbracht, der darauf bestand, uns zu sich nach Hause einzuladen, als wir ihn und seinen Vater fragten, ob wir hinter der Fabrikhalle, in der sie in Handarbeit Ziegelsteine fertigen, zelten dürften. In der Werkstatt läuft gerade das EM-Spiel Niederlande gegen Deutschland, was für ein Zufall. Wir stellen unsere Räder vor der Halle ab, und uns wird zugesichert, das die Arbeiter die ganze Nacht darauf aufpassen werden. Ein besonders kräftiger Mann legt demonstrativ seinen Kopf an das Vorderrad, als wolle er uns zeigen: Wer die Vehikel will, muss erst an mir vorbei. Ein bisschen mulmig ist mir schon dabei, unsere Ausrüstung zurückzulassen, aber jetzt Misstrauen zu zeigen, wäre unangebracht. Also steigen wir ohne Widerspruch in Norlans Wagen. Ich habe wirklich keine Angst vorm Autofahren, aber sicherer als in Norlans Lada hätte ich mich wahrscheinlich auf dem Beifahrersitz jedes Rallyewagens gefühlt. Wie die fahren! Kein Wunder, dass man alle paar Meter ein Grab am Straßenrand sieht. Aber der Tod scheint hier zum Leben dazuzugehören, und weniger Angst davor zu haben, macht das Leben offenbar leichter – nie habe ich so furchtlose und entspannte Menschen kennengelernt. Bei uns steigt man ins Auto und geht davon aus, dass man sicher ans Ziel gebracht wird – in dieser Region steigt man ins Auto und ist froh, wenn man ankommt.

Bei Norlans Überholmanövern habe ich meine Füße in den Boden gestemmt und mich zu Norlans Belustigung am Armaturenbrett festgekrallt. Bei einem kurzen Stopp im Supermarkt musste er feststellen, dass sein rechtes Vorderrad platt war, was aber keinen Grund darstellte, nach dem Einkauf nicht weiterzufahren. Alles halb so wild hier – auch ein platter Reifen ist noch rund, aber wer keinen Aschenbecher im Auto hat, muss mit einer Strafe der Verkehrspolizei rechnen, erklärt uns Norlans Vater. Ob er uns damit auf den Arm nehmen wollte?

Zu Hause angekommen hat Norlans Frau bereits üppig aufgetischt. Wir sitzen rund um den niedrigen Tisch im Schneidersitz auf dem mit Teppichen bedeckten Boden und schlemmen Hammelfleisch, gedünstete Zwiebeln und Fladenbrot. Dazu gibt es Kumys, die köstliche vergorene Stutenmilch. Wir sprechen darüber, wie es ist, draußen in der Natur zu leben, und Hansen fragt, wie wir uns vor dem Wolf bzw. dem »*Wolk*«, wie er hier heißt, schützen können. Vor dem bräuchten wir keine Angst zu haben, erklärt uns Norlans Frau lachend, der sei so scheu, dass er sofort Reißaus nehmen würde, wenn er uns nur sieht.

Am nächsten Morgen werden wir zum Frühstück so großzügig verköstigt, dass wir uns danach am liebsten direkt wieder hingelegt hätten. Aber unsere Fahrräder warten schon auf uns. Und die Berge!

Wir haben heute unseren ersten kleineren Pass in Angriff genommen und sind mit singenden Bremsscheiben in das Tal von Taras eingefahren. Nicht nur wir, auch die Lkw haben ordentlich mit der Abfahrt kämpfen müssen und sind im ersten Gang langsam stinkend den Berg hinuntergefahren. Als wir unten ankommen sind, waren die Bremsscheiben durch die Hitze dunkelblau angelaufen. Das hat Spaß gemacht, aber für heute haben wir genug geschafft.

»Das Einzige, was jetzt fehlt, ist noch eine Einladung zum Übernachten und Essen«, sage ich gerade zu Hansen, als ein BMW mit glänzenden Alufelgen und getönten Scheiben neben uns hält. Das Fenster der Beifahrertür schiebt sich langsam nach unten. Sind das die Gangster, die wir in Shymkent verpasst haben? Mir ist ein bisschen mulmig zumute. Nein, es ist Nurlik, ein 25-jähriger Kasache mit Mutter und Frau. Und er fragt, was ich mir noch eben gewünscht habe: »*Can I invite you for food? Come to my house, please!*«

Nurlik eskortiert uns weltmännisch mit dem schicken BMW durch Taras zu seiner Wohnung, in der er mit seiner Frau Maral, seiner Mutter Sheripal und seinen zwei Brüdern lebt. Sie ist kleiner als unsere 75-Quadratmeter-Wohnung in Berlin – aber wie gemütlich. Alles ist gemustert – und zwar jeweils in einem anderen Dekor. Der Teppich, die Tapeten, die Gardinen, die Tischdecken, die kleinen Deckchen auf dem Fernseher und dem Beistelltischchen, die Spitzendecken über dem Sofarücken und die Schürzen und Kleider der beiden Frauen. Nichts Ungewöhnliches, aber jetzt, wo ich hier sitze und es in Ruhe beobachten kann, fällt es mir zum ersten Mal so richtig auf. Der reinste Trip!

Paul und ich haben weiße Feinrippunterhemden an und Boxershorts, sonst nichts. Die Unterhemden hat uns Nurlik geliehen, alles was uns gehört, hat seine Frau in die Waschmaschine geworfen. Ob wir uns auch rasieren wollen, fragte Nurlik und hält uns ein Rasiermesser hin. »Nein! Den lassen wir doch wachsen!«, antwortet Hansen, und Nurlik krümmt sich vor Lachen. Es ist auch wirklich zu lächerlich. Seit drei Monaten nicht mehr rasiert und alles, was wir zustande bringen, ist ein pubertärer Flaum an Oberlippe und Kinn. Aber abgemacht, ist abgemacht – der bleibt dran. Wenn ich Hansen in dem weißen Unterhemd sehe, fällt mir durch den harten Kontrast auf, wie braun wir inzwischen geworden sind. Und wie dünn, aber sehnig Hansens Beine und Arme sind! Ich schaue an meinem Bauch herunter, der – obwohl ich tief in der Couch hänge, kaum mehr zu sehen ist. Darauf kann man schon mal stolz sein.

Hansen sitzt mir schräg gegenüber auf der anderen Seite des kleinen Raums und hält eine Dongbula im Arm, ein traditionelles kasachisches Zupfinstrument mit zwei Saiten. Jeder Kasache kann es spielen, sagt Nurliks Bruder. Geduldig versucht Nurlik, meinem Bruder ein kasachisches Volkslied beizubringen. Während Hansen, bereits etwas angetrunken vom lokalen Bier aus Plastikkanistern, konzentriert zupft, summt Nurlik die Melodie. »*Chensu!*«, wiederholt er mehrfach, »*chensu!*«, was auch immer das heißen mag. Und dann: »*You play doublekatamej*« – mit zwei Fingern gleichzeitig zupfen! Nurlik hält Zeige- und Mittelfinger zusammen. Die Melodie nennt Nurlik das »*Kasachstan secret*«, weil sie das Geheimnis für die richtige Partystimmung sei, sie scheint einfach, aber bei Hansen klingt es immer ein bisschen anders. Nurlik ist unnachgiebig und zwingt Hansen beharrlich, es wieder und wieder zu versuchen, bis er es schafft. Eine schöne Melodie. Ich nehme mir vor, sie in meinem Kopf zu behalten als meine Kasachstan-Melodie und als Erinnerung an diese unglaublich tolle Familie.

Nach einem Nachmittags-Snack gehen wir fast nahtlos zu einem traditionellen und üppigen usbekischen Abendessen über. Das für Kopfschmerzen berühmte Shymkent-Bier fließt in Strömen, und es werden Pläne für die Zukunft geschmiedet. Bis drei Uhr morgens überlegen wir, wie wir einen großen Auto-Export aufziehen und so schöne BMWs, wie Nurlik einen hat, von Deutschland nach Kasachstan exportieren. Deutsche Autos sind sagenhaft beliebt – sobald jemand hört, dass wir aus Berlin kommen, sieht man glänzende BMW- oder Mercedesfelgen in den Augen blitzen. Die deutschen Autos sind hier viel teurer, erklärt Nurlik die Faszination, und wenn man in der Lage wäre, Gebrauchte in Deutschland zu kaufen und auszuführen – man könnte Riesengewinne machen. Wir steigern uns derart in die Geschäftsidee hinein, dass wir schon zu kalkulieren beginnen. Zwei Fahrradfahrer in Kasachstan …

Nurliks Mutter tauft uns »Paulbek« und »Hansenbek« und setzt uns eine kasachische Kopfbedeckung auf, die sie uns als Gastgeschenk mitgibt. Am nächsten Morgen, es ist der 25. Juni, begleiten uns Nurlik und seine Frau noch bis an die kirgisische Grenze, die beiden im BMW, wir auf unseren Rädern. Wir haben beide einen Wahnsinnskater und schleppen uns mit letzter Kraft hinter dem gemütlich vor uns herschleichenden Auto entlang. Fast eine Stunde lang gondelt der geduldige Nurlik mit allenfalls 20 Stundenkilometern vor uns her. Wir verabschieden uns und versprechen uns gegenseitig ein baldiges Wiedersehen in Berlin.

Film ab!

FIEBER
Kirgisistan bis China

DIE SCHÖNSTE LANDSCHAFT DER WELT / 25. JUNI / BEI KLYUCHEVKA

Hansen

So heftig hat mich eine Landschaft noch nie berührt. Noch nie … Ich könnte heulen, so sehr geht mir dieser Anblick unter die Haut. Vor mir ein ruhiger, tiefblauer langgestreckter See, von sanften sandfarbenen Hügeln umschlossen, dahinter türmt sich am Horizont in vielfältiger Schichtung ein gewaltiges Bergmassiv auf. Glasklar sind die bewaldeten Ebenen zu erkennen, an deren Rändern das Grün sich mit dem Grau des Gesteins verfranst. Und auf den höchsten Plateaus liegt der ewige Schnee in eisigen Höhen. Es herrscht absolute Stille, die Abendluft streicht in Böen über den See und weht sanft um meine Beine, die sich von der Anstrengung langsam abkühlen.

»Hansen?« Paul muss mich schon mehrere Male gerufen haben, aber ich bin dermaßen in die unendliche Schönheit dieses perfekten Moments versunken, dass ich ihn nicht hören konnte. »Hansen … weinst du?«, fragt Paul vorsichtig. Jetzt erst merke ich, dass mir tatsächlich die Tränen aus den Augen geschossen sind. Ich bin einfach total überwältigt. Wie lange habe ich auf einen solchen Augenblick gewartet, in dem mir die Natur auf ihre wortlose Art sagt, wofür sich all diese Entbehrungen, all dieses Abgestrampele lohnen.

»Paul, ich bin so unendlich glücklich.« Ich schaue meinen Bruder an. »Das hier ist für mich die beste Entschädigung für all die Tage mit Gegenwind, Staub, Hitze und endlosen Geraden. Das ist der Moment, für den ich das alles gemacht habe …«

Paul folgt meinem Blick in die Berge »Ich weiß, wovon du sprichst.«

»An diesem Land kann ich mich nicht sattsehen, diese Berge sind anders als die Alpen, anders als alles, was ich bisher gesehen habe.« Ich setze mich zu Paul, der damit beschäftigt ist, einen der sechs Fische auszunehmen, den uns ein paar liebe Opas heute hinter der Grenze geschenkt haben.

Ich weiß, dass ich Ähnliches über Kasachstan gesagt habe, aber Kirgisistan ist meine neue Liebe. Der Tag heute war so perfekt. Angefangen mit Nurliks Eskorte zur kirgisischen Grenze, dem Englisch sprechenden Grenzbeamten Alex – *»You can call me Alex. When I'm drunk – I am sexy Alex!«* … – und vor allem der vielfältigen Landschaft, die sich uns direkt nach der Grenze zeigt. Flüsse, Seen, Berge – alles, was uns gefehlt hatte. Halb benommen von unserem Kater, halb von der Pracht der Aussicht, waren wir überhaupt nicht auf das gefasst, was noch kommen sollte. Ein gigantischer Staudamm kurz hinter dem Dörfchen Pokrovka, ein bizarres Gebilde, das mich irgendwie an die Pyramiden von Gizeh erinnerte, was vor allem daran lag, dass uns von der anderen Seite ein gigantischer in Stein gemeißelter Leninkopf entgegenblickte. Stalin, Lenin, Sphinx, Cheops, irgendwie so …

Dahinter ein riesiger tiefblauer und glasklarer Stausee. Uns schien das schon der perfekte Zeltplatz zu sein, doch dann wurden wir von einer kirgisischen Hochzeitsgesellschaft zum Wodkatrinken eingeladen, oder vielmehr »gezwungen«. Die Leute haben uns unmissverständlich zu verstehen gegeben, dass sie es als eine persönliche Beleidigung auffassen würden, wenn wir nicht zumindest ein Bier und einen Wodka mit ihnen trinken würden. Überraschenderweise haben sie uns danach tatsächlich unserer Wege ziehen lassen, natürlich nicht ohne ein enormes Gruppenfoto! Und kaum hatten wir die nächste Kurve hinter uns gebracht, wieder eine kleine Menschengruppe, die uns zum Anhalten brachte. Die lieben Väterchen, die uns die Fische zeigen wollten, die sie heute gefangen hatten, und uns schließlich ihren gesamten Fang – keine Widerrede! – geschenkt haben. Nach festen Umarmungen und schmatzenden Küsschen auf die Backe haben sie uns weiterziehen lassen … und hier sind wir nun. An diesem unwirklich schönen Ort. Mag sein, dass der Wodka von vorhin meine Tränenproduktion ein kleines bisschen angekurbelt hat – aber sei's drum. All das ist echt. Alles um mich herum ist wirklich da.

Die kommenden Tage sind vom so anstrengenden wie abwechslungsreichen Berg- und Talfahren geprägt. 40 Kilometer Serpentinen mit fast durchgehend fünf Prozent Steigung haben wir gestern geschafft. 2000 Höhenmeter in fünf Stunden! Es war das allererste Mal, dass wir in richtige Berge gekommen sind. Die Landschaft wechselte von saftigen Wiesen, geschwungenen Hügeln und langgezogenen Bergdörfern zu kargem, felsigem Gebirge mit schneebedeckten Gipfeln. Unsere Lungen schmerzten von dem eisigen Wind und der dünneren Luft. Die schmale Straße zog sich in schier endlosen Serpentinen das Tal hinauf, gesäumt von den Jurten der Hirten, die im Sommer aus den tieferen Gegenden hier hochziehen, um ihr Vieh zu weiden. Aus den Jurten steigt Rauch auf – vor den gedrungenen runden Zelten sitzen oft die älteren Familienmitglieder, gerben Felle oder sammeln getrocknete Kuhfladen als Brennmaterial, um sie zu kunstvollen Gebilden zu stapeln. Die Kinder spielen um sie herum und laufen auf uns zu, sobald man uns am Horizont entdecken kann. Das Dorf, das wir nach der eisigen Abfahrt am Abzweig Richtung Toktogul erwartet hatten, um endlich einen Lebensmittelladen zu finden, gab es nicht. Ein Kartenfehler.

»Kein Magazin bis Toktogul«, hatte uns eine verschleierte Frau aus einer Jurte heraus zugerufen.

»Dann muss uns das Essen, das wir noch haben, bis Toktogul reichen«, sagte Paul, als wir wenig später unser Zelt neben einem Gebirgsbach aufschlugen.

80 Kilometer über einen 3100 Meter hohen Pass? Zwar hatten wir gestern sogar mehr Höhenmeter geschafft, aber das Ganze an zwei Tagen hintereinander? Wir schauen auf die Karte und

sehen, dass der Anstieg zwar steil, aber dafür nur zwölf Kilometer lang ist. Die übrigen 68 Kilometer nach Toktogul geht es bergab. »Das kriegen wir doch hin!« Ich versuche einen motivierten Ton anzuschlagen, als ein kleiner Fiat Panda anhält und sechs Muslime in traditionellem Gewand aussteigen, um uns auszufragen. Freundlich beantworten wir alle Fragen und werden sogar dafür belohnt: Sie schenken uns etwas Wasser und einen Laib Brot, als ob sie gewusst hätten, dass das alles ist, was uns gerade fehlt. Sie laden uns noch ein, bei ihnen in Jalalabad zu schlafen, wenn wir eine Unterkunft bräuchten. Dankend verabschieden wir uns mit »*Inshallah*«, und die sechs verschwinden auf magische Weise in dem wirklich winzigen Auto. Wir müssen uns also nicht unbedingt bis zum nächsten Magazin abhetzen. Gut gelaunt nehmen wir den Pass in Angriff, die Temperatur ist schon wieder auf um die null Grad abgekühlt, und ab und zu liegt sogar Schnee neben der Straße, Lawinenreste des Winters, vermuten wir. So wunderschön Kirgisistan auch ist – ein Problem hat es. Die Gewässer hinter Toktogul sind zum größten Teil verseucht, weil sie sich in der Gegend von Mailuussuu befinden, einer von den Russen während des Kalten Kriegs durch Uranschlamm vergifteten Stadt. Besser also, wir gehen auf Nummer sicher und decken uns mit genügend Trinkwasser ein.

Als wir endlich den Pass erreichen, fängt es an zu hageln und zu schneien. Wir beschließen, unsere Pause auf das wärmere Tal zu verlegen, und packen uns mit allem ein, was wir an Kleidung noch dabeihaben, leider keine Handschuhe. Endlos windet sich die Straße den Berg hinunter, und die permanent bremsenden Hände sind taub und kraftlos vor Kälte. Immer wieder muss ich anhalten, um sie warmzureiben und das Gefühl und die Kraft nicht völlig zu verlieren. Die Bremsscheiben dampfen und zischen, wenn Tropfen darauffallen. Es ist, als würde man Winter, Frühling und Herbst kurz hintereinander erleben. Oben noch Schnee und Eiseskälte, ein paar Hundert Meter weiter blühen die Frühlingsblumen, und noch weiter unten herrscht sengende Hitze und Dürre.

Wir lassen uns direkt an einem riesigen Gebirgsfluss nieder, der tosend ins Tal strömt, waschen uns in dem eiskalten Wasser und bauen unser Nachtlager auf. Wir basteln an unseren Fahrrädern – die Handbremse wird optimiert und das frontale Stativ ausgebessert –, und auch den nächsten Morgen verbasteln wir bis in den Vormittag hinein. Plötzlich werden wir von zwei Männern angesprochen, die uns weismachen wollen, sie seien zwei zivile Ekologica-Polizisten. Das hier sei ein Naturschutzgebiet, in dem wir kein Feuer machen dürften, und sie erklären uns, unser komplett abgeschirmter Kocher sei nicht »normal« und wir sollen lieber ein Steinbecken für das Feuer bauen, das wäre »normal«. Zuerst sollen wir ihnen zur Strafe 1000 Som zahlen, nach einigem Hin und Her sind es nur noch 300, und als ich dem einen 240 gebe, sind sie damit zufrieden. Sie schenken uns zum Abschied noch wilde Nektarinen – eine komische Art, erst zu kassieren und dann Geschenke zu machen.

»Bisschen teuer, die Nektarinen … oder?«, frage ich Paul.

HÖHEN UND TIEFEN / 1. JULI / HINTER TOKTOGUL

PAUL

Wir haben die Nacht an einem glasklaren See hinter Toktogul verbracht. Die Berge gleichen riesigen abgerundeten Maulwurfshügeln, und die Straße windet sich malerisch durch sie hindurch. Frühmorgens liege ich im Zelt und denke über das Bild nach, das ich mir nach den wenigen Tagen von Kirgisistan mache. Es ist ganz ohne Frage eines der schönsten Länder, die ich bisher bereist habe. Aber es hat seine zwei Seiten. Einerseits die wunderschöne Natur, andererseits die schrecklich vergifteten Gebiete. Natürlich werden wir in einem großen Bogen um Mailuussuu herumfahren, aber trotzdem begegnet man gelegentlich Tieren mit seltsamen Missbildungen, die sicher auf den Uranschlamm zurückzuführen sind: Esel mit Geschwüren an Bauch und Beinen oder Kühe mit wild wuchernden Hörnern, die ihnen ins eigene Fleisch wachsen. Dann sind da die wahnsinnig freundlichen Menschen und wiederum diejenigen, die uns, vor allem direkt hinter der Grenze, mit Steinen beschmissen haben, weil sie uns für Amerikaner hielten. Der Kalte Krieg ist hier schlicht noch nicht vorbei.

»Sollen wir jetzt einfach aufstehen?«, frage ich Hansen. Und es kostet etwas Überzeugungskraft, ihn aus den Federn zu bewegen, aber letztendlich schaffen wir es seit Langem mal wieder, früh aufzustehen und in der kühlen Morgenluft loszufahren. Heute haben wir nur einen kleineren Pass vor uns, leider erreichen wir dessen Fuß jedoch erst zu Beginn der Mittagshitze und quälen uns 700 Meter mit Aussicht auf kühlere Bergluft den Pass hoch. In einer Kurve sehen wir einen Wagen auf der Seite liegen, dessen Anhänger ein Stück weiter zerborsten am Fuße des steilen Abhangs liegt. Von der Straße bis zum Wrack erstreckt sich eine Spur aus Kühlschränken, Kleidern und Schuhen. Der Fahrer, der wohl gerade vom Markt kam und an dem Abhang nach den Resten seines Standes sucht, kann von Glück reden, dass er nicht mit hinuntergesegelt ist. Das hätte er nicht überlebt.

Oben angekommen müssen wir den ersten Satz Bremsbacken wechseln. Die vergangenen Pässe haben meine vorderen Bremsen komplett heruntergehobelt. Die Abfahrt geht in einem anfangs sehr steilen, später gediegenen Tal an einem Fluss entlang bis unterhalb des großen »Toktogul Hydroelectric Plant«, wo wir uns einen Schlafplatz auf einer kleinen Halbinsel suchen. »Das absolute Paradies«, murmelt Hansen immer wieder. Das Wasser ist türkisblau und eiskalt, die Insel liegt in einem Canyon und hat Kirsch- und Aprikosenbäume, die reich an Früchten sind.

»Die Strömung des Flusses hat sich geändert.« Ich zeige auf die Äste und Blätter, die gegen den Strom den Fluss hinaufziehen. Das Wasser ist gestiegen und hat das Treibgut vom Ufer aufgenommen.

»Verdammt«, sagt Hansen und holt die Karte raus, »wir sind schon am nächsten Stausee«. Und tatsächlich haben wir unser Zelt auf einer Halbinsel in einem Wasserreservoir aufgebaut, das offenbar jeden Abend aufgestaut wird.

»Wird das hier komplett überschwemmt?« Ich beginne, panisch die Sachen um mich herum einzupacken. »Ich glaube nicht. Guck mal, die Wasserhöchstkante kann man da sehen«, sagt Hansen und zeigt auf die Felswand gegenüber. »Wenn das Wasser da aufhört zu steigen, können wir uns entspannen – wenn nicht … nichts wie weg oder schwimmen.«

Glücklicherweise stoppt das Wasser exakt an der Linie, die sich auf der Felswand abgezeichnet hat, und wir kriechen beruhigt ins Zelt. Kurze Zeit später ist es mit der Idylle vorbei. Hansen, der sich schon die letzte halbe Stunde über Magenschmerzen beschwert hatte, bäumt sich ruckartig auf und reißt am Zeltverschluss. Er schafft es noch zum Ufer und entleert seinen gesamten Mageninhalt in das türkisblaue Wasser. Und noch mal, und noch mal. »Geht's Hansen?«, frage ich, in der Hoffnung, dass es nichts zu helfen gibt, denn mir wird allein von dem würgenden und anschließend plätschernden Geräusch übel. Hansen gibt keine Antwort und ringt stattdessen nach Luft, um sich dann erneut zu übergeben. Ich bringe ihm Wasser und Toilettenpapier und verziehe mich schnell wieder. Nach etwa einer Stunde kriecht er völlig zerstört zurück ins Zelt. »Das waren diese Scheißaprikosen, oder vielleicht waren es ja auch gar keine Aprikosen …«, murmelt er und schläft erschöpft ein.

Am nächsten Morgen geht es ihm nicht besser. Die Krankheit hat sich auf den Darm ausgebreitet, und weder festes Essen noch Flüssigkeiten bleiben lange in seinem Magen. »Nur gut, dass wir einen kühlen schattigen Platz haben«, tröste ich ihn, »wir bleiben hier, bis du gesund bist.«

Ich baue aus meinen Schlafsack und ein paar Stöcken eine Art zweite Zeltdecke, um das Zelt vor der direkten Sonne zu schützen. Wenn Hansen wach wird, füttere ich ihn vorsichtig mit kleinen, trockenen Brotstückchen und flöße ihm Tee ein, damit er langsam wieder zu Kräften kommt. Immer, wenn einer von uns beiden schwächelt, bin ich heilfroh, dass wir nicht allein unterwegs sind. Was macht Nils, wenn es ihm richtig dreckig geht? Wenn er so schwach ist, dass er nicht einmal vermitteln kann, was ihm fehlt, oder noch schlimmer: wenn überhaupt kein Mensch in der Nähe ist, der ihm zur Hilfe kommen könnte?

Bei unseren Vorbereitungen haben wir das Thema Krankheit, Unfall etc. ziemlich optimistisch behandelt. Klar haben wir uns impfen lassen, haben mit dem ärztlichen Rat unseres Vaters ein Erste-Hilfe-Paket geschnürt – aber was, wenn man damit nicht weiterkommt? Was, wenn sich einer von uns, sagen wir bei einem Sturz, das Bein bricht? Dann sind wir am Arsch. Ich streiche dem schlafenden Hansen über die Haare und fange vorsichtig mit dem Packen an, in der Hoffnung, dass er bald fit genug ist, um aufzubrechen. Zu lange Pausen können wir uns einfach nicht leisten. In neun Tagen müssen wir nach China einreisen, sonst verfällt das Visum …

Eben noch habe ich mich um Hansen gekümmert, jetzt liege ich im Krankenhaus in Tash-Kömür. So schnell kann kommen, wovor ich mich heute Morgen noch gefürchtet habe. Am Nachmittag ging es Hansen besser, sodass wir beschlossen, zumindest noch die Halbinsel zu verlassen, um ein kleines bisschen weiterzukommen und vor allem, um neues Wasser zu besorgen. Kurz nachdem wir wieder auf den Rädern saßen, bekam ich teuflische Gliederschmerzen und habe mich extrem schwach gefühlt. Für eine Pause aber die falsche Gegend: weit und breit kein Schatten, glühende Hitze und vor allem: nirgends Trinkwasser! Also schleppte ich mich auf der sich entlang des Flusses in den Steilhang gearbeiteten »Küstenstraße« beständig hoch und runter, bis wir endlich ein Café erreichten. Ich hätte keinen Zentimeter mehr weiterfahren können, hab mein Rad fallen gelassen und mich auf eine Bank unter dem Sonnendach gelegt. Hansen kramte in der Tasche nach dem Fiebermesser. 39,5 Grad. Ich lag noch weitere drei Stunden auf der Bank und fröstelte trotz der Hitze, Hansen gab mir Ibuprofen, aber als das Fieber auf über 40 Grad anstieg, hörte ich ihn nur noch »Krankenhaus« murmeln. Er muss die Leute vom Café gerufen und ihnen die Lage erklärt haben – ich hab von all dem in meinem fiebrigen Halbschlaf nur noch wenig mitbekommen. Man bestrich meine Brust mit Wodka, ein Hausmittel gegen Fieber, wickelte mir kalte Tücher um die Waden und den Kopf, und irgendwann steckte jemand seinen Finger in meinen Mund und meinte auch so etwas wie »Hospital«. Oder hab ich das bloß geträumt?

Die circa 20-minütige Fahrt zum nächsten Krankenhaus war schrecklich, ich lag hinten zusammengekrümmt auf der Rückbank eines klapprigen Mercedes, der über Schlaglöcher und die sich windende Küstenstraße fetzte, ohne jemals abzubremsen. Mehrfach musste ich mich in eine Tüte übergeben, die Hansen mir hinhielt, der immer und immer wieder mit leiser und besorgter Stimme fragte: »Alles okay, Paul?«

Jetzt liege ich hier in einem Krankenhaus, von dem ich nicht weiß, ob es zu meiner Genesung irgendetwas beitragen kann. Der Doktor, dem ich »vorgestellt« wurde, hat mich nicht groß untersucht. Wichtiger waren ihm offenbar die üblichen Otkuda-Fragen. Woher, warum etc. Hansen zeigte ihm irgendwann ein paar Dollarscheine, um klarzumachen, dass wir für die Behandlung zahlen würden, und dann hörte ich ihn etwas sagen wie: »*Six ampules of Baktomed and a half liter infusion of pain-and fever killers.*« Und eine Schwester verabreichte mir ein fiebersenkendes Mittel. Sie gab mir zu verstehen, dass sie mir die Ampullen in Form einer Infusion über einen Tropf geben werde und dass ich mich dazu auf das Bett legen solle. Sie nahm eine neue Nadel aus einer Verpackung und stach mir diese in den Unterarm. Danach nahm sie ein Stück gewöhnliches Klebeband von dem Stativ des Tropfes, um die Nadel an meiner Haut zu fixieren. Erst dachte ich mir dabei nichts, in meinem fiebrigen Kopf schien mir die Prozedur recht professionell abzulaufen. Eine gute Stunde später kam die Schwester zurück, um den Tropf wieder zu entfernen. Sie entsorgte die Nadel, wie es sich gehört, und heftete das Stück Tesa, das direkt auf dem Einstich geklebt hatte und sowohl mit der Nadel als auch meinem Blut in Berührung gekommen war, zurück an das Stativ des Tropfes. Als Nächstes war mein Bettnachbar dran mit einer Infusion. Sie nahm eine frische Nadel und … das gleiche Klebeband, das eben noch auf meinem Arm klebte.

Nun fiel es mir wie Schuppen von den Augen. Ich war entsetzt. Das ist doch ein Witz! Das billigste Teil der Ausrüstung, ein etwa vier Zentimeter langer Streifen Klebeband, wird immer weiterverwendet. Auch Hansen hatte die Prozedur verfolgt und schaute mich fassungslos an. Als der Arzt hereinkam, um mich nach meinem Befinden zu fragen, erwähnt Hansen den Tesa-Vorfall, doch er winkte nur ab: »*Niet Problema, okay, okay.*« Damit war die Diskussion beendet, und er verließ genervt von unserer Besserwisserei das Zimmer. Unglaublich. Bleibt nur zu hoffen, dass ich mich nicht mit irgendwas infiziert habe.

Es fällt mir schwer, mich auf einen Gedanken zu konzentrieren. Ich bin einfach nur froh, dass es hier etwas kühler ist als da draußen. Hansen saß noch eine Weile neben meinem Bett, bevor er mit der Frau vom Café zurück zu unseren Rädern gefahren ist. Er wäre gern geblieben, aber es macht keinen Sinn, wenn wir beide krank werden. Er ist im Café schlicht besser aufgehoben. Es ist die erste Nacht, die wir auf dieser Reise getrennt voneinander verbringen. Auch wenn ich weiß, dass es besser ist, dass er gegangen ist … Oh, wie ich wünschte, er wäre bei mir und könnte mir sagen, was echt und was Fieberwahn ist. Die Matratze und das Bettgestell, auf dem ich liege, sind knapp einen halben Meter zu kurz und hängen extrem durch. Um mich herum schwirren Moskitos, weil die zerrupfte Fliegengaze am Fenster sie freundlich durchwinkt. Der Weg zur nächsten Toilette kommt mir vor wie eine halbe Weltreise, aber als ich dort ankomme, kehre ich um, um mir zumindest Schuhe anzuziehen – die letzten Meter vor der Klobrille steht die Scheiße und Pisse in einer großen, tiefen Pfütze, Klopapier gibt es nicht und auch keine Möglichkeit, sich die Hände zu waschen. Wo bin ich hier gelandet? Wer holt mich hier raus? »Hansen?«, jammere ich flüsternd. »Hansen!« Ich muss mich erneut übergeben. Mehr kriechend als laufend schleppe ich mich ins Zimmer zurück. Einfach nur durchhalten, einfach nur warten, bis das Fieber weggeht, und dann nichts wie raus. Genauso unmöglich, sich vorzustellen, wie es ist, richtig krank zu sein, ist es, sich vorzustellen, man sei wieder vollkommen bei Kräften, wenn man erstmal richtig daniederliegt. Im Traum falle ich von einem Heuwagen und ein nachfolgender Laster droht, über mich hinwegzufahren. In Wirklichkeit hab ich mich im Schlaf aus meiner verschwitzten Matratzengrube befreit und bin aus dem Bett gefallen. Als ich zurückklettern will, fällt mir auf, wie gruselig die Matratze unter dem weggerutschten Laken aussieht, Blut- und Urinflecken verzieren ihre Mitte … Egal wie es mir morgen geht, ich will nichts wie raus.

»Hansen, hol mich hier raus, mir geht's besser, wirklich!« Ich rufe meinen Bruder um 5 Uhr morgens an, kaum dass ich aufgewacht bin. Mir geht es tatsächlich besser. Das Fieber ist auf 38 Grad gesunken, ich sehe keinen Grund, noch länger zu bleiben, das Krankenhaus selbst ist doch die reinste Virenhölle. Hansen ist zwei Stunden später da und spricht mit dem Arzt über meinen Zustand. Irgendwann schließt der Doktor die Tür und stellt sich davor, um Daumen und Zeigefinger aneinanderzureiben, das Zeichen für Bakschisch. Zwar war der Betrag mit umgerechnet fünf Dollar lächerlich klein für einen Krankenhausaufenthalt, und wir hatten ja auch gestern schon angekündigt, dass wir zahlen würden, aber die Art, wie das Ganze ablief, war doch eher so zu verstehen, dass die Behandlung nur für das Bakschisch und nicht zu meinem Wohle geschehen war, zumal der weitere Krankheitsverlauf die Wirkungslosigkeit des Aufenthaltes im Krankenhaus zeigte. Nachdem wir wieder bei unseren eigentlichen Rettern, der fürsorglichen Familie am Rastplatz-Café ankommen, werden wir bekocht und bewirtet wie die eigenen Kinder. Leider steigt das Fieber bei mir zum Abend erneut knapp bis an die 40-Grad-Grenze an. Aber diesmal ließ es sich mithilfe von Ibuprofen und Wodka senken. Wozu das Zeug nicht alles gut sein kann …

»Paul, wir können so nicht weitermachen«, sagt Hansen halb besorgt, halb genervt, als ich am übernächsten Tag immer noch Fieber habe. »Wie sollen wir es jemals rechtzeitig nach China schaffen?«

»Hansen, ich weiß doch auch nicht, was soll ich machen?«, jammere ich schwächelnd und fröstelnd aus meinem Schlafsack heraus.

»Du? Gar nichts, außer gesund werden.«, sagt Hansen. »Wir besorgen uns jetzt einen Laster, der uns an die chinesische Grenze bringt. Das Ganze noch mit dem Rad zu schaffen, können wir vergessen«, fügt er missmutig hinzu.

Am 5. Juli verabschieden wir uns von der Familie im Café und rollen ein stückweit den Berg hinunter, zu einer Stelle, an der man besser trampen kann. Gleich der erste Truck hält an, und wir laden unsere Räder auf Tonnen von kleinen Eisteeflaschen ab, die er transportiert, und gesellen uns zu ihm und seiner kleinen Tochter ins Führerhaus. In Jalalabad steigen wir auf zwei andere Lkw um, jeder in einen, und schon während wir losfahren, merke ich, wie sich mit Schüttelfrostschüben die nächste Fieberattacke ankündigt. Bevor ich mir allzu große Sorgen machen kann, bin ich eingeschlafen – die Füße auf dem Armaturenbrett, den Kopf auf den Gepäcktaschen abgestützt.

Als ich aufwache, sind wir mitten in Osch. Verdammt, denke ich, wir wollten doch außerhalb zelten, Da klopft Hansen von außen an die Tür: »Wir sind in Osch, komm, aussteigen und losfahren«, sagt er in zackigem Ton. Ich bin noch völlig benommen und packe langsam mein Rad zusammen. Mein Fieber ist gesunken, aber ich fühle mich unendlich müde und kraftlos. Im Schritttempo schleppe ich mich hinter Hansen her, kein Zeltplatz weit und breit. Wir beschließen, bei einem Bauernhof zu fragen, ob wir auf der Wiese hinter dem Hof zelten dürfen, mit dem Hintergedanken, dass wir dann sicher eingeladen werden, im Haus zu schlafen. Und es klappt tatsächlich! Wir werden vom Bauern Jul Dai Basch in seinen riesigen und wunderschönen Hof eingeladen.

»Das Fieber steigt wieder«, sage ich leise zu Hansen, der neben Jul Dai Basch an dem niedrigen asiatischen Esstisch auf der luftigen Veranda hockt. Ich liege daneben auf dem Podest und versuche zu schlafen. Ab und an werde ich wach und höre unseren Gastgeber von seiner Zeit als Soldat in Bernburg erzählen, ständig wird mein Blick von einem riesigen, in die Wand eingelassenen Bild angezogen, das Mekka zeigt. Diese Menschenmassen …!

Langsam falle ich in einen tiefen, erholsamen Schlaf. Das Fieber sinkt, und ich habe heftige Schweißausbrüche, sodass am nächsten Morgen die komplette Unterlage triefend nass ist. Aber ich fühle mich fit und ausgeschlafen!

»Hansen!« Ich tippe meinen noch schlafenden Bruder an. »Es ist weg, ich weiß es – ich bin wieder gesund!«

»Mach halblang, Paul. Das höre ich nicht zum ersten Mal. Heute fahren wir nirgendwo hin. Ich habe gestern mit Jul Dai Basch ausgemacht, dass wir noch diese Nacht bei ihm bleiben.«

Mein vernünftiger, großer Bruder. Irgendwie bin ich gerührt.

AM ENDE / 7. JULI / KURZ HINTER OSCH

Hansen

So sehr ich daran glauben will, dass Paul wieder gesund ist – es gelingt mir nicht ganz. Es hat in den letzten Tagen einfach zu viele Rückschläge gegeben, die zeigten, dass wir zu optimistisch oder zu leichtsinnig waren. Wir haben den heutigen Tag noch in Osch verbracht, haben auf dem riesigen Markt Trockenfrüchte, Nüsse und kleine Geschenke für unsere Gastfamilie gekauft, die uns so nett aufgenommen hat. Wie viele mitfühlende, hilfsbereite und großherzige Menschen wir in den letzten Tagen getroffen haben! Leute, die uns nicht kennen, nicht verstehen, nichts von uns erwarten können und trotzdem beinahe ihr Leben aufs Spiel gesetzt haben, um meinen fiebernden Bruder auf schnellstem Weg ins Krankenhaus zu bringen, die mich getröstet haben, als ich allein die Nacht im Café in Sorge um Paul verbringen musste – uns in ihrem eh schon vollgestopften Lkw mitgenommen oder uns wie Jul Dai Basch bei sich zu Hause aufgenommen haben und so fürstlich bewirten, als seien wir Staatsgäste. Die Einzigen, die uns nicht unbedingt weitergeholfen haben, waren die, von denen man es am ehesten hätte erwarten können; der Arzt und die Schwestern im Krankenhaus, die schön die Hand aufgehalten haben, nachdem ich den halb kranken Paul dort wieder herausgeschleppt habe.

Heute, auf dem Markt, musste ich ihn fast bremsen, so glücklich war er, dass das Fieber gesunken ist und er »nur noch« Kopfschmerzen hatte. Als wir zu Jul Dai Basch zurückkehren, wird dort bereits fleißig gekocht. Vor dem Essen führen uns seine Söhne »Champion« vor, einen Hahn, der hier in der Gegend jeden Kampf gewinnt. Um seine Stärke zu demonstrieren, wird extra für uns ein Hahn vom Nachbarhaus geholt und ein brutaler Kampf inszeniert, der erst vorbei ist, als der Nachbarshahn halb tot ist. Mir fällt es nicht leicht, Bewunderung für »Champion« zu zeigen, solche Tierkämpfe sind mir absolut zuwider. Aber wie sollte ich das den stolzen Hahnbesitzern jemals erklären? Weiter geht es zum Esel »Ikshik«, der kurz angebunden auf den Feldern hinter dem Haus ein ziemlich trübes Dasein fristet. Wir dürfen auf ihm reiten und ihn mit Mais füttern, aber als die Jungs uns dazu auffordern, ihm in die Hoden zu schlagen, hat für mich der Spaß ein Ende. Wie könnte ich einem armen struppigen Esel weh tun, nur weil's so lustig aussieht?

Glücklicherweise können wir mit einer anderen Attraktion aufwarten – als Dankeschön haben wir mittags das kaputte Rad der Familie repariert. Jeder will Probe fahren, bis die 94-jährige Babuschka endlich zum Essen ruft.

Abends sitzen wir noch lange zusammen, und Jul Dai Basch erklärt uns seine Sicht auf die Spannungen zwischen Usbeken und Kirgisen, die vor genau zwei Jahren in heftige Kämpfe mit vielen Toten ausgeartet sind. Kirgisische Banden haben damals usbekische Wohnviertel in Osch überfallen, Häuser angezündet, geplündert und die Bewohner ermordet. Er selbst ist als Usbeke nur verschont worden, weil seine kirgisischen Nachbarn ihn und seine Familie geschützt haben, erzählt er uns. Viele seiner Freunde und Verwandten hat er verloren, und immer noch trauen sich einige Usbeken kaum auf die Straße. Ich erinnere mich, dass ich damals etwas darüber im Fernsehen gesehen habe und erschrecke, wie weit weg einem diese Bilder im fernen Deutschland erscheinen. Heute fahre ich mit dem Rad durch dieses Land, weil es auf der Route eines mehr oder weniger beliebig gesteckten Ziels liegt. Ein bisschen schäme ich mich.

Wie ich Paul in diesem Augenblick hasse! Warum muss er ausgerechnet jetzt krank werden, warum kann er sich nicht auskurieren – warum, warum? Und warum muss ich immer für alles geradestehen, mit einer Lösung parat stehen, ihn weiterschleppen, bis er wieder schlappmacht. Heute Morgen noch hat er mir versichert, dass es ihm gut geht, wir sind die ersten knapp 400 Höhenmeter gefahren, da braucht er erneut eine Pause. Warum? Klar, weil das Fieber zurück ist. Er liegt im Schatten, die Arme vor dem Gesicht verschränkt, und ich stapfe wütend durch das Kiesbett eines ausgetrockneten Flusses. Ich fühle mich so hilflos, fühle mich wie amputiert! Vor Wut zerschmettere ich meine Sonnenbrille.

»Hansen, hast du etwa gerade deine Sonnenbrille kaputt gemacht?«, ächzt Paul matt und ungläubig.

»Ja, hab ich. Die brauch ich ja wohl auch nicht mehr«, antworte ich harsch.

»Wie meinst du das?« Paul spricht so leise, dass ich ihn kaum hören kann, während ich mich immer weiter von ihm wegbewege. Ich kann dieses Elend einfach nicht mehr ertragen.

»Für mich ist es hier zu Ende. Wenn wir uns nur von einem Kilometer zum nächsten hangeln, ist es vorbei. So brauchen wir nicht mal daran zu denken, nach Shanghai zu kommen.«

»Okay, machen wir es so, gehen wir eben das Risiko ein, dass die Krankheit noch schlimmer wird.«

»Nein, Paul, wir gehen überhaupt kein Risiko ein!«

»Wenn du jetzt echt abbrechen willst, können wir es doch auch riskieren.«

Dieser Idiot, begreift rein gar nichts. Ich schreie beinahe: »Darum geht's doch gar nicht! Selbst wenn wir weitermachen, schleichen wir so langsam wie die Kaffeetanten, es ist zum Kotzen. Versteh mich nicht falsch, ich weiß nicht, warum ich solche Aggressionen kriege. Seit zwei Wochen ist die Tour nur noch ein Vor-sich-hin-Dümpeln. Und auch schon davor, bevor du überhaupt krank geworden bist. Die Luft ist raus, die Kraft ist raus, wir kommen nicht mehr voran. Wir haben keinen Bock mehr. Wir werden krank, weil wir keinen Bock mehr haben. Psychosomatisch!«

»Dein Scheißpsychosomatisch, dein Lieblingswort in einem Land, in dem die Hygienezustände der letzte Dreck sind. Da kann ich dir garantieren, dass nichts psychosomatisch ist. Wir haben uns einfach zeitlich verschätzt.«

Das, was Paul am liebsten herausschreien würde, flüstert er halb. Er ist total ausgeknockt vom Fieber. Ich kann nicht anders. Ich kann jetzt kein Mitleid haben. Ich gehe ein paar Schritte weiter weg. Ich muss nachdenken, irgendwie die Wut loswerden.

Paul zittert bei 35 Grad im Schatten, das Fieberthermometer zeigt 39 Grad. Die Fieberschübe passen immer mehr auf das im Internet angegebene Krankheitsmuster der Malaria Tertiana, auch wenn die Inkubationszeit nicht mit unserem Reiseverlauf übereinstimmt. Es ist aus, er muss ins Krankenhaus, ich mach so nicht weiter. »Paul, das ist das Ende der Tour. Wir werden es nicht mehr rechtzeitig nach China schaffen. China-Visum abgelaufen, Tour gelaufen.«

Paul liegt am Boden und weint bitterlich. »Das kann's doch nicht gewesen sein?«, schluchzt er.

»Es ist aber so. Gewöhn dich schon mal dran.« Ich weiß, ich klinge kalt, aber Paul hat gerade Schmerzen und Emotionen für uns zwei – und ich fühle gar nichts mehr. Totale Leere. »Wir haben mit unserer Gesundheit gespielt. Das macht man nicht, das ist die Quittung dafür. Sobald du einigermaßen stabil bist, fahren wir zur nächsten Stadt mit Flughafen, wenn nicht, fahren wir direkt ins nächste Krankenhaus.«

»Hansen ... Hansen, bitte nicht so schnell«, fleht Paul mich an, als hätte ich es in der Hand. »Bitte lass mich schlafen, danach messe ich noch mal Fieber, und wenn es nicht gestiegen ist, warten wir, bis es runtergeht und trampen bis nach China und machen da zwei Wochen Pause, um wieder fit zu werden.«

»Das macht keinen Sinn, Paul. Da können wir ja gleich einen All-inclusive-Urlaub buchen.«

»Bitte, Hansen. Das ist der letzte Funken Hoffnung, den ich habe, den lass ich mir nicht nehmen.«

Ich muss ein paar Meter laufen. Paul liegt da und hofft, dass sein Fieber runtergeht. Natürlich wünsche ich mir auch, dass es weitergeht. Aber einer von uns beiden muss doch den Tatsachen ins Gesicht sehen. Man kann nicht so blauäugig sein und glauben, dass einen ständig jemand rettet, dass es immer irgendwie weitergeht. Ich habe keine Lust, Paul in einem fort aus der Scheiße zu ziehen. Ich habe selbst keine Kraft mehr. Ich weiß nicht, wieso, aber es macht mich irrsinnig wütend, dass Paul krank ist. Wenn seinetwegen die ganze Tour kippt! Das macht mich rasend, obwohl ich natürlich weiß, dass es nicht seine Schuld ist.

Ich kenne dieses Gefühl einfach, ich hab das alles schon mitgemacht, und jedes Mal, wenn Paul kränkelt und ich ihm helfen muss, kommt dieses alte Gefühl wieder hoch. Paul und ich waren 15, als wir mit den Rädern einen Abhang runtergedüst sind. Plötzlich verfing sich etwas in seinem Vorderrad, und er flog über den Lenker und brach sich beide Arme. Der arme Paul. Acht Wochen lang beide Arme im Gips – er konnte nichts machen. Was haben ihn alle bedauert. Und wer musste ihn rund um die Uhr betreuen und bekam kein Mitleid? Ich. Ich habe ihn gefüttert, gewaschen, habe in der Schule für ihn mitgeschrieben, ihm sogar den Arsch abgewischt. Acht unendliche Wochen lang. Kein Wunder, dass so was Narben hinterlässt ...

PAUL

»Es ist gesunken!«, rufe ich Hansen zu und halte das Thermometer in der Hand wie eine Trophäe. »Das Fieber ist zurückgegangen!«

»Das höre ich nicht zum ersten Mal«, sagt er, aber ich merke, dass auch in ihm ein Hoffnungsschimmer aufkeimt.

»Bitte, Hansen, lass uns jetzt nicht zurück, sondern weiter zum nächsten Krankenhaus nach Sary Tash fahren und hoffen, dass es schnell besser geht. Dann können wir versuchen, noch rechtzeitig bis nach China zu kommen, egal wie. Lass uns trampen, so könnten wir es vielleicht schaffen. Und selbst wenn wir abbrechen, wir müssen doch sowieso zum nächsten großen Flughafen, und der ist in Kashgar.«

Wenig später sitzen wir getrennt in zwei Trucks, diesmal in zwei Kamaz, einer russischen Marke. Die Achsen sind so verbogen, dass auf geraden Straßen die ganze Kabine wackelt wie ein Presslufthammer. Die beiden fahren Holz aus Deutschland nach Afghanistan für die US-Armee. Der Fahrer zeigt mir stolz ein Dokument. Und tatsächlich, es ist ein Schein vom deutschen Zollamt, das die Ausfuhr bestätigt. Die Geschwindigkeit bewegt sich zwischen 5 und 50 Stundenkilometern. »Am sanftesten fährt er sich auf Buckelpisten«, sagt der Fahrer und lacht. »Da gleichen die Löcher die Achsschläge manchmal aus.«

Ich lächele müde zurück und schaue verträumt zum Fenster raus. Ich bin noch immer matt und den Tränen nahe. Draußen erheben sich riesige Berge, die Straße windet sich langsam den Pass hoch, es wird grüner, und die Sonne blitzt immer wieder zwischen den Wolkenfetzen hindurch, als wenn sie mir zuzwinkern würde. Die schönsten Schattenmuster huschen flink über Täler und schneebedeckte Gipfel. Warum musste ich jetzt krank werden, jetzt, da wir endlich in den Bergen sind? Der bevorstehende Irkeschtam-Pass war immer ein motivierendes Ziel vor unseren von karger kasachischer Einöde gelangweilten

Augen. Warum jetzt? Warum muss ich Hansen so enttäuschen? Ich finde keine Antwort und schlafe erschöpft ein.

Als ich aufwache, ist es dunkel, mein Kopf schmerzt und mein Nacken ist steif. Hansen klopft an die Beifahrertür. »Du musst sie von außen aufmachen«, gebe ich ihm zu verstehen, »der Griff ist abgebrochen.«

Die beiden Fahrer wollen Pause machen und am Morgen weiterfahren. Sie bieten uns an, unser Zelt zwischen ihren Lkw aufzubauen. Hier oben ist es fünf Grad kalt, und ich fröstele, als ich endlich in den warmen Schlafsack rutsche. Nach einer unruhigen Nacht wecken uns die Fahrer früh. Sie möchten weiterfahren. Das Fieber ist weg, und ich fühle mich zwar schwach, habe aber erneut das Gefühl, die Krankheit überwunden zu haben. Beinahe fühle ich mich fit genug, um auf's Rad zu springen und selber weiterzufahren, aber ich erinnere mich an gestern, als ich mich verflucht habe, die Krankheit nicht richtig auskuriert zu haben. Und Hansen würde mir einen Vogel zeigen.

Ich sehe die Sonne über den Bergen aufgehen und werde sentimental. In warme Decken eingehüllt, liege ich im gemütlich vor sich hin schnurrenden Kamaz auf der Seite und stütze den Kopf in die Hand. Als wir über den Pass nach Sary Tash fahren, erwartet mich ein atemberaubender Ausblick. Im Tal vor uns liegt das kleine Grenzdorf, dahinter erstreckt sich eine Hochebene, die abgeschlossen wird von dem 7000 Meter hohen, schneebedeckten Pamirgebirge, dessen Gipfel sich scharf gegen den dunkelblauen Himmel abzeichnen. Auch wenn ich hier tausendmal lieber mit dem Rad hochgefahren wäre, die beste Alternative dazu ist ein alter, romantischer Kamaz.

Film ab!

TIBET, EGAL WIE
Über Kudi nach Kargilik

CHINA / 11. JULI / ULUGQAT

Hansen

Wir sind in China, haben es geschafft. In sprichwörtlich allerletzter Minute. Es ist so verrückt hier! Ich bin noch niemals an einem Ort gewesen, an dem ich nichts, aber auch gar nicht verstanden habe. Nicht die Sprache, nicht die Schriftzeichen, nicht die Gesten – nada! Das ist China. Zumindest das China ganz im Westen, weit entfernt von den riesigen Städten im Osten, in denen auch ein wenig Englisch gesprochen wird. Aber da müssen wir jetzt durch. Und da es bisher so aussieht, als müsste ich Paul nicht im Krankenhaus in Kashgar abliefern, geht es wohl weiter. Nachdem wir nun drei Monate lang Russisch gelernt haben, fangen wir von vorne an, diesmal mit Chinesisch …

In Sary Tash, kurz vor der chinesischen Grenze, haben wir uns von ein paar anderen Reisenden ein paar Basics beibringen lassen. »Hallo«, »tschüs« und »Ich heiße …«, aber es ist hoffnungslos, kein Mensch versteht die Laute, die ich hervorpresse, und ich wüsste auch keine Lautschrift, um sie hier abzubilden.

Außerdem haben wir hier Johannes von der Filmproduktion in Berlin getroffen, der extra angereist ist, um uns mit Speicherkarten für China einzudecken und alles, was wir bisher mit unseren kleinen Kameras gefilmt haben, mitzunehmen. Die Gefahr, dass uns die Daten an der Grenze abgenommen werden könnten, war einfach zu groß. Überhaupt: die Grenze. Ein großes Thema unter den Reisenden, das für viel Verwirrung und bei denjenigen, die sie noch vor sich haben, für ordentlich Fracksausen sorgt. »Besonders streng gehen sie mit Radfahrern um«, sagte einer.

»Ihr müsst auf jeden Fall zu Fuß reingehen, und die Räder als Gepäck mitnehmen. Und seid drauf gefasst, dass sie euch komplett durchwühlen, alles anschauen, die Handys auseinanderbauen, jeden Speicherchip prüfen …«

»Und wenn ihr Pech habt, landet ihr direkt im Knast. Alles schon passiert«, fügt ein anderer hinzu.

So schön Sary Tash gelegen ist, es war irgendwie ein deprimierender kleiner Ort, mit lauter Betrunkenen und verwahrlosten Gestalten. Und so sehr wir uns vorgenommen hatten, uns von all den Eindrücken nicht runterziehen zu lassen – mit weichen Knien fuhren wir in Richtung Grenze los.

Am ersten Checkpoint fragten sie nach unseren Pässen und wollten ein Foto zusammen mit uns, gaben uns aber deutlich zu verstehen, man dürfe ab hier nicht mehr fotografieren, nicht mal in Richtung Grenzgebiet. Aber obwohl die bewaffneten Soldaten es uns eingebläut hatten: Der landschaftlich wunderschöne und für unsere Reise bedeutende Abschnitt konnte nicht undokumentiert bleiben, und so machten wir heimlich aus der Hüfte ein paar Bilder und Videos. Danach tauschten wir die Speicherkarte mit denen aus, auf der noch ein paar Bilder von Sary Tash waren und verstauten die mit den Grenzgebietsbildern zwischen den anderen hundert SD-Chips.

»Fünf Kameras und hundert Speicherkarten … gelten wir damit noch als normale Touristen?«, überlegte Paul. Stimmt, das könnte ein echtes Problem werden.

Am nächsten Morgen kommen wir bereits um halb acht am kirigisischen Außenposten an, die letzte Möglichkeit umzukehren. »Ich stempele jetzt hier, und dann könnt ihr nicht mehr zurück nach Kirgisistan. Verstanden?«, sagt der Mann an der Grenze.

»Und wenn die Chinesen uns nicht reinlassen?«, stammele ich.

»Nicht unser Problem«, antwortet der Mann, knallt den Stempel auf die Passseite und winkt schon den nachfolgenden Lkw heran.

Als Nächstes erreichen wir ein großes Tor, das mit chinesischen Schriftzeichen und zwei Löwen geschmückt ist. »Das muss es sein«, flüstert Paul mir zu. Das Tor ist noch zu, aber ein bewaffneter Mann kommt uns entgegen und sagt irgendwas. »Zeig ihm die Pässe«, zischt Paul mir zu. Und tatsächlich, er sieht die Pässe an, spricht etwas in sein an die Schulterklappe geheftetes Walkie-Talkie, und das Tor öffnet sich wie von Magie betrieben. »Simsalabim«, flüstere ich, »so einfach ist das?«

Glücklich fahren wir weiter in »unser China«, bis wir nach ein paar Kilometern an die nächste Grenzstation kommen. Und hier sind sie strenger. Viel strenger. Sie finden unsere hundert SD-Karten à 16 Gigabyte und werden sehr misstrauisch.

»Warum habt ihr so viele?«, will der Grenzbeamte wissen.

Wie abgemacht, stellen wir uns blöd. »Aaach, die haben ja nur 16 Megabyte, daher haben wir direkt ganz viele gekauft«, erklärt Paul beiläufig. »Ein Chip nur zehn Bilder! Dass sind gerade mal 1000 Bilder für die ganze Reise!«

Die Beamten schauten erneut drauf und schütteln den Kopf: »Das sind 16 Gigabyte, ihr Idioten, ihr habt 16 Gigabyte statt 16 MB gekauft.« Lautes Lachen bei den Zöllnern.

Wir fassen uns beide in gespielter Ungläubigkeit an den Kopf: »Deswegen waren die so teuer? Aber wegschmeißen kann man sie nun auch nicht, oder?« Unglaublich wie gut unser Trick funktioniert, mit Dummheit fährt man oft am besten. Glücklicherweise, denn wir brauchen jede einzelne Speicherkarte, um unsere gigantischen Mengen an Filmmaterial zu sichern. Als die noch angeheiterten Soldaten in meiner Tasche die Flasche Wodka finden, muss ich obendrein beweisen, dass es sich um Wodka und nicht um illegale Drogen handelt, indem ich das Zeug trinke. Erst einen Schluck, dann fünf Minuten warten, dann noch einen. Wir sind mit unseren Rädern hier mitten im Nirgendwo eine echte Sensation, wie ein Zirkusspektakel fast, und das muss ausgekostet werden.

Als wir endlich durch die Kontrolle sind, folgt die letzte Überraschung, und mir rutscht das Herz in die Hose: »Mit dem Rad dürft ihr nicht weiter«, gibt uns einer zu verstehen und zeigt auf ein großes Schild, auf dem steht, dass Fußgänger und Radfahrer mit einem Lkw bis zum 120 Kilometer ins Inland verlegten Einreisezentrum trampen müssen.

Ich sehe Paul an: »120 Kilometer? Das dauert sechs Stunden auf diesen Sandpisten, dann ist es genau 18:00 Uhr nach Peking-Zeit, und die haben zu!«

»Wir müssen es vorher schaffen, sonst ist unser Visum ungültig!«

Wir sehen die Beamten verzweifelt an, und sie begreifen den Ernst der Lage. *»You need six hours with car«*, bestätigt der Beamte unsere Befürchtungen. Einer der Zöllner läuft zu den parkenden, auf die Abfertigung wartenden Trucks. Fünf verschiedene Lkw fragt er, bis er endlich den richtigen gefunden hat und zurückgelaufen kommt. *»You need empty truck so can go faster to migrations«*, erklärt der Beamte außer Atem. *»I found empty truck, come, come, hurry.«* Er führt uns zu dem Truck, und in weniger als einer Minute sitzen wir im Führerhaus und Asy, der Fahrer, gibt alles – etwas zu viel für meinen Geschmack. Asys Fahrweise ist grauenhaft, und bei jedem Ruckeln hören wir unsere Räder auf der Ladefläche meterhoch in die Luft fliegen und auf die Holzplanken zurückkrachen. Mehrfach schwebe ich für Sekundenbruchteile in der Kabine, wenn Asy mal wieder über eine Welle fegt, und krache im Anschluss mit voller Wucht in meinen Sitz zurück. Ich hätte ihm gern gesagt, dass uns unsere Leben doch wichtiger seien, als rechtzeitig den Checkpoint zu erreichen, aber Asy versteht weder Russisch noch Englisch noch Deutsch, er weiß nur eins: so schnell wie möglich. Und tatsächlich, nach fast fünfeinhalb Stunden Buckelpiste kommen wir rechtzeitig an – genau eine halbe Stunde vor Ablauf der Einreisezeit. Eilig laden wir die Räder aus, verabschieden uns und rennen in die Grenzstation. Ganz gelassen sitzen dort in einer riesigen Halle an dem einzigen geöffneten Schalter zwei Grenzbeamte. Der eine schläft, der andere spielt Solitär. Nachdem wir ihre Aufmerksamkeit auf uns lenken können, nimmt der soeben Aufgewachte die Pässe und legt sie neben den Solitärspielenden auf den Tisch. Dieser lässt sich aber nicht beirren, und spielt in aller Seelenruhe weiter. Wir weisen den Beamten ungeduldig auf unsere Eile hin und zeigen auf die Uhr, die uns mittlerweile nur noch wenige Minuten zur Einreise lässt. Der Mann zeigt Verständnis und bringt seinen Kollegen dazu, sein Spiel kurz zu unterbrechen. Lange und ausgiebig betrachtet er die Seiten der Dokumente, pult mit seiner anderen Hand zwischen seinen Zähnen und findet besonderes Interesse an den vielen Visa in unseren Pässen. Endlich greift er zum Stempel und macht kurzerhand unseren Aufenthalt in China offiziell. Ich sehe zur Uhr hoch, 17 Uhr 42, 18 Minuten vor Ablauf unseres Visums.

Und da sind wir nun in Ulugqat, dem gültigen Grenzposten für die Einreise, ganze sechs Autostunden im Innern des Landes. Vor zwei Tagen dachten wir noch, wir müssten aufgeben.

Paul liest meine Gedanken: »Ja, wir haben es mal wieder geschafft. Wahnsinn, wie sich mitunter alles zum Guten wendet.«

Ich nicke: »Wir sind in China, überleg mal, wie weit von zu Hause das ist – was wir schon alles hinter uns gebracht haben.«

»In China, und doch haben wir erst die Hälfte, Hansen, erst die Hälfte.«

Wie unterschiedlich man diesen Satz auch verstehen kann – im Moment ist es die schönste Nachricht des Tages.

TIBET / 13. JULI / KASHGAR

PAUL

Auch wenn ich mich wieder bombenfit fühle und es nicht erwarten kann, endlich den ganzen Tag auf dem Rad zu sitzen, haben wir uns eine Kashgar-Kur verschrieben. Nicht nur, um uns zu erholen, sondern vor allem, um uns an das neue, fremde Land zu gewöhnen und den nächsten Teil der Tour zu planen.

Kashgar bedeutet: Die Hälfte ist geschafft. Die Hälfte bedeutet: Die ganze andere Hälfte wird sich in China abspielen, in dem Land, in dem wir nichts und niemanden verstehen. Wir haben uns schon vor der Tour überlegt, in Kashgar Rast zu machen, es gibt dort nämlich das Pamir-Hostel, in dem viele Rad-Abenteurer einkehren, und wir erhoffen uns ein paar hilfreiche Tipps für Tibet. Nun, Tipps gibt es, aber alles Dinge, die wir eigentlich nicht hören wollten: Jeder rät uns davon ab. »Da kommt ihr nicht rein, das könnt ihr im Moment total vergessen«, ist der allgemeine Tenor. Keine Geheimtipps, keine Ermutigungen, es einfach auszuprobieren, nichts von dem, was wir uns erhofft hatten. Wir sind total enttäuscht.

Niedergeschlagen machen wir uns auf den Weg zum Nachtmarkt, um uns unseren Frust wegzufressen. Ein bizarres Paradies erwartet uns, hier gibt es alles – von Fisch über Hähnchen und Lamm bis Kalb und Nudeln, alles in uns unbekannter Art zubereitet. Der Markt hat bis drei Uhr nachts geöffnet, und je später die Stunde, desto mehr ähnelt der Markt einem riesigen Schlachtfeld mit Knochen, Schädeln und Essensresten, die in riesigen Haufen auf dem Boden liegen. Die Stände sind von spärlich im Rhythmus der Generatoren glimmenden Glühbirnen erhellt, die an Seilen, Schnüren und Schirmen hängen. Jeden Morgen verschwindet der Markt; zur Dämmerstunde wird er wiederaufgebaut, jedes Mal anders, das werden wir an den nächsten Abenden noch miterleben. Um zu essen, setzt man sich auf die Holzbänke direkt vor den Koch, der aus gigantischen dampfenden Töpfen Lammköpfe, Zungen, Fischfilets, Hackfleischröllchen oder Maultaschen zaubert und mit lautem Preisgeschrei versucht, seine fünf Sitzplätze zu bedienen. In Windeseile schieben sich die Chinesen und Uiguren mit den Stäbchen den Inhalt der Schalen in den offenen Mund. Es wird geschmatzt, gerülpst, gefurzt, man fühlt sich offensichtlich wohl! Die hygienischen Umstände sind wahrlich nichts für Leute, die sich schon über ein paar Tauben am Caféhaustisch beschweren, aber wenn man einmal den Schalter umlegt und sich klarmacht, dass man ganz woanders ist, dort, wo eben alles anders ist, dann kann man ganz gut mitschmatzen. Mit der bloßen Hand werden jetzt die Nudeln aus dem Topf auf den eben kalt ausgespülten Teller des Vorgängers gelegt. Die gleiche Hand bohrt in der Nase, greift nach dem Geld, wischt sich den Schweiß ab und das Fett ins Gesicht, und drückt dem Kumpel freundschaftlich die Pranke. Trotzdem, und ich kann es mir nicht erklären, ist der Markt unglaublich appetitlich! Alles dampft, zischt und klappert. Hansen und ich beschließen, uns hineinzustürzen und lassen uns von Stand zu Stand treiben, probieren hier und dort etwas, bis wir voll sind, sogar einen Lammkopf inklusive Gehirn und Zunge essen wir.

Völlig überwältigt und erschöpft kommen wir zurück ins Hostel. Einer der Radfahrer, die uns am Nachmittag noch »beraten« oder eher gesagt demotiviert haben, kommt uns im Flur entgegen: »Und? Schon entschieden, wo's langgeht?«, fragt er, und Hansen antwortet gespielt todernst: »Am besten einfach zurück nach Hause. Die Welt ist gefährlich, und wir wollen kein Risiko eingehen«. Der Mann schaut etwas verdutzt, und wir verschwinden mit ein paar Dosen Bier auf die Terrasse.

»Hansen, das ist doch echt zum Kotzen. Egal, wo wir entlang wollen, immer wieder wird uns davon abgeraten: Hier ist es langweilig, da steht die Polizei, hier ist eine Raketenstation, dieses Gebiet ist umkämpft zwischen Indien und China, hier gab es letzte Woche Unruhen, dort dürfen nur Einheimische rein … soll das heißen, wir haben den besten Teil unserer Tour nach gut der Hälfte hinter uns?« Hansen schaut mich an, trinkt den letzten Schluck aus der Dose und zerknüllt sie in der rechten Hand. »Nein«, sagt er plötzlich sehr entschlossen und steht feierlich auf. »Nein, Paul, nicht mit uns. Lass uns entgegen all diesen Empfehlungen unserem Glück vertrauen und so naiv sein, es trotzdem zu probieren. Du hast es vorhin selber gesagt, alle hier erzählen, ›dass sie gehört haben, dass…‹, aber ich habe nicht einen Radfahrer getroffen, der gesagt hat: ›Ich war da, und man kommt nicht durch!‹ Ich will das selber erleben, sonst werfe ich mir den Rest meines Lebens vor, dass es eventuell doch hätte klappen können!«

Wir haben inzwischen schon jeder unser drittes Bier intus, und ich bin von Hansens Rede restlos begeistert. »Jawoll, du hast recht«, pflichte ich ihm bei. »Was ist los mit uns? Seit wann schrecken wir davor zurück, dass jemand sagt: Das geht nicht. Lass uns nach Tibet fahren! Das ist schließlich unser Traum! Wir wären gar nicht hier, wenn wir immer auf andere gehört hätten. Wir fahren bis zum ersten Checkpoint und werden dort mit 95-prozentiger Wahrscheinlichkeit abgewiesen, aber für die fünf Prozent will ich's versuchen! Wir kuschen jetzt nicht. Sollen uns die Leute doch für doof halten und naiv und was weiß ich noch, ich will zumindest sagen können: Ich hab's versucht!«

»Und vielleicht haben der liebe Paul und der liebe Hansen auch einfach mal mehr Glück als diese Miesepeter, die zur Grenze fahren und fragen: Entschuldigung, hier darf ich doch sicher nicht durch, oder?«

»Genau!«, rufe ich, und wir lehnen uns entspannt zurück. Wir fühlen uns wie zwei tapfere Krieger, die endlich ein klares Ziel vor Augen haben.

Am nächsten Morgen liege ich schon früh wach. An Hansens wackelndem Fuß merke ich, dass auch er nicht mehr schläft. Es ist der 14. Juli.

»Und, was meinst du zu unserem gestrigen Beschluss im nüchternen Zustand?«, frage ich ins Kopfkissen nuschelnd. Ich habe Angst vor einem Rückzug, ich selbst bin mir nicht mehr ganz sicher.

»Keine Änderung, ich steh dazu. Es ist riskant, aber nicht gefährlich.« Hansen ist sich sicher, also bin ich es auch.

Der Entschluss steht – wir wollen durch Tibet. Beflügelt von der eigenen Abenteuerlust, verbringen wir die nächsten zwei Tage mit den Vorkehrungen für die Weiterfahrt. Wir lassen uns durch die Stadt treiben, besuchen eine Moschee und laufen über sämtliche Märkte, durch die Gießerei und die Schmiedestraße, wo es überall dampft, klopft und zischt, das chinesische Viertel, in das man nur durch einen Metalldetektor eintreten darf und das nur einen Bruchteil der Stadt ausmacht, der Rest ist

Eine Herausforderung auch für Zwillingsbrüder: 13600 Kilometer von Berlin nach Shanghai – mit dem Fahrrad!

In Sand gemalt: unsere Website. Auf ihr konnten sich unsere vielen Unterstützer über den Verlauf der Reise informieren.

An der vermeintlich litauischen Grenze – ein Irrtum, der uns zehn Jahre Gefängnis hätte kosten können …

… aber unsere Talismane bringen uns offensichtlich Glück: das schlecht gelaunte Pferdchen und das Vögelchen Mai Tai.

In der trockenen Landschaft Kasachstans gönnen wir uns ein Feierabendbier.

Hin und wieder ergänzen wir unseren mageren Speiseplan mit »lokalen Spezialitäten« wie selbst erlegten Heuschrecken in Olivenöl – sehr lecker!

Eine muslimische Familie lädt uns in einer kleinen Oase zum kasachischen Picknick ein.

Auch in Algabas werden wir zunächst freundlich empfangen: von einer Traube Kinder, die uns bis zum örtlichen Laden begleitet.

Sary-Tash, der letzte Ort vor der Irkeshtam-Passüberquerung nach China

Wir schlagen unser Zelt am Fuße des Pamirgebirges mit seinen bis zu 7600 Meter hohen Bergen auf.

Ein typisches Bild: Die Taklamakan-Wüste ist bekannt für ihre vielen Sandstürme.

Der berüchtigte Checkpoint Kudi in Tibet bleibt für uns unüberwindlich, und wir müssen über endlose Serpentinen zurück ins Tal, wo die Fahrt weitergeht.

Paul nach einem Sturz bei fast 40 Stundenkilometern: Seine gesamte rechte Seite ist mit Schürfwunden übersät.

Am Abend vor unserer höchsten Passüberquerung genießen wir die Einsamkeit der endlosen Weite.

Wir halten zusammen – auch wenn´s manchmal schwerfällt …

Auf 5250 Meter Höhe oberhalb des Yushu-Gletschers: Der höchste Punkt unserer Reise ist erreicht!

In der Nacht können wir Yushu, unser nächstes Ziel, am Horizont leuchten sehen.

Wir sind höher als jeder Berg in den Alpen – ein unbeschreibliches Gefühl, das wir miteinander teilen.

Das Wetter ist auf diesem Teil der Reise schon sehr herbstlich: Stürme und Regen gehören zur Tagesordnung.

Kurz hinter Yushu treffen wir in den Bergen auf ein tibetanisches Klosterdorf.

Die Tibeter sind sehr herzlich. Unsere Gastfamilie möchte uns gar nicht mehr gehen lassen.

Kurz vor Shanghai wird es im Regenwald noch einmal richtig ungemütlich.

Dank unserer hervorragenden Räder kann uns kein Schlamm der Welt aufhalten.

Der Jangtsekiang bei Ychang – einige Chinesen versuchen, den längsten Fluss Asiens mithilfe roter Bojen zu durchschwimmen.

Auch kulinarisch ist unsere Reise in jeder Hinsicht ein Abenteuer.

Wir erreichen den Bezirk Shanghai – und kommen unserem Ziel immer näher.

Endlich in Shanghai! Der grandiose Ausblick auf die Skyline belohnt uns für die Strapazen der Reise.

Mal sehen, wohin uns unser nächstes gemeinsames Abenteuer führt …

uigurisch. Es tut gut, mal wieder ein paar Tage ohne Drahtesel unterwegs zu sein, aber nach vier Tagen reicht es uns. So schön Kashgar ist, wir sind nicht hier, um Sightseeing zu betreiben.

Am 17. Juli stehen wir um fünf Uhr morgens nach Peking-Zeit auf, um noch vor der Mittagshitze aus der Stadt zu sein. Wir sind motiviert, obwohl wir wissen, dass wir sehr wahrscheinlich einen Umweg von knapp 400 Kilometer fahren werden. Es tut so gut, diese Entscheidung getroffen und unsere Abenteuerlust wiedergefunden zu haben. Die Straße zieht sich endlos als Autobahn über sanfte Hügel aus der Stadt. Man kann erahnen, dass die Wüste nicht mehr weit ist. Überall ist Sand, und die Luft ist staubig. Seltsamerweise ist links und rechts von der Straße Stacheldraht gespannt, der wohl verhindern soll, dass man die Straße betreten kann. Leider kommen wir so auch nicht von der Straße in den Schatten und müssen erst 50 Kilometer fahren, bevor wir eine Stelle für die Frühstückspause finden. Als wir endlich einen kleinen Durchbruch im Zaun sichten, tragen wir unsere Räder zu einem Baum jenseits des Zauns. Lachend setzen sich zwei braungebrannte alte Männlein zu uns und teilen ihre Wassermelone mit uns. Wir unterhalten uns mit Händen und Füßen, und sie gestikulieren wild und wütend über die neue Straße. Sie kommen nicht mehr zu ihren Feldern auf der anderen Seite, erklären sie uns, daher haben sie den Zaun halt eingerissen. Eselskarren und Pferde dürfen nicht auf die Mautstraße, und das wollen sie ja auch gar nicht, sie wollen nur zu ihren Freunden auf der anderen Seite und zu den Feldern. So sitzen sie achselzuckend da. Die Polizei würde den Zaun immer wieder flicken, schimpft der eine. Aber sie wurden nie gefragt, ob sie die Straße wollen. Die wurde einfach gebaut.

Nach der Pause geht es auf der schnurgeraden, eingezäunten Straße weiter. Hinter dem Zaun sind die schönsten Wäldchen, Seen und Wiesen zu sehen – aber erneut weit und breit keine Möglichkeit, von der Straße abzufahren. Die Straße ist durch alles hindurchgebaut worden, was ihr in die Quere kam: Als wir ein Dorf durchfahren, sind an den Seiten der Straße halbe Häuser hinter dem Zaun zu sehen, sogar ein Grabhügel ist durchgraben worden, sodass man die Grab-Höhlen aus Stein wie im Querschnitt betrachten kann, ein gruseliger Anblick.

Langsam verwandelt sich die Umgebung von der grünen Oase um Kashgar herum zu einer der größten Sand- und Steinwüsten der Welt: der Taklamakan-Wüste. Und wir haben nicht mal Gelegenheit, in den Dörfern abzufahren und Wasser zu holen, die Straße ist vollkommen isoliert! Noch ist der Wassertank gefüllt und die Vorräte reichen aus, aber das kann sich bald ändern …

Nach fast 80 Kilometern entdecken wir eine Stelle, an der der Zaun von einem Wassergraben unterspült ist. Wir schlüpfen mit den Rädern darunter hindurch und lassen uns zum Abend in einem kleinen Wäldchen nieder.

Der nächste Tag geht auf der eingezäunten Straße weiter. Zu allem Unglück fängt er direkt mit einem Platten an. Ich mache mich daran, das Löchlein zu flicken. Glücklicherweise sind die nach der Seidenstraße benannten Silkroad-Räder von tout terrain so konstruiert, dass es keine sieben Minuten dauert, bis das Rad geflickt und man wieder unterwegs ist. Auch im nächsten Dorf, an dem wir vorbeikommen, haben die Einwohner kurzerhand ein Loch in den Zaun geschnitten, um zur anderen Seite zu kommen. Weil wir immer noch dringend nach Wasser suchen, schlupfe ich hindurch und frage im Dorf nach. Bedauernd werde ich von einer nur Luft saugenden Wasserpumpe zur anderen geführt: »Heute gibt es kein Wasser«, gibt mir ein alter Mann mit faltigem Gesicht zu verstehen und macht ein trauriges Gesicht. Aber er winkt mich zu sich: »Komm, komm zu meinem Haus, da hab ich noch welches.« So folge ich ihm, eskortiert von einer Schar Kinder, in seinen Hof, wo ein Eimer mit Wasser steht. Sehr vorsichtig, und ohne einen Tropfen zu verschwenden, füllt er es in unseren Kanister um. Das Wasser ist trüb, aber Dreck reinigt den Magen, und gegen die Bakterien haben wir fiese Chlortabletten dabei …

Ich bedanke mich herzlich und klettere zurück in unseren schattenlosen Knast aus Asphalt und Stacheldraht.

Kaum haben wir das Dorf verlassen, empfängt uns die Wüste mit einer sandigen Umarmung: Ein Sandsturm holt uns ein und schiebt uns mit 40 Stundenkilometern vor sich her. Hansen drückt sich die nach seinem Wutanfall wieder zusammengeflickte Sonnenbrille ins Gesicht und bindet sich das gepunktete Reisetuch vor Mund und Nase. Die Sicht ist so schlecht, dass ich Hansen, der nur 20 Meter vor mir fährt, ständig aus den Augen verliere. Wie ein Schleier zieht der Sand über die Straße. Wenn man schnell genug fährt, herrscht absolute Stille, weil der Wind von hinten kommt und der Sand wie Schnee alle Geräusche schluckt. Eine gespenstische Atmosphäre. Die Sonne kann man nur als hellen Punkt durch die Sandwolken erahnen, die Autos fahren in Schrittgeschwindigkeit mit Warnblinkanlage und Fernlicht. Ein paar hartgesottene Uiguren fahren ohne Helm und Brille gegen den Wind auf ihrem Moped.

Der Sandsturm trägt uns so weit, dass wir die Abfahrt nach Yarkant verpassen. Zur Krönung hat Hansen den zweiten Platten an diesem Tag. In sengender Mittagshitze flicken wir auf dem heißen Asphalt sein Rad. Auch wenn wir zu weit gefahren sind, gegen den Wind zurück ist keine Option, also fahren wir weiter und müssen in einer waghalsigen Aktion die Mautstraße an einer Brücke verlassen, indem wir über das Brückengeländer klettern und den steilen Sockel der Brücke mitsamt den Rädern hinunterrutschen. Uns bleibt nichts anderes übrig, denn es ist unsere letzte Gelegenheit, auf die alte Landstraße nach Kargilik zu kommen. Wie wir später herausfinden, haben wir durch die Aktion zufällig einen Checkpoint umfahren, der zumindest vor ein paar Jahren noch Reisende auf ihre Erlaubnis für die Strecke über Hotan nach Golmud geprüft hat. Der andere Checkpoint, den wir stattdessen vor uns haben, ignoriert uns.

Kaum in Poskam angekommen, hat Hansen seinen dritten Platten. »Plattentag«, flucht er und nimmt den Schlauch genauer unter die Lupe. Und tatsächlich. Der Schlauch ist wie vorperforiert. Wahrscheinlich uraltes Gummi. Wir hatten den Ersatz in Kashgar kaufen müssen und nicht auf die Qualität geachtet. Um unsere Fahrräder hat sich mittlerweile wieder eine Gruppe von gut vierzig Leuten versammelt, die jede unserer Bewegung genauestens verfolgen. Ich komme mir vor wie ein

Zirkustier. Teilweise kommen die Zuschauer so dicht an uns heran, dass ich ihren Atem im Nacken spüren kann. Es macht mich aggressiv. Wie kann man so distanzlos sein? Keiner von ihnen hat unseren »*As-salamu aleykum*«-Gruß erwidert, alle stehen sie nur da und glotzen. Wir fühlen uns, als würden sie Aliens beobachten, und bei jedem unserer Versuche zu kommunizieren, wenden sie sich nur zueinander und sagen ungläubig so etwas wie: »Schau, es hat versucht zu sprechen.« Und dabei bleibt es nicht. Kaum hat der Erste gewagt, mein Rad zu berühren, kommen sie alle. Alles wird auf seine Stabilität getestet. Die empfindliche Solaranlage gedreht und gewendet, der Flicken auf meinem Sattel versucht abzuziehen, das frontale Aluminiumstativ seitlich verbogen, und sogar das im örtlichen Laden gekaufte Olivenöl wird aufgemacht und getestet. Bei allem Respekt für fremde Kulturen – ich weiß, dass dieses Verhalten hier wohl tatsächlich normal ist – es kotzt mich an! Das sind meine Sachen, und die brauche ich funktionierend! Und wenn man keine Ahnung hat, was das ist, dann dreht und windet man es doch nicht solange, bis es sich verbiegt? Kurz bevor mir der Kragen platzt, ist Hansen mit dem neuen Schlauch zurück, den er in einem kleinen Fahrradladen kaufen konnte. Schnell bauen wir ihn ein und fahren weiter, nein, wir fliehen regelrecht!

CHECKPOINTS / 21. JULI / KUDI

Hansen

»Hier müssen wir ab«, sagt Paul. Ein mulmiges Gefühl beschleicht mich, als wir auf die Straße nach Tibet fahren. Wir werden zwar mit großer Wahrscheinlichkeit abgewiesen, wollen aber dennoch 200 Kilometer bis zum ersten Checkpoint in Kudi fahren, um unser Glück auf die Probe zu stellen. »Wahrscheinlich sind wir in drei Tagen wieder hier«, antworte ich mit einem Grinsen, »aber dann haben wir es zumindest versucht!«

In Kargilik haben wir nur kurz unsere Vorräte für unseren Exkurs auf den 5200 Meter hohen Pass bei Mazar aufgestockt. Diesen Pass erklimmen wir nun, auf der Straße in das Land, für das wir keine Einreisegenehmigung haben: auf nach Tibet!

Nach 600 Höhenmetern und 60 Kilometern machen wir eine Mittagspause. Ständig begegnen uns chinesische Radfahrer, die im Gegensatz zu uns ohne Probleme an ein Tibet-Visum kommen. Vor dem Dorf, das wir noch durchqueren wollen, bevor wir uns einen Schlafplatz suchen, entdecken wir plötzlich einen Checkpoint.

Paul bremst vor mir ab: »Was jetzt?«, fragt er unsicher.

»Wie abgesprochen: ruhig drauf zu fahren, freundlich grüßen und gucken, was passiert. Aber nicht panisch abbremsen, Mann! Auffälliger geht's ja wohl nicht«, gebe ich angespannt zurück.

Zügig und zielsicher fahren wir also weiter auf den Checkpoint zu. Ein Soldat tritt heraus, wir grüßen freundlich mit »Ni *hau*« und dürfen zu unserer Erleichterung einfach passieren. Wie immer schlägt mir das Herz bis zum Hals, langsam entfernen wir uns und schauen uns an: Wir haben beide gemerkt, dass die Kontrollen hier zunehmen. Aber tun wir bereits etwas Illegales, oder sind wir nur die Einzigen, die nicht auf die chinesischen Einschüchterungsversuche hereinfallen?

»Noch haben wir nichts Verbotenes gemacht«, versucht Paul zu relativieren.

Am 21. Juli stehen wir früh auf – heute wollen wir die 80 Kilometer bis zum Checkpoint Kudi schaffen. Alles ist nass vom Tau, und ich scheitere zum ersten Mal daran, ein Feuer zu entfachen. »Heute gibt's keinen Kaffee«, teile ich Paul missmutig mit. Der Kaffee am Morgen ist ein fester Bestandteil des täglichen Rituals, und meine Ankündigung verbreitet entsprechend schlechte Laune. Als ob das noch nicht genug ist, verspüre ich ein wahnsinniges Ziehen im Kreuz, als ich mich wieder aufrichten will. Ich bleibe über dem Kocher gebückt stehen und halte mir den Rücken: »Scheiße, ich hab mich verrenkt!«, fluche ich laut.

Der Tag scheint gelaufen. Paul macht mir ein Lager in der Sonne zurecht und verpasst mir Schmerzmittel zur Entspannung. Während er Zelt und Schlafsäcke zum Trocknen auslegt, liege ich auf dem Rücken und versuche, eine bequeme Position zu finden, aber trotz der Schmerzmittel wird es nicht besser.

Nach etwa drei Stunden kann ich mich gar nicht mehr bewegen. Paul hockt stumm neben mir und starrt in die unwirkliche Landschaft, karge Berge, Sanddünen, kein Haus weit und breit. Ich sehe ihm seinen Unmut an, aber im Gegensatz zu mir lässt er ihn nicht an seinem kranken Gegenüber aus. Ich weiß ganz genau, was sein Blick bedeutet: Wenn wir Pech haben, müssen wir unseren Umweg nach Tibet vorzeitig abbrechen, um die Zeit zu sparen, die wir durch Hansens Hexenschuss verlieren. Und so kurz vor dem Ziel wäre das besonders schmerzhaft. Und er hat recht.

Also beschließe ich, aktiv zu werden, das Rumgeliege macht mich nur noch fertiger. »Paul, hilf mir, ich muss irgendwie versuchen aufzustehen, im Liegen wird es nur schlimmer.« Ich stehe auf und stütze mich gebückt, wie ein altes Männlein, auf den Lenker meines Rads. »Ahhh, so geht's besser«, seufze ich erleichtert. »Echt?«, fragt Paul ungläubig. Und dann analysiert er: »So wie du da stehst, ist das doch genau die Haltung, die du beim Fahren einnimmst.«

»Klar, lass uns einfach weiterfahren«, gifte ich zurück. Aber Moment … eigentlich könnte ich es ausprobieren. »Komm, hilf mir aufs Rad, ich will sehen, ob es geht.« Mühevoll hebe ich ein Bein über das Oberrohr, und als ich mich auf den Sattel niederlasse, kann ich es kaum glauben. »Es geht, es geht wirklich, so ist es am allerangenehmsten«, lache ich Paul zu. Während ich noch auf meinem Fahrrad entspanne, packt Paul alles zusammen. »Als ich meinen Hexenschuss hatte, hat mein Arzt mir empfohlen, mich so viel es geht zu bewegen«, erklärt er mir dabei. »Solange es nicht weh tut, ist das die beste Therapie!«

Als wir losfahren, stelle ich erneut fest: »Paul, kein Scheiß, das ist wirklich die angenehmste Haltung, nur anhalten kann ich nicht, das tut weh.« Und tatsächlich: Solange ich fahre, bin ich schmerzfrei. Nur in den Pausen schleiche ich in gebückter Haltung und vor Schmerz stöhnend umher. »Das ist Evolution«, lacht Paul. »Du bist vom aufrecht gehenden Menschen zum Radfahrer geworden!«

Langsam aber sicher nähern wir uns dem Pass, den wir überqueren müssen, um in das Tal zu kommen, an dessen Ende Kudi liegt. Die Straße nimmt immer alpinere Formen an, schlängelt sich in den abenteuerlichsten Serpentinen die unglaublichen Steilhänge hoch. Immer wieder sind Teile der Straße abgerutscht und mit fast niedlich aussehenden bunten Gebetsflaggen »gesichert«. Auf der Hangseite der Straße zeugen riesige Felsbrocken und tiefe Krater im Straßenbelag von Steinschlägen. Jeder Lkw kündigt sich vor einer unübersichtlichen Kurve mit einem langgezogenen Hupen an, sodass die Signale im ganzen Tal widerhallen. Mehrmals beobachte ich, wie voll beladene Trucks nur Zentimeter vom Abgrund aneinander vorbeifahren. Es gibt keine Leitplanken, neben dem Asphalt oder Schotter geht es teilweise Hunderte Meter senkrecht in die Tiefe, das sind Bilder, die man nur aus Märchen kennt. Je höher wir kommen, desto mehr Gipfel tauchen um uns herum auf. Die Luft wird kälter, und hinter dem Pass türmen sich bedrohlich dunkle Wolken auf. Als wir oben angekommen sind, weiß ich, warum man den Himalaja das Dach der Welt nennt. Wir sind auf über 3300 Metern, und die Gipfel, die man von unten für die höchsten gehalten hatte, werden von hier aus betrachtet von noch höher liegenden Ebenen umschlossen, die wiederum am Fuß noch höherer Berge liegen. Vom Pass aus schauen wir in das Tal, in das sich die Straße in waghalsigen Serpentinen hinabschlängelt. Sie führt durch senkrechte Felswände. Es ist mir unerklärlich, wie man diese Straße dort hineingraben konnte. Wir beschließen, auf dem Pass zu übernachten, um uns für die noch höheren Pässe hinter Kudi zu akklimatisieren. Gerade als wir unser Zelt auf der alten unbefahrenen Passstraße aufschlagen wollen, bricht ein Hagelsturm aus dem Himmel. In wenigen Sekunden, noch bevor wir sie mit den Überzügen sichern können, sind unsere Gepäcktaschen durchnässt. Kurzerhand fahren wir ab, um in dem wärmeren Tal einen trockenen Platz zu finden – eine ziemlich gefährliche Idee, wie sich herausstellen sollte: Die Abfahrt zieht sich über 20 anstrengende Kilometer und wie schon am Toktogul-Pass in Kirgisistan frieren mit schier die Finger ab.

Während der Abfahrt bremst man durchgehend, und die Hand wird so steif, dass man den Lenker kaum noch halten kann und alles Gespür verliert. Aber noch schlimmer sind die Felsbrocken, die sich durch den Regen aus den Felswänden lösen. Ständig kullern kopfgroße Steine über die Straße oder fallen von den Überhängen und bleiben mit einem dumpfen Schlag liegen. Mitunter riecht man sogar noch den Aufprall der Felsen auf dem Asphalt – ein rauchiger Duft, der entsteht, wenn Steine gegeneinander gerieben werden. Wir versuchen, uns von den Wänden fernzuhalten, aber auch das schützt uns nicht. Völlig unvorhersehbar rollt direkt vor uns tosend eine Lawine aus Schlamm und Geröll über die Straße. Hätte sie uns erwischt, währen wir mitsamt Rädern in den Abgrund gespült worden. Wo eben noch der grasige Hang war, klafft jetzt ein Loch, der ganze Hang ist einfach abgerutscht. Mein Herz rast, ratlos und ängstlich schaue ich zu Paul, der hinter mir auffährt. Wir sind sprachlos und gelähmt. Die zähe Masse aus Geröll und Schlamm fließt langsam in den Abgrund ab. Als sie Minuten später zum Stillstand kommt, nutzen wir die Gelegenheit und tragen unsere Räder schnell hindurch. Wir fahren schnell weiter, je weniger Zeit wir auf dieser Straße verbringen, desto sicherer. Aber die herabgestürzten Steine, teilweise richtige Felsen, sind manchmal schwer zu umfahren. Wir sind froh, als wir die Felswände hinter uns lassen und die Serpentinen uns über gemächlichere Hänge ins Tal bringen. Als wir unten ankommen, blicken wir zurück und der eben noch sichtbare Pass ist in einem Mantel aus Wolken und Nebel verschwunden, wie ein Traum, an den man sich nur noch vage erinnern kann. »Jetzt weiß ich, warum da keine Lkw gefahren sind, die wissen, dass man bei Regen in Lebensgefahr schwebt«, sagt Paul und pustet in seine kalten Hände.

Wir öffnen unsere durchnässten Jacken und lassen sie vom Fahrtwind trocken föhnen. Weiter unten im Tal finden wir einen traumhaften Platz am Fluss: eine von einer Herde Kühe gemähte Wiese, umgeben von einer Felswand mit einer Höhle darin, die uns bei Regen Schutz bieten kann. Wir waschen uns in dem kleinen Becken am Fuß der Felswand. Ich kann noch immer nicht gerade stehen. »Aber es wird langsam besser«, versichere ich Paul, der mich besorgt anschaut.

Der 22. Juli beginnt voller – im Rückblick – naiver Hoffnung und endet mit einem zerschlagenen Traum. Weil es meinem Rücken nicht viel besser geht, machen wir uns erst gegen Mittag auf zum alles entscheidenden Checkpoint. 30 Kilometer und 500 Höhenmeter trennen uns noch von der Gewissheit, für die wir, wenn wir Pech haben, einen Umweg von fast 400 Kilometern fahren. Wir sind nervös, die Stimmung ist angespannt. Konzentriert und wortlos fahren wir das Tal nach Kudi hinauf. Die Landschaft ist karg, nur ein schlammiger Fluss durchzieht das Tal, das von senkrechten Felswänden umschlossen ist. Auf halber Strecke treffen wir einen Wanderer, der uns eine fast unglaubliche Nachricht bringt. *»You just passed Kudi Checkpoint right there«*, sagt er und deutet auf die Militärkaserne, die wir eben passiert haben. Er ist sich sicher, aber wir wissen aus vielen verschiedenen Quellen, dass es bis Kudi noch etwa 20 Kilometer sein müssen. Trotzdem überkommt mich ein warmes Glücksgefühl. Aber wir sollten vorsichtig sein. »Falls er recht hat, sind wir schon im Sperrgebiet und sollten uns auf keinen Fall direkt als Europäer zu erkennen geben, vielleicht ist der Checkpoint verlegt worden und wir haben tatsächlich Glück?«, sage ich und ziehe mir mein Halstuch bis über die Nase. Voller Hoffnung und Anspannung fahren wir weiter. Ständig passieren uns Militärkolonnen, wir versuchen unser Gesicht zu verstecken, aber wie sich herausstellt – alles umsonst, der Wanderer lag falsch, und Kudi kommt erst noch.

Wir erkennen die Kontrolle aus Beschreibungen aus dem Internet. »Das ist es«, sage ich steif vor Aufregung und zeige auf ein kleines Dorf in einer Schlucht, das links von einem reißendem Gebirgsbach, rechts von senkrechten Felswänden eingerahmt ist. Der angeblich härteste Checkpoint in ganz Tibet liegt nicht ohne Grund hier, er ist unmöglich zu umschleichen. Zielstrebig fahren wir in das Dorf hinein. Der erste Checkpoint ist, wie im Internet beschrieben, unbesetzt. Hinter der letzten Kurve im Dorf kommt der zweite.

Wir haben alles am Morgen schon einmal durchgespielt. Falls die Schranke geöffnet ist, werden wir als Erstes versuchen, einfach langsam aber zielstrebig durchzufahren. Als ein Lkw passieren will, versuchen wir direkt dahinter mit hindurchzuwitschen, aber ein mit Maschinengewehr bewaffneter Soldat versperrt uns den Weg. Auch der auf dem Wachturm positionierte Soldat gibt uns zu verstehen, wir sollen absteigen. Einer der Soldaten geleitet uns in die Station. Wie besprochen, hole ich die Ausweise wie zufällig zusammen mit unserem gesamten Bargeld heraus, die Soldaten sollen sehen, dass wir zahlungsfähig sind, falls sie bestechlich sein sollten. Als sie uns zu verstehen geben, dass unser Visum nicht für Tibet gültig sei, und wir ein Alien Permit brauchen, stelle ich mich wie geplant blöd und frage, was so ein Permit denn kostet. Mir schwitzen die Hände, denn ich weiß, dass das Ganze auch als Bestechungsversuch verstanden werden kann (was es ja auch ist), und der, haben wir ebenfalls im Internet gelesen, kann Gefängnis oder Schlimmeres zur Folge haben.

Der Soldat lässt sich nicht beirren, lacht und wedelt ablehnend mit den Händen. »Das kann man nicht kaufen, das bekommen nur Chinesen oder Touristen mit chinesischem Guide«, gestikuliert er. Natürlich wussten wir das, aber wir wollten nichts unversucht lassen. Ich bin verzweifelt und den Tränen nahe. Am liebsten würde ich ihn am Kragen packen und sagen: »Hör zu, du Pappkamerad – wir sind 7000 Kilometer aus Deutschland hierhergefahren, um dieses sagenumwobene Land zu sehen. Jetzt lass uns verdammt noch mal rein!« Aber natürlich halte ich die Klappe und schlucke nur den dicken Kloß herunter, der in meinem Hals steckt. Da sitze ich, 200 Kilometer und insgesamt drei Tagestouren abseits unserer Alternativroute im Himalaja und scheitere an den unnachgiebigen Grenzsoldaten. Während Paul so tut, als ob er telefoniert, aber in Wirklichkeit mit seiner Handykamera den Checkpoint ausspioniert, sitze ich einfach nur da und versuche zu begreifen und verdauen, dass wir gescheitert sind. Ein letzter Funken Hoffnung keimt auf, als wir erneut nach den Ausweisen gefragt werden, aber nur wenige Minuten später bekommen wir sie mit der Bitte zurück, den Checkpoint zu verlassen.

Resigniert, niedergeschlagen und deprimiert schieben wir die Räder zurück ins Dorf. »Jetzt bleibt uns nur noch die illegale Möglichkeit, die Räder über den angrenzenden Bergkamm zu tragen, aber das sind echte Kletterpfade, da dürfen wir uns keine Fehler leisten«, sagt Paul vorsichtig, wie um anzutesten, ob ich dazu bereit wäre. Wäre ich, aber es macht einfach keinen Sinn. Dafür müssen wir im abgehenden Tal bis auf einen 4200 Meter hohen Pass schieben, wir müssten die Strecke mehrfach gehen und das Gepäck aufteilen, eine Aktion von mehreren Tagen. »Abgesehen von dem tagelangen Aufwand. Überleg doch mal: Wir müssten die nächsten zwei Monate unserer Tour immer auf der Hut sein, keine Einladung annehmen, versteckt übernachten und nur in kleinen Dörfern anhalten. Die ersten Tage bis hinter den Checkpoint bei Mazar dürften wir nur nachts fahren, und unser Visum müssten wir als illegale Migranten in Lhasa verlängern, ein fast unmögliches Vorhaben«, rede ich Paul ins Gewissen, der eigentlich selbst längst weiß, wie unmöglich dieser Plan ist. Trotzdem überredet er mich dazu, uns zumindest den Weg über den Kamm anzusehen. Wir frischen im Dorf noch unseren Proviant auf und treffen dort zufällig einen chinesischen Radfahrer, der uns eine »inoffizielle Adresse« in Yecheng (Kargilik) gibt, wo wir eventuell ein Permit bekommen können. Als wir in das abgehende Tal einbiegen, müssen wir schon nach drei Kilometern feststellen, dass unsere letzte Chance, der Weg über den Berg, durch eine fast senkrechte, etwa 20 Meter hohe Felswand versperrt ist. Wir hatten sie auf den Karten übersehen.

»Wir müssen es akzeptieren, Hansen. Lass uns zurück nach Kargilik fahren und dort als letzten Versuch zu dieser geheimen Adresse gehen.« Ich nicke stumm und schaue auf die schneebedeckten Berge. Auch Paul starrt regungslos das Tal hinauf und schluckt. Minuten vergehen, keiner sagt etwas. »Wenn mich diese Tour eins gelehrt hat, dann dass man nicht einfach so reisen kann«, unterbreche ich nach einiger Zeit die Stille. »Die Welt ist voller Grenzen, die es einem verbieten, sie ganz zu bereisen. Keiner kann einfach eine Weltreise machen. Die romantische Idee, hingehen zu können, wohin man will, ist absolut naiv. Dabei ist es doch ein und derselbe Planet, verdammt! Eine Weltreise ist nur eine Aneinanderreihung von Erlaubnissen oder Verboten anderer, das hat mit Selbstbestimmung nichts zu tun!«

Wieder Stille. Wir beschließen abzufahren, zurück zu dem Schlafplatz, an dem wir heute Morgen aufgebrochen sind. Dieselbe Strecke zurückzufahren, ist fast unerträglich. Ständig verschwimmt mir die Sicht vor Traurigkeit. Je weiter wir abfahren, desto definitiver ist die Entscheidung: Wir werden unseren Traum nicht verwirklichen und nicht durch Tibet, vorbei am K2 und Mount Everest nach Lhasa fahren, sondern stattdessen durch die Taklamakan-Wüste, über Sichuan nach Chengdu. Der allerletzte Funken Hoffnung ist das inoffizielle Visabüro. Aber als wir zwei Tage später zurück in Kargilik sind, ist auch der verflogen. Als Paul sich vor dem Schalter stehend zu mir umdreht und den Kopf schüttelt, nachdem er mit dem Visaberater gesprochen hat, bin ich seltsamerweise erleichtert. Es ist endgültig. Wir haben alles versucht. Jetzt können wir guten Gewissens eine andere Strecke fahren. Goodbye Tibet.

Film ab!

DIE WÜSTE
Kargilik bis Golmud

SAND / 24. JULI / KURZ NACH KARGILIK

PAUL

Als wir Kargilik zum zweiten Mal verlassen – diesmal in Richtung Wüste, fühle ich, wie die Unsicherheit der letzten Tage an meinen Reserven gezehrt hat. Die körperliche Anstrengung war die eine, gut zu bewältigende Seite, die nervliche Anspannung war grenzwertig. Wir haben von vielen Seiten aufmunternde Nachrichten bekommen, und besonders eine E-Mail meiner Schwester Lilli hat mir sehr geholfen, mich mit der »Alternativroute« anzufreunden. Sie schreibt: »Alleine, dass ihr es trotz aller ›Das geht nicht‹ versucht habt, spricht für euch! Ihr seid Träumer und Kämpfer, und das wird euch bis nach Shanghai und auch sonst im Leben weit bringen. Und ihr werdet auf der anderen Route Dinge erleben, die ihr später nicht missen wollt! Also ist alles richtig. Ihr seid so oder so auf eurem Weg.« Ich habe plötzlich das Gefühl, wieder zu wissen, warum ich eigentlich auf dem Rad sitze.

»Von Berlin nach Shanghai mit dem Rad«, murmele ich vor mich hin. »Was?«, brüllt Hansen von hinten. »Von Berlin nach Shanghai mit dem Rad«, wiederhole ich lauter, und Hansen nickt nur: Er weiß genau, an was ich gerade gedacht habe.

Schlagartig endet die Oase um Kargilik, und vor uns erstreckt sich so weit das Auge reicht ein karger, graugelber Sandboden. Die Straße verschwindet am Horizont in dem staubigen Dunst, der seit dem letzten Sandsturm die gesamte Gegend verhüllt. »Das wird kein Zuckerschlecken«, sagt Hansen und zieht sich sein Abenteuertuch bis auf die Nasenwurzel hoch. Seines ist rot-weiß kariert, meines ist blau mit weißen Punkten. »Abenteuertücher« heißen sie, weil wir sie als kleine Kinder von unserem Opa, dem Seemann, geschenkt bekommen haben. »Die sollen euch auf all euren Reisen begleiten«, sagte er und fügte schelmisch hinzu: »Außerdem kann ich euch so besser auseinanderhalten.« Meines ist immer noch dasselbe von damals, es hat mich nach Australien, Thailand, nach Honduras und überallhin begleitet, wie ein kleiner gepunkteter Schutzengelflügel. Hansen hat seines verloren, als wir einmal auf der Nordsee mit der Segelschule in Seenot geraten sind. Am nächsten Tag, als es wieder windstill war, haben wir stundenlang danach gesucht, aber natürlich nichts gefunden. Vor der Reise nach Shanghai hat ihm seine Exfreundin Rike ein neues genäht. So gut, wie er darauf aufpasst, muss auch das zweite Abenteuertuch für ihn eine ganz besondere Bedeutung haben …

Die Wüste ist unerbittlich. Es ist zu heiß zum Radfahren, zu heiß zum Essen, zu heiß zum Reden … Wir quälen uns durch 47 Grad, Schatten gibt es weit und breit nicht. Gegen die heiße Mittagsluft anzufahren, ist Harakiri.

Den ganzen Tag fahren wir durch karges, verlassenes Gebiet. Der Wind bläst mit ruhiger, konstanter Kraft gegen unsere Fahrtrichtung. »Warum, womit haben wir das verdient, du Arschloch, kannst du nicht auch von hinten blasen?«, frage ich ihn, worauf er meist mit einer starken Böe oder staubigen Windhose zurückschimpft. Wir nehmen uns vor, von jetzt an früh morgens zu fahren, bis wir ein winziges bisschen Schatten in Form eines trockenen, blätterlosen Baumes gefunden haben, und dort bis zum Nachmittag zu pausieren, bis die Luft ein wenig abkühlt. Auf die Art kommen wir sehr gut voran, gestern haben wir mit 200 Kilometern und zwei Metern unseren bisherigen Tagesstreckenrekord aufgestellt. Nichts wie durch hier, lautet die Devise. Unser kostbarstes Gut in dieser gottverlassenen Gegend sind die 40 Liter Wasser, die wir uns in Fünfliter-Kanistern hinter den Sattel, in die Lowrider-Taschen am Vorderrad und in die Getränkehalter geschnallt haben. Zwar kreuzen wir ab und zu Schlammbäche, die den Regen aus den anliegenden Bergen in die Wüste tragen und am Horizont versanden, aber daraus trinkbares Wasser zu gewinnen ist viel Arbeit. Man muss das Wasser in einen Kanister füllen, warten, bis sich der Schlamm gesetzt hat, vorsichtig umgießen, und diese Prozedur mehrfach wiederholen, bis es einigermaßen klar ist.

Am nächsten Tag strampeln wir wie immer stumm und apathisch vor uns hin, als plötzlich jemand direkt neben mir mit russischem Akzent »*Hello*« brüllt. Ich erwarte Hansen und schaue erstaunt nach links, als neben mir ein wüstenvermummter Radfahrer auftaucht. Der Radler stellt sich als Sergeij aus Novosibirsk vor, sein Bruder Konstantin und ein Freund ziehen gerade nach. Wir fahren eine Zeitlang in einer großen Gruppe und tauschen Reiseerlebnisse aus. Sergeij, Konstantin und ihr Freund sind die ersten Radfahrer seit Langem, die wir treffen, die ihre Tour ähnlich abenteuerlich durchziehen, nämlich ausschließlich zelten und versuchen, die entferntesten Regionen zu durchfahren. Nach einer kurzen Pause verabschieden sie sich und fahren weiter, da sie stark unter Zeitdruck sind und nur noch fünf Wochen für die gesamte Strecke haben. Da wir nach der Pause gegen einen starken Wind anfahren müssen, fahren Hansen und ich im Windschatten des anderen, immer 20 Kilometer im Wechsel. Wir fahren dabei nicht mehr als zehn Zentimeter vor- bzw. hintereinander, während der Hintere seine Kräfte sammelt, schneidet der Vordere eine Schneise durch den Wind. Nur eine Stunde später preschen wir wieder an den drei Russen vorbei, die nebeneinander gegen den Wind ankämpfen. Wir erklären ihnen noch unsere Windschattentechnik, bevor wir uns endgültig verabschieden, denn wir wollen noch ein paar Kilometer dranhängen, während die drei Sibiren ihren Schlafplatz direkt hinter der Stadt aufschlagen.

Als auch wir endlich unser Zelt aufgeschlagen haben, sind wir erschöpft. 130 Kilometer gegen den Wind bei brütender Hitze. Wir waschen uns mit etwas schlammigem Wasser aus dem Dorf und essen zu Abend. Gerade als wir schlafen wollen, hören wir einen irren Knall. Was zum Teufel war das? Hier ist doch weit und breit überhaupt nichts. Wir kriechen aus dem Zelt. Im Dämmerlicht sehen wir, dass etwa 200 Meter weiter die kilometerlange Hochspannungsleitung aus unerfindlichen Gründen gerissen ist. Nach und nach verliert das Kabel an Spannung, zieht sich von Mast zu Mast aus den Isolatoren und schleift, gefolgt von einer Staubwolke, über den Boden. Die Masten wackeln bedrohlich, bleiben aber stehen. Aus sicherer Entfernung beobachten wir die Abendvorstellung. »*Never lean on anything in China*«, wiederholt Hansen die Worte von Rob, einem in Hanshou lebenden Amerikaner, den wir in Kashgar getroffen haben.

Ein paar Tage später sind wir schon in Qiemo und haben einen großen Teil der meist unspektakulären Wüste gemeistert. In den Nächten schlafe ich schlecht. Mehrfach wache ich auf, weil ein starker Wind am Zelt reißt und rüttelt. Wenn wir um sechs Uhr aufstehen, sind unser Zelt und die Räder mit einer dicken Staubschicht bedeckt und meine Augen brennen. Fast jede Nacht tobt ein Sandsturm und nichts wird dabei verschont, der Schlafsack, die Taschen, einfach alles. Angeekelt huste ich auch heute grauen Schleim aus und versuche, meine verstopfte Nase vom Staub zu befreien. Wir fahren los, kommen aber nicht weit. Wieder versinkt die Straße unter einer dicken Sandschicht. Aber diesmal ist es anders.

»Guck, Paul, die Straße scheint überhaupt nicht weiterzugehen. Hier ist Ende!«, ruft Hansen.

»Das kann nur ein schlechter Witz sein«, antworte ich aufgeregt.

Doch der Fahrer eines Jeeps bestätigt unsere Vermutung. Die Straße nach Ruoqiang wäre schon in Qiemo, also vor 80 Kilometern abgegangen, diese Straße ist die alte Seidenstraße und wird nicht mehr verwendet, sie ist selbst mit Jeep streckenweise nicht befahrbar, weil sie durch weichen Sand führt.

»Aber das kann doch nicht sein!«, ruft Hansen verärgert. »Auf der Karte ist sie noch als asphaltierte Hauptverkehrsstraße eingezeichnet!« Wir sind verzweifelt, aber egal, wen wir auch fragen, alle sagen uns, wir müssen die 80 Kilometer zurück und danach die neue Straße nehmen.

»Das bedeutet, wir sind den ganzen letzten Tag falsch gefahren?«, wüte ich. »Wir müssen 80 Kilometer gegen den Wind zurück? Wer hat eigentlich diese beschissene Karte gemacht? Erst stimmen die Kilometerangaben um mehr als 15 Prozent nicht, dann zeichnen die Idioten eine Sandpiste als die einzige Hauptverkehrsstraße ein, die durch die Wüste führt. Welcher Scheiß-Azubi hat denn diesen Teil der Karte verbockt?!« Wirklich, ich könnte heulen.

»Dein Azubi hat die Straße einfach gegoogelt«, sagt Hansen mit Blick auf sein iPhone, »Google hat den gleichen Fehler drin, da geht die 319 auch genau hier lang«, sagt er und deutet auf den Sand unter sich, in den sein Vorderrad gute 20 Zentimeter eingesunken ist.

So langsam erklärt sich einiges. Die letzten Brücken waren alle nur für maximal zehn Tonnen ausgelegt, stundenlang haben wir keine Autos und erst recht keine Lkw gesehen, die Straße ist eine Sackgasse für alle, die keine All-Wheel Drives haben. Wir beschließen, uns auf den Rückweg zu machen, ab jetzt wieder 80 Kilometer gegen den geliebten Wind, um heute Abend dort zu sein, wo wir vorgestern um elf Uhr schon mal waren. Hundsdeprimierend. »Ich schreibe den Kartenmenschen einen Brief, die sollen mir 10000 Euro Schmerzensgeld zahlen«, schimpft Hansen leise und steigt auf sein Rad.

DER STURZ / 5. AUGUST / HINTER QIEMO

Hansen

Je eintöniger die Wüste, desto mehr finden wir Dinge, mit denen wir uns ansonsten beschäftigen können. Seit Tagen sind wir mal in der Theorie, mal in der Praxis damit beschäftigt, den perfekten Ofen samt Ofenrohr zu bauen, zählen Kamele und feilen daran, unsere Fahrtechniken zu verfeinern. Das Windschattenfahren treiben wir auf die Spitze, indem wir in ziemlich hohem Tempo beinah Hinterrad an Vorderrad fahren und auf diese Weise gut vorankommen. Der Leidtragende ist dabei immer der Voranfahrende, der nicht nur den Wind, sondern auch den Sand abfangen muss. Des einen Leid, des anderen Freud – dass man nicht immer alles gleichzeitig haben kann, haben wir mittlerweile gelernt, und dass die Rollen immer wieder neu verteilt werden, auch. Im Moment bin ich der Glückliche.

Nach einer Weile begegnet uns ein Motorradfahrer, der seinen Blick nicht mehr von uns abwenden kann. So dicht, wie wir fahren, müssen wir aussehen, wie ein voll bepacktes Tandem, eine Art Fahrradkamel. »O nein, jetzt ist er in den Graben gefahren!«, ruft Paul mir über die Schulter zu. Ich lasse mich zurückfallen. Tatsächlich, der Typ ist von der Fahrbahn abgekommen und hat sich auf die Schnauze gelegt. Glücklicherweise ist er langsam gefahren, und als wir umkehren wollen, um ihm zu helfen, hat er sein Motorrad schon aufgerichtet und fährt weiter. Das Gleiche passiert einem Autofahrer direkt vor uns nur zwei Stunden später, erneut geht alles gut. »So langsam frage mich, ob wir das verantworten können, hier einfach so auf zwei Rädern entlangzufahren«, lacht Paul. »Auch so eine Sache, die wir zählen könnten«, witzle ich. Wir fahren weiter, und nach 10 Kilometern gibt mir Paul das Zeichen zum Wechsel. Heute Morgen haben wir bereits einen neuen Sprint-Rekord aufgestellt: 70 Kilometer in zwei Stunden. Wenn wir jetzt noch einen weiteren Sprint einlegen, können wir der Mittagshitze mit einer wohlverdienten und ausgiebigen Pause entfliehen.

Plötzlich ein lautes Krachen direkt hinter mir. Schon bevor ich hinschaue, weiß ich, was passiert ist. Das war kein Motorrad, kein Autofahrer, das war Paul, den ich eben erst überholt habe. Ein Sturz bei vollem Tempo! Tausend Gedanken schießen mir durch den Kopf. Wie konnten wir so unvorsichtig sein, was passiert da? Ich schaue über meine Schulter und sehe, wie Paul bei voller Geschwindigkeit neben seinem Fahrrad über den Asphalt fliegt, das Vorderrad ist zur Seite weggerutscht. Das Rad fällt auf ihn drauf. Paul und das Rad schleifen noch etwa fünf Meter über die Straße. Mir bleibt die Luft weg. »Paul!«, schreie ich, »Paul!« Ich bin vollkommen außer mir. Ich halte an, lasse mein Fahrrad fallen und renne zu ihm hin, aber bevor ich ihn erreichen kann, sehe ich, wie er unter dem Rad hervorkriecht und sich aufrecht hinsetzt. Als er mein Gesicht sieht, sagt er: »Alles okay, ich hab noch mal Glück gehabt.« Aber das sieht mir nicht so aus. Er ist käseweiß im Gesicht, und seine Augen flackern unruhig umher. Sein Oberkörper wippt leicht auf und ab. Ich sehe, wie sich sein T-Shirt am Rücken blutig färbt. »Paul, du bist nicht okay, da ist überall Blut«, schreie ich. Paul scheint in einem Schockzustand zu sein. Als er auf sein rechtes Knie schaut, das inzwischen völlig blutüberströmt ist, scheint es so langsam in seiner Schaltzentrale anzukommen. »Scheiße, Hansen«, sagt er weinerlich, »hoffentlich hab ich mir nichts gebrochen.« Ich entdecke immer mehr Schürf- und Schnittwunden, die ihm der ausgerechnet hier besonders grobe Asphalt tief in die Haut gerissen hat. Rechter Handballen, Ellenbogen, Schulter und Knöchel haben Schnitte. Der ganze rechte Arm ist verschrammt, ein dickes Loch klafft über dem Hüftknochen. Am Schlimmsten hat es das rechte Knie erwischt. Direkt über der Kniescheibe und der darunterliegenden Sehne sind zwei Schürfwunden, die aus mehreren wie mit einem Käsehobel geriebenen, tiefen Furchen bestehen. Plötzlich ruft er: »Hansen, das Adrenalin lässt nach, der Schmerz kommt, Hansen, schnell, hol das Desinfektionsmittel und die Schmerzmittel!«, schreit er mich an. Das Erste-Hilfe-Set haben wir glücklicherweise immer gut erreichbar in einer Außentasche verstaut, sodass es keine zehn Sekunden dauert, bis ich es habe. Mit einer in Wasserstoffperoxid getränkten Kompresse reibe ich Paul mehrmals fest durch die größten Wunden, solange der Adrenalinschub noch anhält, danach wird es nur noch mehr weh tun.

»Hast du dir was gebrochen«, frage ich aufgeregt und voller Angst vor der Antwort. Es wäre nicht das erste Mal, dass sich

Paul etwas bricht und bei so einem Sturz nicht gerade unwahrscheinlich. »Ich hoffe nicht«, antwortet Paul und überprüft vorsichtig seine Gelenke. »Nein, es scheint nur oberflächlich zu sein, keine Brüche«, sagt er und legt sich langsam auf den Rücken. Er zittert jetzt am ganzen Körper. Sorgsam verbinde ich seine Wunden. Das Letzte, das wir gebrauchen können, ist eine Entzündung, damit wäre die Tour gelaufen. Mit zusammengebissenen Zähnen erträgt Paul, wie ich die Fettgaze und Kompressen auf die Schürfwunden lege und mit viel Druck abbinde. Aus seiner Hüfte muss ich einen Kieselstein entfernen, der sich tief unter die Haut geschoben hat. »Du siehst aus wie ein Flickenteppich«, versuche ich ihn aufzuheitern.

Paul kann nicht lachen. Er zittert immer noch. »Mir ist kalt«, sagt er. Und das mitten in der brütenden Hitze. Ich drehe ihn vorsichtig auf die Seite und decke ihn mit einem Schlafsack zu. »Wir müssen ins Krankenhaus«, denke ich laut. Die Hüfte muss bestimmt genäht werden, mindestens professionell desinfiziert, vielleicht sogar geröntgt. Ich versuche, das einzige vorüberfahrende Auto anzuhalten, aber erfolglos. Der Fahrer ignoriert die Situation einfach und fährt vorbei. »Arschlöcher«, fluche ich leise vor mich hin. Während Paul eingeschlafen ist, mache ich mich daran, sein Rad zu reparieren und den Unfallhergang zu rekonstruieren. Glücklicherweise scheint auch das Rad den Unfall ohne große Schäden überstanden zu haben.

Der Lenker ist leicht verbogen und verkratzt, die Taschen sind halb aufgerissen, der Sattel aufgeplatzt und ein paar Halterungen sind abgebrochen – alles nicht weiter schlimm und leicht zu reparieren. Das Meiste hat die Outdoor-Kamera abgekriegt, die an einer Halterung über dem Vorderrad montiert ist. Und wenn ich mir das genauer anschaue, wird mir auch klar, wie dieser Unfall überhaupt passieren konnte. Ich laufe wie ein Detektiv die Sturzstelle ab und versuche, die Schäden am Rad und an Paul mit den Spuren auf dem Boden zu kombinieren. Nach kurzer Bedenkzeit präsentiere ich dem gerade aufgewachten Paul meine Theorie: »Das Display der Kamera ist quasi abgehobelt. Das Stativ muss sich gelöst haben und ins Vorderrad gekommen sein. Die Kamera wurde beim Sturz vom Stativ zwischen Rad und Boden gedrückt. Das Vorderrad hat dann zwar blockiert, aber es ist auf der Kamera über den Boden gerutscht, auf dem glatten Display. Ich hab dich ja über meine Schulter noch stürzen sehen, und du bist nicht über das Rad, sondern neben dem Rad vorbeigeflogen. Ich vermute, das Vorderrad ist auf der Kamera weggerutscht und du bist dadurch relativ sanft auf den Boden geglitten, anstatt im hohen Bogen über den Lenker zu fliegen, wenn ich das mal so ausdrücken darf. Deswegen hast du auch nur auf einer Seite Schürfwunden, dein Helm ist intakt, und der Aufprall war nicht so heftig, als dass du dir etwas hättest brechen können. Das Fahrrad hat sich danach auf der Straße verkeilt und überschlagen, daher die Schäden rundum.«

»Wahnsinn, Hansen. An dir ist echt ein Ermittler verloren gegangen. Das macht alles total Sinn.« Trotz seiner schmerzhaften Beteiligung an dem eben geschilderten Ereignis ist Paul froh über meine Recherche. Während der nächsten fünf Stunden schläft er, und ich repariere die Schäden und halte immer wieder nach einem Auto Ausschau, das uns ein Stück mitnehmen könnte. Nichts. Nur mit dem Wetter haben wir Glück, denn die Wolken bieten uns den nötigen Schatten, um hier nicht auch noch einen Sonnenstich zu bekommen.

Als hätte er die letzten fünf Stunden über nichts anderes nachgedacht, ruft Paul plötzlich von seinem Krankenlager zu mir herüber: »Das macht alles Sinn, Hansen. Nur so ist zu erklären, dass ich mir bei einem Sturz bei 40 Stundenkilometern keinen Bruch, sondern nur ein paar Wunden und Schrammen zugezogen hab. Da hab ich echt Schwein gehabt.« Er richtet sich vorsichtig auf und bleibt gekrümmt auf einem Bein stehen. Da an Trampen nicht zu denken ist, wollen wir versuchen, bis zur nächsten Düne zu fahren und dort unser Lager aufzuschlagen. Weil die Schürfwunden an seinem rechten Knie spannen, kann Paul nur mit dem linken Bein treten, während er das rechte leicht abgespreizt hängen lässt. Auch wenn die Situation etwas Tragisches hat, ich kann mir ein Lachen nicht verkneifen. »So sieht also ein humpelndes Fahrrad aus«, sage ich. »Schnauze, Hansen«, schimpft Paul, muss aber selbst lachen.

Wir schaffen es bis zur Düne, wo der geflickte Paul nun in der Abendsonne sitzt und ich das Nachtlager vorbereite. »Was wünschst du dir zum Essen?«, frage ich meinen Patienten und weiß bereits genau, was er antworten wird. Und da kommt es schon: »Springforelle mit Mandelkernsoße«, sagt er im Tonfall des kleinen Tigers von Janosch. »Sag doch Reis mit Brühwürfeln«, antworte ich fast ebenso zitatgetreu, denn etwas anderes haben wir eh nicht.

»Wir müssen wieder jeden Morgen unsere Taschen, Bremsen und das Stativ überprüfen. Wir sind in letzter Zeit nachlässig geworden«, sage ich, während wir den Reis in uns hineinschaufeln.

»Das war eine Warnung, die ich verstanden habe. Wir haben so ein Schwein gehabt«, sagt Paul. Schmatzende Pause.

»Stell dir nur mal vor, das Ganze wäre fünf Minuten eher passiert, als du noch vor mir Windschatten gefahren bist«, sage ich. »Nicht auszudenken …«

Paul wird nachdenklich. »Hansen … danke für alles«, sagt er leise.

»Ist doch Ehren…«

Paul unterbricht mich: »Nein, alles, meine ich. Nicht nur das heute. Du weißt genau, was ich meine …«

»Ja, und du weißt, dass meine Krankenpflegergeduld spätestens morgen zu Ende ist. Also halt die Klappe und genieß es.«

Aber Paul lässt sich nicht so einfach aus dem Konzept bringen. »Ich bin so froh, dass ich das alles hier mir dir zusammen mache. Ehrlich. Niemand anderes hätte heute so cool reagiert. Und niemand hätte innerhalb von fünf Stunden alles wieder repariert.«

»Doch.«

»Wer denn?«

»Du natürlich, du Dummkopf!«

DIE KUR / 8. AUGUST / WASHIXIAXIANG

PAUL

Weil ich nur auf dem Rücken liegen kann, schlafe ich schlecht. Als um vier Uhr dreißig der Wecker klingelt, bin ich froh. Nach dem Frühstück stellen wir uns auf die Straße und versuchen zu trampen. Wieder stehen wir Stunden da, bis uns endlich gegen neun Uhr ein Lkw mitnimmt. 80 Kilometer weiter steigen wir in Washixiaxiang aus, um neues Verbandszeug und Desinfektionsmittel zu kaufen. Zwar kann mir der junge Apotheker nur mit zu kleinen Pflastern und in einer Schublade lagernden, unverpackten Mullbinden weiterhelfen, ist aber unglaublich nett und hilfsbereit, als er sieht, dass das für mich nicht ausreicht. Der Junge – älter als 18 ist der bestimmt nicht – bringt mich kurzerhand zum lokalen Krankenhaus und erklärt dem Arzt die Lage. Der versorgt daraufhin professionell all meine Wunden mit einer Engelsgeduld und das ohne jede Bezahlung! Er lacht freundlich, fast schüchtern, als ich mich mit meinem plumpen »*Sche Sche Ni*« und ein paar ungelenken Verbeugungen von ihm verabschiede.

Der Apotheker hat die ganze Zeit über geduldig gewartet und bringt mich zurück zu Hansen, der wieder von einer Traube neugieriger Menschen umringt ist, die sich gegenseitig mehr oder minder fachmännisch unsere Ausrüstung erklären. Hansen ist froh, mich zu sehen und springt erwartungsvoll auf. »Alles super«, sage ich. »Die Wunden sehen gut aus, kein Dreck oder Infektion, meint der Arzt. Ich schätze, wir können in zwei Tagen einen vorsichtigen Versuch starten, weiterzufahren, mit viel Glück geht's morgen schon!«

Als wir uns gerade auf den Weg machen wollen, kommt uns der Arzt mit zwei Melonen entgegengelaufen. Er habe vergessen zu sagen, dass Paul die Bandagen alle zwei Tage wechseln soll, gibt er uns zu verstehen. Und dass wir langsam machen sollen. Er schenkt uns die riesigen Melonen und wünscht uns viel Glück. Was für ein toller Kerl. Wir verabschieden uns und finden keine zwei Kilometer hinter dem Dorf einen schattigen Strand an einem kleinen Fluss. Hansen ist aus Solidarität, oder um sich lustig zu machen, die Strecke auch nur mit einen Bein gefahren. Am Strand verspeisen wir die Wassermelonen und legen eine Kur ein. »Du musst wieder fit werden«, sagt Hansen. »Außerdem tut es gut, in dieser Oase zu sein. Endlich mal keine Wüste …«

»Ja«, sage ich entspannt, lege mich auf den Rücken und schließe die Augen. Ich höre das Wasser rauschen und schlafe ein.

Als ich am 7. August aufwache, ist es schon fast mittags. Obwohl die Sonne scheint, haben die Bäume so lange Schatten auf unser Zelt geworfen, dass man ohne Schweißausbrüche bis jetzt schlafen konnte. Ganz gemütlich stehen wir auf und genießen den späten Start in den Tag. »Scheiße«, sagt Hansen auf einmal, und deutet ins Vorzelt. Unter seinem Schuh, den er gerade angehoben hat, liegt ein kleiner Skorpion und streckt ihm aggressiv seine Scheren entgegen. »Da haben wir aber Glück gehabt, wir müssen echt besser aufpassen!«

Vorsichtig heben wir den unangenehmen Zeitgenossen mit einem Stock an und setzen ihn in einen aufgeschnittenen Plastikkanister. Aus Neugierde mailen wir einen ausgewiesenen Skorpionexperten an und schicken ihm ein Foto. Dieser schreibt nur wenige Minuten später zurück: »Auf keinen Fall anfassen. Wenn ich es richtig sehe, ist er unter Umständen tödlich. Seid bloß vorsichtig! Das Gift dieses Skorpions kann Atemlähmung und Kreislaufkollaps verursachen.« Erschrocken nehmen wir den Kanister und setzen das Tier mehrere Hundert Meter entfernt aus.

Als ich meine Wunden neu verbinden will, muss ich feststellen, dass die Kompressen nicht gefettet waren und mit der Wunde verklebt sind. Nach und nach weiche ich sie in Wasserstoffperoxid ein und löse den Stoff langsam aus der schleimigen Kruste. Während der Prozedur werden wir von zwei Anglern entdeckt, die sich, ohne unseren Gruß zu erwidern, dicht neben mich setzen und mir bei der gesamten Wundpflege zuschauen. Die Wunde am Knie sieht echt fies aus, trotzdem bleibt der Besuch und unterhält sich angeregt über mich. Ich komme mir wieder vor wie ein Affe im Zoo, der versucht, mit seinen Beobachtern zu kommunizieren. Die aber tun sogar meine korrekte Begrüßung als sinnloses Affengeschwätz ab, ganz nach dem Motto: »Hat der grad was gesagt? Nein, du Idiot, Affen sprechen doch nicht!«

Leider kann ich mein Bein auch am nächsten Tag noch kaum bewegen. Der Verband auf der Wunde spannt zu sehr, und ohne Verband zu fahren, wäre zu riskant. Also verlängern wir unseren Aufenthalt im schönen Washixiaxiang.

»Du siehst aus wie ein Baby im Nichtschwimmerbecken«, ruft Hansen mir zu. Ich sitze im Fluss an einer flachen Stelle, um während meiner Waschaktion meine Wunden trocken zu halten. In dieser Position versuche ich, mir mit der linken Hand so viele Gliedmaßen wie möglich zu waschen. Es ist ziemlich aussichtslos, aber die wichtigsten Teile werden auf diese Weise zumindest mal durchgespült.

Als wir am 9. August um halb fünf aufstehen, ist es noch stockdunkel und ein starker Wind hat unser gesamtes Zelt und die Schlafsäcke auch von innen verstaubt. Schnell frühstücken wir und machen uns mit einem traumhaften Rückenwind auf den Weg. Nach wenigen Kilometern haben die Wunden an meinem Knie sich an die Bewegung angepasst und die Schmerzen sind fast ganz weg. Zwar muss ich nach jeder Pause wieder durch eine schmerzhafte Gewöhnungsphase, aber dank des Windes kommen wir schnell voran. Schon um elf Uhr sind wir in Ruoqiang, und fast ohne Pause fahren wir 200 Kilometer, bis wir abends in der mittlerweile steinigen Wüste unser Zelt aufschlagen.

Die Landschaft ist karg, aber schön. Über die Jahre hat der Wind den leichten Sand weggeblasen und unendlich viele kleine Steinchen zurückgelassen, die nun die übrig gebliebene, windresistente Oberfläche der sanft geschwungenen Hügelketten bilden. Der Boden ist tückisch: Er sieht fest aus, aber wenn man die Kiesel berührt, fallen sie fast wie von alleine unter den weichen Sand und lassen eine weiße, statt der vorher grauen, Fläche zurück. Auf diese Art sieht man alle Spuren wie durch Kontrastmittel hervorgehoben.

Der nächste Tag beginnt zäh. Wir schleppen uns mit 20 Stundenkilometern durch das Flachland und sind schon nach kurzer Zeit vollkommen ausgepowered.

»Was ist denn los heute?«, fragt Hansen missmutig. »... Haben wir gesoffen gestern oder was?«

»Keine Ahnung, wir haben sogar leichten Rückenwind«, sage ich ratlos.

Die Gegend um uns herum ist wieder in dem hier ständig vorhandenen zähen Staubnebel versunken, man sieht nur wenige Kilometer weit. Wir sind erschöpft und halten kurz an, als eine kleine Maus vor uns vorbeispaziert. Vor meinem Vorderreifen pausiert sie, stellt sich auf ihre Hinterbeine und schaut uns an. Sie reibt sich mit beiden Pfoten den Sand aus den Augen und schaut noch mal genauer hin, erst beäugt sie mich, dann Hansen. Sie putzt sich erneut die Augen und spaziert schließlich seelenruhig zwischen uns durch. Ungläubig schaue ich Hansen an, der trocken feststellt: »Die braucht eindeutig eine Brille.«

Bevor wir weiterfahren wollen, schaue ich zufällig auf den Höhenmesser, und was ich da erkenne, erklärt unsere Erschöpfung. »Hansen! Wir sind seit heute morgen schon fast 400 Meter gestiegen, das hier ist kein Flachland mehr, das sieht nur so aus!«

Wir sind fassungslos über die Sinnestäuschung, aber als wir uns beide mit den Schultern parallel zur Straße stellen, erkennen wir es. Der Dunst und die relationslose Landschaft hat völlig darüber hinweggetäuscht, dass sich das Flachland in ein wacker ansteigendes Land verwandelt hat. Ohne zu wissen, dass wir ständig bergauf fahren, hatten wir natürlich das Gefühl, nicht vorwärtszukommen.

Nach beinharten 40 Kilometern kommt ein Einstieg in die Bergwelt, wie ich ihn nie zuvor gesehen habe. Statt am Fuße eines Berges zu stehen und sich hochzuarbeiten, stehen wir plötzlich bei knapp 2000 Metern Höhe an einer Kante, von der aus man in die Berge hinunterfährt. Das Flachland hat uns langsam so weit hinaufgebracht, dass das Vorgebirge des Himalaja unter uns losgeht. Erst im Nachhinein sehen wir, dass wir durch den Nebel verborgen schon längst vom Gebirge umgeben waren.

Wie immer, wenn wir Berge sehen, vollzieht sich irgendetwas in uns – obwohl es diesmal, nach etwa 1400 Kilometern Wüste, nachvollziehbar ist. Die Laune steigt mit jedem Höhenmeter, und obwohl es anstrengend ist, verspüren wir plötzlich endlose Energie und strampeln nach einer kurzen Abfahrt in die Berge weitere 15 Kilometer den nächsten Berg rauf. Mein Knie ist wie vergessen. Idyllisch schlängelt sich die Straße an dem ausgetrockneten Flussbett entlang, schwer beladene Lkw kommen uns hupend mit stinkenden Bremsen entgegen, und eine chinesische Familie beschenkt uns reich mit Weintrauben, Pfirsichen, Gurken, Wasser, Äpfeln und Doseneintopf. Hach, ich liebe die Berge!

Wir überqueren den Fluss, um auf der anderen Seite das Lager aufzuschlagen. In der Ferne kämpfen sich die Lkw das Tal hoch, überladen ohne Ende. Wie zum Showdown eines kitschigen Filmes, hebt sich der uns seit Wochen begleitende zähe Nebel, und die Sonne lässt sich kurz blicken, bevor sie als roter, großer Ball hinter den Bergen verschwindet. Gute Nacht China, wir haben es endlich durch die langweilige Taklamakan-Wüste geschafft, endlich, endlich: Goodbye Flachland, Sandstürme, Nebel, Hitze. Goodbye Provinz Xinijang.

DIE ZWEITE WÜSTE / 14. AUGUST / KURZ VOR GOLMUD

Hansen

»Ist das die Raketenstation, von der uns der Hostelbesitzer in Kashgar erzählt hat?«, frage ich Paul und deute auf ein sehr hohes und breites Gebäude am Horizont.

»Sieht so aus, aber ich kann mir nicht vorstellen, dass die eine Straße direkt neben einer Startrampe für Raketen entlangführen – andererseits: wäre nicht die erste seltsame Baumaßnahme, die wir hier beobachten«, erwidert Paul.

Ich strenge meine Augen an, kann aber nicht genau erkennen, um was es sich bei dem merkwürdigen Bau handelt. Ich packe das Fernglas aus und spähe in die Ferne. »Nein, sieht eher so aus, als ob die da nach was bohren würden«, sage ich und halte Paul das Fernglas hin. Meine Vermutung wird nur wenige Kilometer weiter bestätigt, als wir uns mitten auf einem Ölfeld befinden. In alle Richtungen, sogar auf den Bergen rund um das Tal, stehen Ölpumpen. Sie wirken wie riesenhafte Mücken, die langsam, aber stetig die Erde aussaugen. Immer wieder neigen sie ihren durstigen Kopf, um noch einen Schluck zu nehmen, und noch einen, und noch einen. An den Rändern des Feldes stehen Bohrer, die nach weiteren Feldern, die man aussaugen kann, suchen. Ihr Anblick widert mich an. Und gleichzeitig muss ich mir eingestehen, dass fast mein gesamtes Fahrrad ohne Erdöl nicht existieren würde. Sogar meine Kleidung, Schuhe, Regenjacke, Sonnenbrille, mein Fleece, Helm, ziemlich alles, was ich auf dieser Tour bei mir hab. So unabhängig ich mich eben noch gefühlt habe, so unmittelbar wird mir gerade vor Augen geführt, dass ich es nicht bin. Und wenn ich nicht im Jutesack auf dem Bambusrad bis Shanghai radeln will, lässt sich daran auch kaum etwas ändern.

Der Tag zehrt an unseren Kräften. Ständig wechselnder Wind, die leichte Steigung und schlechte Straßen machen das Fahren zu Qual. Egal wie ich an meinen Lenker greife, ich finde keine bequeme Position. Ständig schlafen mir die kleinen Finger ein, und die Handgelenke schmerzen von den Schlaglöchern. In solchen Momenten helfen auch keine warmen Gedanken. Paul schwärmt mir von den tollsten Dingen vor, die er machen wird, wenn er wieder zu Hause ist – in der Badewanne liegen, Boule spielen, ein Omelett braten, ein Buch auf dem Sofa lesen, ein Mädchen küssen … – aber es hilft alles nichts, ich hab einfach keinen Bock mehr. Stumm schleppe ich mich hinter ihm her, bis wir endlich auf einem kleinen Berg beschließen, das Nachtlager aufzuschlagen. Wir hätten unseren Platz nicht besser wählen können, auf der gesamten Tour hatte ich keinen so unglaublichen Blick: Rings um uns her kann man fast 100 Kilometer weit schauen, sehen, wie die Wüste in die schneebedeckten Berge übergeht, wie sich die Straße in der Sonne glänzend durch sanft geschwungene Hügelketten schlängelt, wie karge und bizarre, in parallelen Ketten angeordnete Felsformationen in der Abendsonne Schatten werfen wie auf einer Reliefkarte. Es ist, als wenn einem die Natur eine sanfte Ohrfeige gibt, wenn man mal wieder vergessen hat, wo man eigentlich ist, was man hier gerade Außergewöhnliches erleben darf. All die Anstrengung ist vergessen.

»Das sind die Momente, für die wir die Tour machen«, sagt Paul andächtig und blickt in die Ferne, wo die Sonne über den Ölfeldern untergeht

»Jap«, seufze ich und nehme innerlich die Flüche zurück, die ich vor einer Stunde noch über dieses Land ausgesprochen hatte. »So muss es einer Mutter gehen, die eben ein Kind geboren hat. Auch die irrsinnigsten Schmerzen sind vergessen, wenn es einmal da ist.«

»Dann hast du soeben das Vorgebirge des Himalaja geboren?«, witzelt Paul.

»Sozusagen«, seufze ich und fasse mir an den Bauch. Wir wollen früh schlafen gehen, um am nächsten Morgen gegen fünf den Sonnenaufgang nicht zu verpassen. Und es lohnt sich. Als wir am 14. in unserer Mulde auf dem Gipfel sitzen, mit einem heißen Kaffee in der einen und einem Compressed Army

Biscuit in der anderen Hand, und die Sonne über den schroffen Felsen aufgeht, ist das wie … »eine Zwillingsgeburt«, flüstert Paul. Den Witz werde ich nicht zum letzten Mal gehört haben.

Wir fahren den ganzen Vormittag über zwei kleinere Pässe und landen zu unserer bitteren Enttäuschung erneut in der Wüste, nur diesmal auf 3000 Meter Höhe. Weil mittags die Sonne so gnadenlos brennt, bauen wir am Straßenrand unser Tarp zwischen den Rädern auf und machen eine ausgedehnte Mittagspause.

Später knallen wir uns irgendwo in die sandige Wüste, hier ist es eh überall gleich. »Lass uns morgen superfrüh losfahren, bevor es wieder so knalleheiß wird«, schlage ich vor.

»Aye, aye, altes Wüstenkamel«, antwortet Paul.

Wir werden belohnt. Als wir um halb fünf morgens aus dem Zelt kriechen, ist es noch dunkel, und wir schauen in einen Sternenhimmel, wie wir ihn noch nicht gesehen haben. »Das haben wir der Höhe und der trockenen Luft zu verdanken.« Ich schaue voller Ehrfurcht in den Himmel. Man sieht wirklich unglaublich viele Sterne. »Jetzt weiß ich, warum China als Flagge den Sichelmond und einen Stern darin hat«, sagt Paul andächtig.

Immer vermisst man, was man gerade nicht hat. Ich freue mich auf Golmud, weil eine Stadt in meinen Gedanken mit leckerem Essen verbunden ist. »Goldmund«, nenne ich sie insgeheim und denke an knusprige Hähnchen, die mir in den geöffneten Mund fliegen, Nudeln, Brot, einfach alles, das kein Instantfood ist. Ich bin diese Compressed Army Biscuits, mit denen wir uns in der Wüste über Wasser gehalten haben, so dermaßen leid. Und auch wenn man hier mal auf ein Trucker-Restaurant trifft, kann man nichts anderes erwarten als haltbare Pulversuppen, Chips, Kekse und solche Dinge, weit und breit nichts Frisches. Um uns in der kargen Gegend bei Laune zu halten, spielen Paul und ich das beliebte Schätzspiel. Wir fixieren einen Punkt am Horizont, einen Masten zum Beispiel, und schätzen, wie weit er entfernt ist. »15«, sagt Paul, ich schätze zwölf Kilometer. In

Wahrheit sind es diesmal 35. Beim nächsten Pünktchen am Horizont schätzt Paul 10 und ich vorsichtshalber großzügige 20, bis wir merken, dass der Punkt sich auf uns zubewegt. Es sind Alexe und Jascha, zwei russische Radfahrer, die schwer bepackt auf dem Weg in die Berge sind. Nahrung für ganze dreißig Tage hätten sie dabei, erzählen die beiden. Es sind die ersten nichtchinesischen Radfahrer, die wir seit sehr langer Zeit treffen. Wir machen ein kleines Picknick und fahren danach jeder unseres Weges.

Als wir am nächsten Tag nach einem knapp 140 Kilometer-Wüsten-Abschiedssprint – ausnahmsweise mit Rückenwind – kurz vor Golmud sind, hupt uns plötzlich ein entgegenkommender Pick-up an, um mit quietschenden Reifen zu wenden und telefonierend langsam neben uns herzufahren. Er erwidert keinen unserer Grüße, sondern wirft uns stattdessen tödliche Blicke zu. Als er nach etwa zwei Kilometern tatenlos abdreht, dauert es keine zwei Minuten, bis ein SUV vor uns hält. »Was ist denn jetzt los?«, zische ich, als drei Männer aussteigen und uns ein Zeichen zum Anhalten geben. »Wirkt irgendwie so, als ob das eine mit dem anderen zusammenhängt, oder?«, flüstert Paul zurück.

Die drei geben sich als Polizisten zu erkennen und fragen uns, ob wir einen Notruf abgesetzt hätten. »Wir?«, frage ich ungläubig. »Nein, nicht dass ich wüsste.«. Der Polizist schaut misstrauisch. Ob wir denn in letzter Zeit zwei anderen Radfahrern begegnet seien, fragt der Polizist weiter. »Warum wollen Sie das wissen?«, frage ich nun ebenfalls misstrauisch. Ich spreche den Kleinsten der drei an, der das beste Englisch spricht. Sie hätten heute Morgen über die zentrale Notrufnummer nach Hilfe gerufen und jetzt versuche man, sie zu finden. »Ein bisschen spanisch kommt mir das Ganze schon vor«, sagt Paul auf Deutsch, während ich dem Polizisten auf der Karte angebe, wo in etwa wir die beiden Russen gesehen haben. »Warum hat dieser Typ uns vorhin so grimmig angeschaut … und warum behaupten Sie, es wäre ein Notfall, aber haben nicht mal einen Arzt dabei?« Auch wenn Paul, während er redet, durch Gesten auf die Karte so tut, als sage er irgendetwas ganz anderes, gebe ich ihm ein Zeichen, die Klappe zu halten. Zugegeben, es ist schon komisch, dass sie aus einer Gegend, in der wir tagelang keinen Fitzel Empfang hatten, per Telefon um Hilfe gerufen haben sollen und dann auch noch, ohne ihren Standpunkt anzugeben, GPS hatten sie dabei. Vielleicht sucht die Polizei sie also aus ganz anderen Gründen … Andererseits, wenn sie tatsächlich in Not sind, wäre es schön blöd, nicht zu helfen.

Als die Straßenbefragung beendet ist, nutze ich noch die Gelegenheit, mich wegen einer Visaverlängerung in Golmud zu erkundigen. Wie der Zufall so will, antwortet der Polizist: »*Yes, you can do that, actually, I am the one issuing visa extensions and Tibet permits, it's my job. Come to my office tomorrow morning. I'll try to help you.*«

»Tibet-Permits, Hansen, hast du gehört?«, sagt Paul, als wir wieder fahren.

»Klar! Da gehen wir morgen als Allererstes hin.« Kaum habe ich das ausgesprochen, taucht Golmud vor uns auf. Nicht nur, weil es Vielfalt auf unserem Speiseplan verspricht, bin ich berührt. Es markiert auch das Ende der dritten großen Etappe unserer Tour. Zwei Drittel sind geschafft.

Film ab!

HÖHENRAUSCH
Golmud bis Yushu

NEUES VISUM / 15. AUGUST / GOLMUD

PAUL

Um ein Visum verlängern zu können, ist es wichtig, dass man Hotels findet, die einem eine sogenannte Temporary Residence Registration ausstellen. In China ist das mitunter gar nicht einfach. Als wir in Golmud schon zum dritten Mal abgewiesen werden, ruft plötzlich eine Frauenstimme auf der Straße: »*Hey! I know you! I am reading your blog!*« Wir drehen uns um, und vor uns steht eine junge Frau, die es offensichtlich nicht fassen kann, uns zu treffen. Sie fasst sich mit beiden Händen an ihren wilden, rot-braunen Schopf und schüttelt immer wieder den Kopf: »*Unbelievable … I know you guys!*« Daria aus der Ukraine erzählt uns, dass sie und ihr Bruder Roman seit einiger Zeit auf unserer Spur gereist waren, und unter anderem nach uns versucht hatten, in Kudi über den Checkpoint zu kommen. Bei dem Versuch, den reißenden Fluss in Kudi zu durchqueren, wurde all ihr Hab und Gut von der Strömung mitgerissen. Gepäck, Gitarre, die teure Kamera ihres Bruders, alles. »Ich dachte wirklich, wir würden sterben!«, erzählt Daria aufgeregt. »Irgendwann ging es nur noch darum, lebend ans Ufer zu kommen«. Seitdem seien sie ohne jeden Pfennig weitergetrampt und von einem netten Mann eingeladen worden, der ihnen das Hotel in Golmud bezahlt. »Kommt doch auch dahin, dann könnt ihr Roman treffen, und wir erzählen euch die ganze Geschichte. Es ist so unglaublich, euch hier zu treffen!« Abgesehen davon, dass es unmöglich wäre, Daria zu widersprechen, sind auch Hansen und ich total begeistert, zufällig jemanden zu treffen, der unseren Blog liest und wahrscheinlich viele spannende Geschichten zu erzählen hat. Wir checken also im gleichen Hotel ein und verbringen den ganzen Abend mit Daria und ihrem Bruder.

Am nächsten Tag gehen wir zur Polizeistation. Tatsächlich sitzt dort der Polizist, den wir am Vortag auf der Straße getroffen hatten – zwischendurch waren wir uns nicht sicher, was der wahre Grund für die Suchaktion war und ob sie die zwei Russen nicht wegen illegaler Einwanderung nach Tibet suchten und die Rettungsaktion nur als Vorwand für Informationen benutzten. Er begrüßt uns freundlich mit einem festen Händedruck und teilt uns dann bedauernd mit, dass sie die beiden Russen nicht finden konnten. Sie haben die Gegend die ganze Nacht abgesucht, bis sie wegen einem Sturm abbrechen mussten. »Hoffen wir mal, dass es ihnen gut geht«, sagt Hansen. Der Polizist nickt nachdenklich. »So. Wie kann ich euch helfen?« fragt er nach einer kurzen Pause. Wir schildern ihm unser Anliegen, fragen ihn nach dem Tibet-Permit und nach einer Visaverlängerung. Leider kann er uns mit beidem nicht weiterhelfen. Tibet-Permits sind zur Zeit für Nicht-Chinesen unmöglich, und die Verlängerung unseres Touristenvisums ist entgegen der weit verbreiteten Information im Netz nicht als Verlängerung, sondern als ein neues Visum zu verstehen, welches ab dem Tag der Beantragung dreißig Tage gültig ist. Also würden wir 25 Tage verschenken, wenn er uns es hier ausstellen würde, gibt uns der Polizist zu verstehen. Aber eine gute Nachricht hat er zum Schluss doch noch für uns: Die südlich aus Golmud führende Straße darf man bis zur tibetanischen Grenze fahren, sodass wir ab hier unsere geplante Route ohne illegales Checkpoint-Hopping durchführen können. Außerdem könnten wir uns das neue China-Visum sowohl in Garze als auch in Yushu ausstellen lassen, wodurch wir uns nicht in zwanzig Tagen bis nach Chengdu hetzen müssten.

»Irgendwie schlecht und irgendwie gut«, sagt Hansen mit einem Seufzer, als wir aus der Polizeistation zurück auf die wuselige Straße kommen. »Immerhin war das mal jemand, den man alles fragen konnte. Und jetzt wissen wir Bescheid.«

Wir laufen schweigend zum Hotel zurück, beide versunken in Gedanken. Die nächsten Tage in Golmud verbringen wir damit, unseren Lebensmittelvorrat aufzustocken und den weiteren Verlauf der Route zu planen. Keine Saufgelage, denn wir haben beide das Gefühl, dass wir uns vor dem großen Himalaja-Trip ein bisschen stärken müssen. Die bevorstehende Strecke führt uns über 5000 Meter hohe Berge und läuft fast durchgehend auf über 4300 Metern. Wir werden alle Kraft brauchen, um das durchzustehen. Wenn ein Teil unserer Tour das Potenzial hat, unsere Kräfte an ihre Grenze zu führen, dann die Strecke bis Chengdu. Wir haben sie als Entschädigung für unser ausgebliebenes Highlight, den Tibet-Highway, ausgesucht, und ich freue mich riesig auf die Berge, auf wahnsinnige Höhen, bei denen uns sprichwörtlich die Luft ausgehen wird, und auf die Landschaft des nicht autonomen Tibets, die wir durchfahren werden.

Als wir am 18. abends fertig sind mit allen Vorbereitungen und die Räder gepackt haben, beschließen wir, noch ein Bierchen trinken zu gehen. »Immerhin ist es Samstagabend«, grinst Hansen mich an. Und bei einem Bier bleibt es natürlich nicht. Bei einem Bier bleibt es doch nie! Nachdem uns die Karaokeklubs herb enttäuscht haben – hier hocken alle nur rum und singen in ihren Kämmerchen –, finden wir tatsächlich eine kleine Bar, in der wir nun selig ein paar Wodkas und Bier trinken. Die hartnäckigsten Gäste, zu denen wir spätestens nach dem fünften Wodka-Bier-Gedeck auch gehören, haben sich nach und nach an unserem Tisch versammelt und sorgen dafür, dass die Gläser der lustigen Zwillinge niemals leer werden. Als uns ein fürsorglicher Chinese morgens um fünf den Weg zum Hotel zeigt, haben wir mal wieder ordentlich einen sitzen. So schlimm, dass selbst mein altbewährtes Salzwasser-Vitamintablette-Anti-Kater-Rezept am nächsten Morgen wirkungslos bleibt. Trotz grauenhaft schmerzendem Schädel und den heftigsten Katerschüben mit Schweißausbrüchen und allem Drum und Dran, haben wir unsere Sachen gepackt, um aufzubrechen. »Was soll denn der Himalaja von uns denken, wenn wir wegen einem Kater nicht losfahren«, lacht Hansen und krümmt sich in einem plötzlichen Übelkeitsanfall. Als es ihm besser geht, kramt er weiter in den Taschen, bis er plötzlich ruft: »Scheiße! Der Geldbeutel ist weg!« Panisch und unkoordiniert durchsuchen wir alles. Angestrengt, aber erfolglos versuchen wir, den Abend zu rekonstruieren. »Die 100 Dollar, die drin waren, sind weniger das Problem«, stöhnt Hansen, »... aber all unsere Geldkarten sind auch drin, wir haben keine Chance mehr, irgendwie an Geld zu kommen!«

Wie sehr wir uns auch anstrengen, wir finden keine Erklärung dafür, wie der Brustbeutel abhandengekommen sein kann. Verzweifelt fängt Hansen an, planlos die Taschen am Vorderrad zu durchsuchen. Gerade als ich ihn anfahren will, dass das doch der letztmögliche Ort sei, an dem er suchen sollte, schreit er: »Hier isser!« Ungläubig schaue ich ihn an. Hansen kniet vor mir auf dem Boden, in der linken Hand den Geldbeutel, in der rechten seine Stirn. »Ich muss den Geldbeutel gestern Abend nach der Bar an dieser Stelle versteckt haben, ich habe immer so geniale Ideen, wenn ich besoffen bin, manchmal so genial, dass ich sie später selber nicht mehr raffe«, grinst er mich an. Das Adrenalin lässt nach, und sofort kehrt der Kater mit voller Wucht zurück ...

Wir checken aus und müssen uns leider mit dem Hotelpersonal anlegen, das lächerliche Abzocke betreiben will und uns für ein paar dreckige Handtücher, mit denen wir das undichte Klo am Überfluten unseres Badezimmers gehindert haben, umgerechnet 120 Euro in Rechnung stellen will. Ich erinnere mich an ein paar Zeilen aus dem China-Knigge, in denen beschrieben stand, dass Chinesen kein größeres Unbehagen empfinden können, als wenn sie in einen öffentlichen, lauten Streit geraten. Hansen nutzt diese Schwachstelle. Die kleine Hotelmanagerin tut mit fast leid, als er ihr auf Englisch vor allen Gästen erklärt, wie unter aller Sau das Zimmer war. Und es wirkt. Wir bekommen sogar unsere Kaution zurück. Man glaubt uns endlich, dass wir alles im Voraus bezahlt haben und die undichte Toilette wohl eher ein Grund wäre, unseren Aufenthalt zu vergünstigen. Siegreich ziehen wir Leine und schleppen uns mit letzter Kraft etwa 30 Kilometer bis zum Fuß des Himalaja. In meinem Zustand komme ich mir fast lächerlich vor, die vor mir liegenden Berge herausfordern zu wollen. Erschöpft essen wir die Reste aus dem Restaurant, die wir uns haben einpacken lassen, und Hansen kotzt sie eine Stunde später wieder aus.

Am nächsten Tag schlafen wir aus und schaffen es nicht weit. Noch immer sitzt mir die vorgestrige Nacht in den Knochen. Wir schleppen uns in die Berge und streichen nach 40 Kilometern die Segel. »Es hat keinen Sinn, lass uns morgen früh raus und die 40 Kilometer nachholen«, sagt der vernünftige Hansen und steuert auf einen kleinen Strand an einem Stausee zu.

Um zumindest irgendetwas geleistet zu haben, verbringe ich den Abend damit, endlich mal wieder einen Blogpost in mein Handy zu tippen. Das muss ein ziemlich dämliches Bild abgeben, denke ich und schäme mich. Am Strand eines türkisblauen Stausees, umgeben von den riesigen Bergen des Himalaja, sitze ich und starre auf mein Display. Aber es muss getan werden.

Wie ein Wecker, der mich im Halbschlaf aus den Gedanken reißt, ertönt in der Ferne und dann immer näher kommend das Signal der Tibet-Bahn, die gerade aus 5000 Metern angerattert kommt. Das Klappern der Räder und das Hallen des Tones verebbt weiter unten im Tal. Irgendwie erinnert mich das Geräusch an meine Kindheit, an das Baden im Öhninger Freibad im Bodensee und an die auf der gegenüberliegenden Seeseite hupend vorbeifahrende Schweizer Regionalbahn. Hansen muss an etwas Ähnliches gedacht haben, denn er stimmt das Lied von den Kings of Convenience an, das schon fast zum Soundtrack unserer Tour geworden ist. Wir singen grinsend zwei Zeilen, bevor unsere Blicke wieder in unseren Telefondisplays versinken: »*The spinning top made a sound like a train across the valley, fading, oh so quiet but constant til it passed, over the ridge into the distances written on your ticket to remind you where to stop, and when to get off.*«

DAS DACH DER WELT / 24. AUGUST / HIMALAJA

Hansen

Eigentlich bin ich der Langschläfer von uns beiden, aber wenn ich mal früher wach werde, dann muss der Tag auch losgehen.

»Komm schon, Paul, sei kein Weichei, raus mit dir und rein in die Klamotten.« Es klappt. Paul zieht die Zelttür auf, legt seine Isomatte vor das Zelt, wirft seine Sachen darauf und quält sich nur in Unterhose bekleidet in den eisigen Wind. Erst danach, wenn Paul mit dem Kaffeekochen beginnt, bin ich dran. Wir haben da unsere Regeln.

Es ist tatsächlich unerträglich kalt. Die Sonne scheint, aber ihre Strahlen haben nicht genug Kraft.

»Mist, wir haben Gegenwind«, stelle ich fest.

»Hatten wir gestern Morgen auch«, erwidert Paul, der das Feuer des Kaffeekochers mit seinem Körper vor dem Wind schützt. »Aber der dreht im Laufe des Tages, das war bisher zumindest immer so.«

Wir frühstücken und lassen uns ordentlich Zeit mit dem Zusammenpacken. Obwohl wir das nun schon mehr als 130 Mal gemacht haben, versuche ich noch immer, einen effizienteren Weg zu finden: zuerst die Regenüberzüge verstauen und danach den Schlafsack, so nimmt man die nicht zweimal in die Hand. Erst die Heringe raus und danach die Zeltstangen rausziehen oder umgekehrt? Als Erstes sollte man die Räder aufschließen und auseinanderstellen, so kommt man einfacher an die Gepäcktaschen. 130 Mal gemacht, und doch noch keine Routine.

Heute tragen wir unsere langen Stulpen an den Beinen. Die Sonne hier oben hat eine enorme Kraft und verbrennt alles, was nicht mit Stoff bedeckt ist, in kürzester Zeit. Da hilft auch keine Sonnencreme mehr. Um die Hände haben wir uns Stofffetzen gewickelt, das Gesicht ist geschützt mit dem Schirm einer Schiebermütze, den wir an dem Helm befestigt haben. Das

Abenteuertuch ist wie in der Wüste über die Nase gezogen. Die Luft ist schon sehr dünn, und das Tuch vor dem Gesicht macht das Atmen nicht angenehmer, aber wir wollen keinen weiteren Sonnenbrand und rissige Lippen riskieren. So vermummt fahren wir schnaufend und ächzend die langsam aber stetig steigende Bergstraße entlang. Immer wieder fährt die Tibet-Bahn an uns vorbei. Wir winken und bekommen tatsächlich ein Hupen als Antwort zurück.

Wir sind auf fast 4000 Meter Höhe. Der tiefblaue Himmel über den Gipfeln ist so wolkenlos, dass man das Gefühl hat, man würde direkt ins Weltall schauen, nur ein großes, blaues Nichts über den schroffen Felsen. Paul und ich sprechen kaum ein Wort miteinander, das Bergauffahren in der dünnen Luft beansprucht jede Kraftreserve.

Als wir gerade 4100 Meter erreicht haben, traue ich meinen Augen nicht: Vor uns türmt sich eine riesige Düne auf. »Ich dachte wir hätten die Wüste hinter uns«, sage ich in gespielt verzweifeltem Ton. Das Bild ist wirklich zu bizarr. Wir haben die 30 Meter hohe Wanderdüne quasi in flagranti dabei ertappt, wie sie eine Telefonleitung verschlingt, der Mast ist noch halb zu sehen, das Kabel verschwindet im Sandberg. »Die halten wir auf!«, sagt Paul. Wir schlagen unser Nachtlager direkt zu ihren Füßen auf.

Bis auf die Atemlosigkeit beim Radfahren macht uns die Höhe erstaunlich wenig zu schaffen, leichte Kopfschmerzen, Kurzatmigkeit, aber ansonsten geht es uns prächtig. »Aber du musst bedenken, dass wir fast die gesamte Strecke in der Taklamakam-Wüste schon auf über 2000 Meter Höhe waren«, gibt Paul zu bedenken. »Stimmt und vor Golmud waren wir sogar schon auf knapp 3000.«

Unsere Körper haben sich langsam an dünnere Luft und weniger Druck gewöhnen können. Trotzdem wollen wir heute nicht weiter, um es nicht zu übertreiben. Die 5000 Meter laufen uns nicht davon. Laut der Gesellschaft für Berg- und Expeditionsmedizin, in deren Website wir uns in Golmud vertieft haben, leiden über 75 Prozent aller Bergsteiger bei einem schnellen Aufstieg auf eine Höhe von über 3000 Metern an der Höhenkrankheit. Der Körper versucht, den Sauerstoffmangel in ungewohnten Höhen durch schnelleres Atmen und einen gesteigerten Ruhepuls auszugleichen. Im schlimmsten Fall können durch den Sauerstoffmangel und den erhöhten Blutdruck in Lunge und Hirn lebensgefährliche Ödeme entstehen. Wir müssen uns also vorsichtig an die Höhen herantasten und uns gegenseitig und selbst beobachten. Wenn einer von uns beiden zum Beispiel Schwindel, Schlaflosigkeit, Husten, Atemlosigkeit und anhaltende Kopfschmerzen verspürt, müssen wir sofort auf eine geringere Höhe absteigen. Was bei unserer Route zum Teil nicht einfach wäre – sobald wir nämlich über den 5000er-Pass sind, werden wir uns fast durchgehend in einem Tal auf über 4500 Meter befinden. Das bedeutet, dass die einzige Abstiegmöglichkeit bei akuter Höhenkrankheit über einen vorherigen Aufstieg auf 5000 Meter möglich wäre, was aber fatale Folgen haben kann. Wir müssen uns also sicher sein, dass wir auf 4500 Metern symptomfrei sind.

Als ich am 22. August aufwache, habe ich trotz der Höhe gut geschlafen, und auch Paul scheint von der Schlaflosigkeit verschont geblieben. Da wir uns offenbar bereits in der Wüste und in Golmud einigermaßen akklimatisiert haben, beschließen wir, den Pass heute zu bezwingen und die übrigen 700 Höhenmeter bis auf 4800 noch bis nachmittags zu fahren, um auf dem Pass ein paar Stunden Akklimatisierungspause einzulegen, um eventuell Symptome der Höhenkrankheit erkennen und entsprechend wieder abfahren zu können. »Aufregend«, sagt Paul. »Das ist jetzt richtig abenteuerlich.«

Die Tatsache, dass wir nach dem Pass für mehr als eine Woche in kein Dorf kommen werden, hat dafür gesorgt, dass unsere Räder schon seit Golmud übermäßig schwer bepackt sind. Grundversorgung, kein Gramm zu viel, aber das reicht. »Ausgerechnet den höchsten Pass fahren wir mit den vollgepacktesten Rädern«, mault Paul.

Je höher wir kommen, desto langsamer und meditativer wird mein Rhythmus. Man gerät in eine Art Trancezustand. Manchmal muss ich trotz bedachtem, langsamem Fahren anhalten, um zu verschnaufen. Sogar kleine Bewegungen wie das Absteigen oder Trinken bringen einen außer Atem. Als ob die dünne Luft noch nicht genug wäre, fängt es auf etwa 300 Höhenmetern vor dem Pass an zu schneien. Schnell versuchen wir, Unterschlupf unter der 30 Meter hohen Eisenbahnbrücke zu finden, die die sich in Serpentinen den Berg hinaufwindenden Gleise dicht an die Straße heranführt, aber das Schneegestöber und der Wind verwirbeln sich unter der Brücke und kommen von allen Seiten. Es macht keinen Sinn anzuhalten. Wir packen alles wasserdicht ein und fahren weiter.

Ein Blick auf meinen Höhenmesser sagt mir, dass es nicht mehr weit sein kann. Die Schneewolken verdecken die Sicht auf die Gipfel, und auch die Straße verschwindet darin. So haben wir uns unser Himalaja-Erlebnis nicht vorgestellt.

»Was haben wir immer für ein Pech mit Pässen«, schimpft Paul. »Immer regnet oder schneit es, wenn wir oben ankommen.«

»Allerdings. Ich finde, wir haben etwas anderes verdient nach diesem Aufstiegskampf«, gebe ich ihm recht.

Als hätte der Himmel unser Geschimpfe gehört, reißt plötzlich die Wolkendecke auf, und die Sonne kommt hindurch. Erst zögerlich, dann immer mehr, bis alle Wolken in Windeseile hinter dem Bergkamm verschwunden sind. Aus der Ferne können wir jetzt den mit Gebetsflaggen behangenen Pass sehen. Bunt und flatternd, und je näher wir kommen, desto deutlicher erkennen wir die Tausenden von kleinen Fahnen, die um einen Opferofen herum an Schnüren im Wind flattern. Obwohl der Pass nur noch wenige Hundert Meter entfernt ist, muss Paul noch mal Pause machen. Sein Herz rase, ächzt er mir zu, und es dauert ein paar Minuten, bis er sich wieder auf sein Rad schwingt und mir hinterherfährt.

Ich bin schon da und kann es kaum erwarten, dass Paul diesen Moment mit mir teilt. 4800 Meter! Höher als jeder Berg in den Alpen, höher als alles, was wir jemals erklettert haben. »Und wir sind mit dem Rad hier«, schnauft Paul. Wir fallen uns in die Arme und schauen uns andächtig um: Vor uns liegt auf 4500 Meter die Hochebene, die wir durchfahren werden, um nach Yushu zu kommen.

»Das gibt's ja nicht«, sagt Paul plötzlich ungläubig und zeigt auf den Opferofen. »Was die da alles reinschmeißen!« Es ist wirklich unglaublich. In dem Ofen stecken angerauchte Zigaretten, Schnapsflaschen, Obst, Gemüse, Spielfiguren, der Schädel eines Yaks und Kaugummis. Aber alles so aufgebahrt, dass jedes einzelne Teil ganz bestimmt als Opfergabe gemeint ist, und nicht, wie man vermuten könnte, als Abfall. Rings um die Gebetsflaggen herum stehen Statuen, die ebenfalls mit Flaggen geschmückt sind. Viele chinesische Touristen kommen hierher und fotografieren fleißig. Leider ohne jede Art von Respekt vor den Denkmälern, denn nach dem Fotografieren werden die Rückseiten der Statuen offenbar gern als Pissoir benutzt. Der gesamte Pass riecht nach Plumpsklo, und so sehr die Touristen ihre schönen Fotos wollen, so sehr verachten sie den religiösen Platz. »Das ist doch wirklich eine beschissene Respektlosigkeit!«, schimpft Paul. Im wahrsten Sinne des Wortes. Manche reißen sich hinter den Statuen sogar ein paar Gebetsflaggen ab – wozu sie die brauchen, ist ja wohl sonnenklar.

Eigentlich hatten wir geplant, die Nacht etwas weiter unten auf der Hochebene zu verbringen, aber nachdem wir nach ganzen drei Stunden ohne jedes Anzeichen der Höhenkrankheit auf dem Pass verbracht haben, entscheiden wir, dass es besser ist, unser Zelt hier oben aufzuschlagen. Auch deswegen, weil wir, für den Fall, dass einer von uns in der Nacht an Höhenkrankheit leidet, dann nicht erst über den Pass hinauffahren müssen, um weiter abzufahren. Das nämlich ist die von uns sogenannte Hochtalfalle. Wenn es einem richtig schlecht geht, sollte man unbedingt absteigen. Geht das aber nicht, weil man in einem Hochtal ist, bei dem man erst einmal wieder weiter aufsteigen muss, um auf der anderen Seite herunterzukommen, ist das lebensgefährlich. Besser also oben bleiben, um im Notfall runter zu können.

Als die Sonne nach dem Essen untergeht, wird es schweinekalt. Innerhalb weniger Minuten sinkt das Thermometer auf unter null Grad, und ein eisiger Wind treibt uns ins Zelt. Wir wickeln uns in unseren Schlafsäcken ein und versuchen so schnell wie möglich einzuschlafen. Aber schon nach einer Stunde leichtem Schlummern wacht Paul auf und ringt regelrecht nach Luft. »Ich hab echt heftige Atempausen«, sagt er, scheint die Sache aber nicht besonders ernst zu nehmen: »Atempausen sind laut der Gesellschaft für Berg- und Expeditionsmedizin nur ein Frühsymptom der Höhenkrankheit. Ich glaube, wir müssen erst mal nicht absteigen!« Meint er das bei klarem Verstand oder ist das schon Übermut, totale Fehleinschätzung der Sachlage – übrigens auch ein typisches Symptom für die Höhenkrankheit.

»Ich hab ziemliche Kopfschmerzen, Paul. Sollen wir nicht doch besser absteigen?«, frage ich meinen Bruder, der sich mittlerweile aufgesetzt hat.

»Hansen, das Zelt ist von außen mit einer Eisschicht bedeckt. Es ist schweinekalt, willst du da wirklich raus?«

»Ich weiß doch auch nicht. Ich will bloß keinen großen Fehler machen«, antworte ich.

»Pass auf, wir nehmen jetzt beide eine 600er-Ibuprofen und schauen, ob das was bringt. Wenn nicht, steigen wir ab.«

»Und wenn wir einfach nicht mehr aufwachen, ich hab da mal 'ne Geschichte von einem Bergsteiger gelesen, der im Schlaf erstickt ist ...« Ich werde nervös.

»Hansen, beruhig dich. Bitte lass uns ein, zwei Stunden abwarten. Das sind doch keine heftigen Symptome, die wir haben. Die gehen sicher auch so weg!«

Ich beschließe zu glauben, was Paul da sagt. Und hoffe inständig, es ist nicht der vernebelte Höhen-Paul, der da zu mir spricht, sondern jemand mit klarem Verstand. Zwar kann ich kaum schlafen, aber Pauls Atempausen verschwinden tatsächlich und meine Kopfschmerzen ebenfalls. Erst in den frühen

Morgenstunden falle ich erleichtert in einen tieferen Schlaf und wache erst um neun Uhr wieder auf.

Trotz der Sorgen und Strapazen der Nacht bin ich erholt und ausgeruht. Ich schaue ins Vorzelt und sehe, wie das Eis schmilzt und die Tropfen am unteren Ende der Zeltwand in der Sonne glitzern, bevor sie zu Boden fallen. Draußen jagen sich Murmeltiere gegenseitig über den felsigen Boden. Denen scheinen weder Höhe noch Kälte etwas auszumachen, sie sind die ganze Nacht um unser Zelt gesteppt.

Ich schaue auf mein Thermometer: »Minus zehn Grad waren es heute Nacht, Paul. Die kälteste Nacht der ganzen Tour bisher.«

»Und die höchste!«, gähnt Paul.

»Wie geht es dir?«

»Formidabel. Einwandfrei. Gut, dass wir so viel Zeit in die Wahl der Schlafsäcke gesteckt haben«, antwortet er.

Wir lassen uns Zeit, denn wir sind durch unsere vorzeitige Passüberquerung einen Tag im Voraus. Als wir frühstücken wollen, zieht ein Unwetter auf, und wir erreichen gerade so eine schützende Eisenbahnbrücke, bevor es heftig anfängt zu schneien. Wir wollen auf besseres Wetter warten und machen eine Verpflegungsinventur. Das Essen müsste noch circa eine Woche reichen, wenn wir sparsam sind. Über uns rast der Zug nach Lhasa hinweg. Jedes Mal wenn ich ihn höre, frage ich mich, wer wohl darin sitzt. Wer die Glücklichen sind, die nach Tibet fahren dürfen. Ich merke, dass ich die Enttäuschung noch nicht überwunden habe. Vor allem jetzt, wo wir nur ein paar Hundert Kilometer weit entfernt sind, fällt es noch schwer, nicht einfach der Hauptstraße nach Lhasa zu folgen.

DAS ANDERE TIBET / 24. AUGUST / YUSHU-GLETSCHER

PAUL

»Da vorne ist die Abfahrt«, brüllt Hansen gegen den Wind. Wir haben die schützende Eisenbahnbrücke mit dem ersten Sonnenstrahl verlassen und fahren auf den so viel versprechenden Abzweig zu, der uns als Ersatz für das ausgefallene Tibet dienen soll. Ein kleines, unbefahrenes Sträßchen, genannt »Staubstraße«, das entlang der tibetanischen Grenze verläuft. Eine Woche ohne jede Zivilisation, eine Woche ohne Lkw erwartet uns.

Der Eingang zur Staubstraße ist durch einen riesigen steinernen Torbogen markiert, der hohe Berge und felsige Landschaften darstellen soll und in dieser weiten Landschaft ohne Menschen etwas deplatziert wirkt. Der Blick durch den Bogen zeigt die endlose, grasbedeckte Hochebene, gesäumt von 6000 Meter hohen, schneebedeckten Bergketten. Der Wind schleift den Schnee auf den Gipfeln zu riesigen Wechten und bläst ihn in langen Fahnen über die Hochebene. »Das ist das Tor zu unserem Tibet«, sage ich ehrfürchtig, ohne zu ahnen, wie sehr sich unsere Träume hier tatsächlich erfüllen sollen.

Wir fahren ein paar Kilometer auf der verlassenen Straße, Rückenwind und Sonne treiben uns langsam die leicht steigende Ebene hinauf. Immer wieder ist die Straße von kleinen Bächen überspült. Heute wollen wir es nach der gestrigen Nacht noch einmal ruhig angehen lassen, also suchen wir uns einen Schlafplatz an einem kleinen Bach, der weitläufig die Ebene durchschlängelt.

»Wir sind da«, sagt Hansen und schaut über die Ebene, »wir haben das erreicht, wovon wir seit Anfang der Tour träumen!«, flüstert er. »Endlose Weite, Berge, Einsamkeit. Schau dich um, Mann! Wir sind mit dem Rad hergefahren!« Hansen ist überwältigt.

Den ganzen Abend verfallen wir immer wieder in ein ehrfürchtiges Staunen über die unwirkliche Schönheit dieses Ortes. Wir können unsere Blicke nicht davon lösen, und als wir schlafen gehen, haben wir das sichere Gefühl, auf der Tour alles richtig gemacht zu haben. Dieser Ort ist mehr als eine Entschädigung für verpasste Provinzen. Es ist der einzig richtige Weg gewesen.

In der Nacht rauben uns Höhe und Kälte erneut den Schlaf, aber diesmal nehmen wir es gelassener. Nach einem deftigen Frühstück machen wir uns auf den Weg zu dem – im wahrsten Sinne des Wortes – Höhepunkt unserer Tour, dem Yushu-Gletscher, der auf 5007 Meter Höhe liegt. Langsam und beschwerlich schleppen wir uns die steinige Straße entlang, alle hundert Meter müssen wir eine Pause einlegen, um zu verschnaufen. Wir brauchen zwei Stunden, bis wir am Ende der Straße ankommen. Zum Gletscher muss man von hier aus noch einmal 100 Meter aufsteigen. Nach einer kurzen Pause, in der wir von chinesischen Touristen mit Gemüse und Brot überhäuft werden, schieben wir unsere Räder langsam den unbefahrbaren Weg hinauf. Wieder schneit es, und ein eisiger Wind schnürt uns die ohnehin knappe Luft ab. Jetzt müssen wir schon alle 30 Meter vor Erschöpfung anhalten. Ich habe mich noch nie in meinem Leben so dermaßen durchbeißen müssen. Es ist, als würde man durch ein Kissen atmen. Nach jeder noch so kleinen Etappe bin ich vollkommen außer Atem und brauche ein paar Minuten, bevor ich die nächsten 30 Meter schieben kann. Das Schlimme ist, dass man sogar nach dem Anhalten noch weiter in Atemnot kommt, man hat regelrecht das Gefühl zu ersticken. Erst nach etwa einer Minute tiefem Einatmen fängt sich der Kreislauf und hat die Luft in die von Sauerstoffmangel geplagten Regionen des Körpers transportiert. Dann kann es weitergehen. Der Gletscher scheint nicht näher zu kommen, und die Strecke wird zur Kraft- und Geduldsprobe. Nach fast einer Stunde kommen wir völlig erschöpft am Aussichtspunkt auf 5100 Metern Höhe an.

Diese Sicht wäre mir jeden Kraftakt wert gewesen. Ich hätte Hansen auch hochgetragen, wenn's hätte sein müssen, allein schon, um jemanden zu haben, der diesen Moment mit mir teilen kann. Jemand, der mich später daran erinnert, dass all das wirklich wahr ist! Ich bin vor Erschöpfung und vor Begeisterung sprachlos. Hansen auch. Eine 40 Meter hohe Gletscherwand ragt über ein Flussbett und zahllose Endmoränenwälle auf. An manchen Stellen schießt das in der Sonne glitzernde Wasser aus dem Gletscher wie durch die undichten Planken eines Schiffes. Der Blick zurück eröffnet eine schier endlose Sicht über die Weite der Hochebene. Auf der anderen Seite des durch Bäche zerfurchten Gletschertals sieht man in der Ferne auf einem noch höher gelegenen Hügel eine Ansammlung tibetanischer Gebetsflaggen im eisigen Wind wehen. Hansen und ich schauen uns an und haben offensichtlich den gleichen Gedanken: »Lass uns aus unserem Abstecher einen Umweg machen und über den Hügel da auf unsere Route zurückfahren«, spricht Hansen aus, was wir beide denken. Ich will nichts anderes, zweifele aber, ob wir die Kondition dazu haben. »Das sind fast fünf Kilometer ohne Straße, und selbst ohne Fahrräder wäre das anstrengend. Außerdem sind es sicher noch mal über 100 Höhenmeter, das wird echt knapp, wenn wir vor Sonnenuntergang noch 500 Meter absteigen wollen.« Ich weiß, dass die Entscheidung bereits mit dem Blick gefallen ist, den wir uns vorhin zugeworfen haben. Hansen findet auch noch einen Ausweg für meine Bedenken: »Wenn wir es nicht hoch schaffen, fahren wir einfach durch das Flussbett des Gletschers zurück ins Tal, dann sind wir wieder auf der gleichen Höhe wie heute Morgen.« Ich stimme zu. Wir schieben unsere Räder vorsichtig hinab ins Gletschertal und überqueren die zerfurchte Stein- und Hügellandschaft. Ständig muss ich das Rad über große Felsen heben, so uneben ist der Boden. Schieben ist immer viel anstrengender als fahren. Aber uns bleibt hier nichts anderes übrig. Der Gletscher sieht von unten bedrohlich aus, riesig ragen die blau-weiß leuchtenden Eiswände über unseren Köpfen in den Himmel. Wir halten einen Sicherheitsabstand, sodass eventuell abbrechendes Eis uns nicht erreichen kann, trotzdem fühle ich mich unwohl. Die Durchquerung der Bäche, von denen uns einer beinahe mitsamt Fahrrad mit sich reißt, ist schon enorm anstrengend, aber viel schlimmer ist der Aufstieg auf der anderen Seite des Gletschertals. Kein Pfad oder Weg führt hindurch. Alle fünf Meter machen wir Pause, ich bin der Verzweiflung nahe: »Das schaffen wir nicht«, rufe ich Hansen völlig außer Atem zu. »Das ist viel zu steil! Bis es dunkel ist, haben wir nur noch drei Stunden.« Hansen beruhigt mich und rechnet mir seinen Zeitplan vor: »Zwei Stunden bis zu den Flaggen, und dann eine Stunde abfahren, das reicht!«

Immer wieder läuft einer von uns ohne Rad vor, um einen möglichst flachen Aufstieg zu erkunden. Meine Lunge brennt von der Kälte und Anstrengung, und natürlich fängt es erneut an zu schneien. In einem fort muss ich mir in Erinnerung rufen, was ich beim ersten Anblick des Gletschers gedacht habe: Ich hätte Hansen hier hochgetragen, es ist jede noch so schlimme Anstrengung wert! Aber es fällt immer schwerer, mir selbst Mut einzureden. Hinter jedem Hügel kommt ein neuer, die Schiebeintervalle werden immer kürzer, und als ich kurz davor bin aufzugeben, erreichen wir endlich die flachere, oberhalb der Wand des Gletschertals liegende Hügellandschaft, auf deren höchstem Hügel unser gestecktes Ziel liegt. Zwar haben wir die steile Böschung des Gletschertals hinter uns gebracht, aber bis zum Gipfel sind es noch mal so viele Höhenmeter. Es geht zwar flacher bergauf, aber der Boden ist durchweicht vom Schmelzwasser, und die Räder sinken immer wieder bis fast zur Achse ein. Das Schieben ist so unendlich anstrengend. Ich versuche, anstatt der Schiebeintervalle von fünf Metern in einen sehr langsamen Rhythmus zu kommen, alle zwei Sekunden ein Schritt, und so schaffen wir es letztendlich auf den Gipfel. Während ich beim Aufstieg konzentriert vor mich auf den Boden geschaut und die Landschaft um mich herum kaum wahrgenommen habe, blicke ich nun um mich und traue meinen Augen nicht. Wie schon auf dem vorherigen Pass reißt die Wolkendecke auf, und die Sonne strahlt mit aller Kraft durch die letzten Wolkenfetzen hindurch. Der eben noch verhangene Blick über das Tal und die Berge wird frei, und mir bleibt vor Staunen die Luft weg. In meinem gesamten Leben habe ich keinen solchen Blick gehabt. Ich lasse mein Fahrrad fallen und drehe mich langsam im Kreis. Hinter mir erheben sich die 6000 Meter hohen Berge, der Wind bläst den Schnee von den Gipfeln zu uns rüber, wodurch die gesamte Luft um uns herum in der Sonne glitzert und blitzt. Der Schneeschleier sinkt hinter uns in die Ebene ab, so, dass man ihn von oben sieht, als ob man auf einen Nebelschleier aus Glitter schauen würde. Die darunterliegende Landschaft wirkt dadurch unwirklich und magisch. Unter mir fließt der Gletscher zwischen den Gipfeln in das Tal, dorthin, wo ich vorhin noch stand. Man kann 100 Kilometer weit schauen und sieht, wie das Hochtal langsam Richtung Yushu abfällt. Ich habe das Gefühl, die Erdkrümmung zu sehen, und über allem breitet sich der tiefblaue Himmel aus, der nun fast wolkenlos den Blick ins All freigibt. Der gesamte Boden ist mit von der Kälte zersplittertem Schiefer bedeckt, wenn man darüberläuft, klingt es, als ob Glas zerbricht. Eifrig flattern und knattern die Gebetsflaggen im eisigen Wind. Mir sacken beinah die Knie weg vor unglaublichem Glücksgefühl. Wer hätte gedacht, dass es noch so, so, so viel besser werden kann, als man es sich immer erträumt und vorgestellt hat. Auch Hansen hat sein Fahrrad abgelegt, und wir fallen uns in die Arme. Das ist der Moment, für den wir diese Tour machen, das hier, genau jetzt, das ist es. Wir sind in einem absoluten Glückstaumel, immer wieder läuft mir ein Glücksschauer über den Rücken, und ich jubele oder schweige fassungslos. Das ist der schönste Augenblick der gesamten Tour. Schöner kann es nirgendwo sein. Wir sind die einzigen Menschen weit und breit – vollkommen allein. Vor Freude, Rührung, Erschöpfung, Glück steigen mit die Tränen in die Augen. Die Kälte, der Wind, die Anstrengung, alles ist vergessen. Dieser Moment ist perfekt.

Wir spähen aus, wo die Straße beginnt, der wir weiter unten im Tal folgen wollen, und fahren über die sanft geschwungenen und trotzdem steilen Hügel querfeldein hinab. Es ist wie in einem Traum, man braucht keine Straße, weil das flache Gras und der darunterliegende Boden die perfekte Oberfläche bilden. Sanft rollen wir von Hügel zu Hügel. Am letzten Teil ist der Hang so steil, dass wir mit beiden Rädern gleichzeitig bremsen müssen und trotzdem ins Rutschen geraten. Dann hilft nur noch, sich quer zum Hang in Serpentinen den Berg hinunterzuschlängeln.

Die Sonne steht nun so tief, dass sie unsere langgezogenen Schatten bis hinunter ins Tal wirft. Unter uns jagt eine Herde Yaks durch das Flussbett, an dessen Ufer wir unser Nachtlager aufschlagen wollen. Die riesigen Tiere sind fast furchteinflößend, wie sie, gefolgt von einer riesigen Staubwolke, über die Ebene und durch den Fluss preschen. Als hätte er meine Gedanken gelesen, sagt Hansen ehrfürchtig: »Ich würde vorschlagen, dass wir unser Zelt abseits des Yak-Highways aufschlagen.«

Es ist dämmert schon, als wir unser Zelt am steilen Ufer des Gletscherflusses aufbauen. Der Boden ist durchlöchert von den Höhlen der kleinen Murmeltiere. Hier und da schauen ihre Köpfe mit schwarzen, runden Augen neugierig aus den Löchern und beobachten uns Fremdlinge skeptisch. Ab und zu geben sie pfeifende Geräusche von sich und sprinten von einem Eingang zum nächsten. Erst ist ihnen unsere Anwesenheit ein Dorn im Auge, aber nachdem sie merken, dass wir kein Interesse an ihnen haben, werden sie wieder mutiger und fast zutraulich. Manche nähern sich uns bis auf wenige Meter. Andere tollen wie kleine Kinder auf einem Spielplatz umher und jagen sich hakenschlagend durch die Dämmerung. Manchmal halten sie plötzlich inne, stellen sich auf ihre viel zu kurzen Hinterbeinchen und recken den Kopf in den Himmel. Auch die älteren Tiere sind zurück aus den Löchern gekommen und genießen die letzten warmen Strahlen der Sonne auf ihren kleinen, terrassenähnlichen Aufschüttungen vor dem Bau. Sie zwinkern entspannt in das rötliche Licht und scheinen sich nicht weiter an den beiden trägen Riesen mit ihrer Plastikhöhle zu stören. Als es dunkel wird, verschwinden sie in ihren Löchern. Das Holz zum Kochen, das wir bei den Gebetsflaggen gefunden haben, reicht gerade noch aus, um den Reis auf unserem kleinen Ofen zu garen. Aufwärmen müssen wir uns im Schlafsack.

Hansen

Die letzten Tage haben wir in völliger Einsamkeit verbracht. Die Straße, der wir gefolgt sind, hat sich mehrfach komplett aufgelöst und verschwand unter tosenden Bergbächen. Wen kümmert's auch. Wer braucht schon eine Straße, wo es keine Menschen gibt? Mehrfach sind wir mit viel Anlauf durch flache Bäche geprescht, mal mehr, mal weniger erfolgreich. Mitunter sind die Flussbetten so matschig, dass wir darin steckengeblieben sind und nur noch Schieben half. Mehrmals musste ich dabei an die beiden Ukrainer denken, denen das Wasser alles weggerissen hat. »Ist dir eigentlich klar, dass wir hier komplett auf uns gestellt sind«, habe ich Paul gefragt. »Wenn irgendwas passiert, ein Unfall im Fluss, ein Schlangenbiss, Krankheit oder so, kommt kein Schwein vorbei. Es sind fast 100 Kilometer in jede Richtung ohne andere Menschen, und noch weiter bis zum nächsten Arzt.« Und gerade, als ich das ausgesprochen hatte, und wir den Gedanken abgeschrieben hatten, vor Yushu überhaupt einer Menschenseele zu begegnen, rollt ein tibetanisches Pärchen auf seinem bunt geschmückten Motorrad die Sandpiste entlang. Die beiden zeigen uns eine Quelle, an der wir unsere Wasservorräte mit besonders klarem Wasser auffüllen können, wir teilen unsere Army Biscuits mit ihnen und verabschieden uns so wortlos, wie wir uns begegnet waren.

Ständig begegnen wir kleinen Herden wilder Esel. Die zierlichen Tiere haben eine fast schon zirkusreife Nummer drauf. Jedes Mal, wenn sie stehen bleiben, stellen sie sich in einer Reihe nebeneinander auf und schauen mit zur Seite gedrehten Köpfen zu uns herüber – fast wie die Background-Sänger bei einem Konzert.

Am Abend lassen wir uns wieder am steilen Ufer eines großen Flusses nieder. Auf der Suche nach einem geeigneten Zeltplatz mit ebenem Untergrund stoßen wir auf kleine Steinhaufen. Sie bestehen aus allen möglichen Formen von Steinen, die aufeinandergeschichtet sind. Auf den Steinen sind seltsame Muster und Zeichnungen zu erkennen, die wahrscheinlich in mühevoller Arbeit in diese hineingemeißelt wurden. »Das sind wohl so was wie Gebetssteine«, sagt Paul, der einen davon etwas näher betrachtet. »Die Zeichnungen sind zumindest sehr ähnlich wie die Buchstaben des tibetanischen Alphabets.« Um den kleinen Haufen Respekt zu zollen, beschließen wir, die willkommene Sitzgelegenheit nicht als solche zu benutzen und unser Zelt ein paar Meter weiter aufzuschlagen. Und wieder haben wir eine unglaubliche Sicht. Als der Mond aufgeht, schimmert sein Schein auf dem silbrigen Fluss, der wie ein Adergeflecht in unzähligen kleinen Armen die Ebene hinabfließt. Der Mond erleuchtet die Landschaft so hell, dass wir sogar am weit entfernten Horizont noch den Gletscher sehen können.

Am nächsten Morgen stehen wir mal wieder richtig früh auf. Schon um acht Uhr sitzen wir auf den Rädern und strampeln der aufgehenden Sonne entgegen. Mehrfach sehen wir kleine glasklare Seen neben der Straße, die aber wegen ihrer morastigen Ufer für uns unerreichbar sind. Am Abend finden wir eine leerstehende tibetanische Hütte. Da es angefangen hat zu regnen, sind wir froh, ein Dach über dem Kopf zu haben und eine Gelegenheit, unsere Schlafsäcke zu trocknen. Als wir die Hütte betreten, witscht ein Fuchs an uns vorbei ins Freie. In einer Ecke finden wir seinen Bau. Er wird wohl heute draußen schlafen müssen.

Am Morgen des nächsten Tages setzen wir uns vor die Hütte in die gerade aufgegangene Sonne, frühstücken gemütlich, packen unsere Sachen und fahren weiter. Die Straße wird zunehmend schlechter, wenig später ist der Untergrund überhaupt nicht mehr befahrbar. »Da ist die Stelle, die wir auf der Karte gesehen haben«, stellt Paul fest. »Ab hier hört die Straße auf.« Vor uns liegt der Ursprungsfluss des Jangtsekiang. Weil das Fahren unmöglich ist, steigen wir ab und schieben unsere Räder durch den immer tiefer werdenden Sand am Ufer des Flusses entlang. »So geht das nicht weiter«, ächzt Paul einige Kilometer später. »Wenn wir es so bis zur nächsten Stadt schaffen wollen, brauchen wir Tage!« Er hat recht. Also setzen wir uns hin und überlegen uns bei einer Pause, wie wir das Schieben effizienter organisieren können. Um die Räder leichter über den Sand zu ziehen, versuchen wir, die beiden Packesel mit Stöcken und Seilen nebeneinander zu einem vierrädrigen Gespann zu verbinden, um uns dann wie zwei Ackergäule davorzuspannen, leider ohne Erfolg. Wir entscheiden uns schließlich für die unbequemere, aber gute Alternative, die Pedalen mitsamt Armen abzuschrauben und unsere Hüften mit dem Gürtel an der Sattelstange festzubinden. So können wir über dem Fahrrad stehend, mit der Hüfte ziehend und, ohne uns an den Pedalen zu stoßen, das Rad über den Sand ziehen. »Jetzt machen wir im wahrsten Sinne des Wortes eine Radwanderung«, mache ich mich über Paul lustig, der neben mir herschleift. Diese Methode ist zwar angenehmer, als neben dem Rad stehend zu schieben, aber trotzdem enorm anstrengend. Die Räder sinken so tief im Sand ein, dass man dass Gefühl hat, beide Bremsen wären angezogen. Mit jedem Schritt rutscht man einen halben zurück.

Immerhin schaffen wir auf diese Art die 20 Kilometer am Tag und haben bis zum Ende des nächsten Tages die härtesten Strapazen hinter uns. Die Straße wird mehr und mehr befahrbar, und je näher wir dem kleinen Dörfchen Qumahexiang kommen, desto mehr bunt geschmückte Motorräder fahren mit schallend lauter Musik an uns vorbei. Leider wird aber auch das Wetter wieder schlechter, und es regnet in Strömen. Aus der Ferne hört man noch die Musik des Motorrads, das eben an uns vorbeifuhr: »Vamos a la playa« schallt es von den verregneten Bergen zurück. »Vamos Himalaja«, singt Paul mir grinsend zu. »Playa wäre mir im Moment echt lieber«, antworte ich.

»Das Dorf sieht so neu aus«, staune ich, als wir langsam mit unseren Rädern durch die geschäftige und tibetanisch-bunte Hauptstraße von Qumahexiang den Berg hochfahren. Alle Gebäude sehen aus wie frisch errichtet, nur vereinzelt sieht man kleine Geschäfte, die deutliche Altersspuren tragen. Auf einmal fällt es mir wie Schuppen von den Augen. »Das Erdbeben«, erinnere ich mich, »2010 war doch hier in der Gegend ein schweres Erdbeben!« Nur wenige Minuten später bestätigt sich meine Vermutung, als wir eine Lehrerin treffen, die aus Chengdu kommt und vor Ort mitarbeitet, um das Dörfchen wieder aufzubauen. Auch uns hilft sie beim Einkauf und zeigt uns, wo man gute Früchte bekommt. Während Paul mit ihr den Obst- und Gemüseladen, der in einer Autowerkstatt untergebracht ist, erkundet, mache ich vor der Tür Bekanntschaft mit dem örtlichen »Obermönch«, wie mir die Lehrerin später erklärt. Er ist etwas zurückhaltender als die übrigen Tibetaner, die neugierig an unseren Rädern herumspielen und sich über unsere Ausrüstung amüsieren. Der Mönch reicht mir die Hand und sagt mit einer leichten Verbeugung etwas, das vermutlich »Willkommen« heißt. Ich bin beeindruckt von der Ruhe, die er ausstrahlt, und seine Geste berührt mich. Man hört so viel über die gewaltlose und trotzdem hartnäckige Gegenwehr der Mönche gegen die Übermacht der chinesischen Regierung.

Als wir wieder aus dem Ort herausfahren, werden wir von einer Traube johlender Kindern begleitet. Hier und da ertönt ein »*Goodbye*«, was sowohl zur Begrüßung wie auch zum Abschied eingesetzt wird. Das war am Anfang manchmal irritierend – ein lautes »*Goodbye*« vermittelt nicht unbedingt das Gefühl, besonders willkommen zu sein.

MAI TAI / 2. SEPTEMBER / IM KREIS QUMARLEB

PAUL

Die Brücke, die uns über den Fluss weiter Richtung Yushu führt, hängt voller Gebetsflaggen. »Kann denen nicht mal jemand sagen, dass sie ihre Wäsche woanders aufhängen sollen?«, fragt Hansen feixend.

In der falschen Erwartung, dass wir nun entlang des Flusses in einer gediegen abfallenden Straße bis nach Yushu fahren, bewegen wir uns auf einer üblen Schotterpiste durch das Tal. Mehrfach kommen uns Mönche in wehenden Gewändern auf ihren kleinen Mopeds entgegen, besonders auffällig sind die unglaublich modischen Brillen, die sie tragen, vom Modell »Elton John«, über »John Lennon« bis hin zu »Ray Charles« ist alles dabei. Alle grüßen sie überschwänglich, verlieren dabei kurzzeitig die Kontrolle über ihre Fahrzeuge und schlingern dann langsam winkend an uns vorbei. Stück für Stück tauchen wir tiefer in das nicht autonome Tibet ein.

Leider ist nicht nur der Zustand der Straße nicht so, wie wir ihn uns vorgestellt haben. Noch schlimmer ist, dass sie nicht den Fluss entlang, sondern diagonal zu den Bergkämmen des Himalaja nach Yushu führt. »Die Straßenbauer wurden wohl nach Kilometern bezahlt«, versucht Hansen gute Miene zum bösen Spiel zu machen. Die beschwerliche Fahrt wird uns noch durch einen Husten »versüßt«, den uns wahrscheinlich der ständige Staub eingebrockt hat. Wir fahren also langsam und durch die Nase atmend, um unsere Bronchien und Lungen zu schonen.

Oben auf dem Pass wird uns klar, dass die nächsten Tage keine Spazierfahrt werden. »Wenn die Straße so verläuft, wie ich es hier erkenne«, sage ich zu Hansen, »müssen wir bis Yushu mit mindestens acht Pässen zwischen 4500 und 4800 Metern rechnen. Wir schaffen das so niemals rechtzeitig bis nach Garze, um unser Visum zu verlängern!«

»Uns bleibt aber nichts anderes übrig«, antwortet Hansen. »Wenn wir jeden Tag 70 Kilometer bis Yushu machen, und danach 110 Kilometer fünf Tage lang bis Garze, sind wir drei Tage vor Ablauf der Visa da, das reicht doch«, rechnet er mir vor. Und tatsächlich schaffen wir an dem Tag trotz zwei hoher Pässe noch 75 Kilometer und fahren bis in die Nacht hinein weiter. Zu allem Unglück beginnt der nächste Tag mit heftigem Regen. Als er nicht aufhören will, beißen wir die Zähne zusammen und fahren los. Auf der Straße ist eine tiefe Matschschicht, die

die Fahrt auf anstrengende zehn Stundenkilometer abbremst. Immer wieder müssen wir die Schutzbleche vom Schlamm befreien, weil sich das Rad ansonsten schlecht dreht. Jetzt sind wir besonders froh, dass wir uns bei der Auswahl unserer Räder für die 14-Gang-Nabenschaltung von Rohloff entschieden haben. Kein Dreck, kein Schlamm, kein Wasser und kein Gras kann in das hermetisch abgeriegelte Getriebe dringen. Egal wie widrig die Umstände sind, sie ist immer zuverlässig.

Häufiger als sonst werden wir von Schaulustigen von der Straße abgedrängt und zu Fotos gezwungen. Wir kommen langsam und schleppend vorwärts.

»Hey Paul, du wolltest dich doch heute mal wieder waschen«, fordert Hansen mich auf, als sich die Sonne kurz zeigt. Er selbst hat sich tapfer vor ein paar Tagen in einem eiskalten Bach gewaschen. Weil ich nicht mitgemacht habe, hält er mir jede Nacht im Zelt vor, ich würde zum Himmel stinken. Na gut. Schnell schlüpfen wir aus den Klamotten und tauchen in den eiskalten Gebirgsbach ein. Mir wird zwar schwindelig, als ich den Kopf unter Wasser stecke, um mir die Haare zu waschen, aber als ich heraustaumele, überkommt mich ein Gefühl von wohliger, sauberer Wärme.

Wir setzen unsere Fahrt fort, und es wird schon langsam dämmrig, als wir vor der Serpentinensteigung unseren Wassertank auffüllen wollen. Als ich durstig drei tiefe Schlucke von dem eiskalten Gebirgswasser nehme, muss ich feststellen, dass es nach Öl schmeckt. Ich spucke so viel es geht wieder aus, und wir fahren ohne Wasser mit brennenden Kehlen und klebender Zunge weiter den Pass hoch, wo wir auf die Ursache für den Ölgeschmack stoßen. Straßenbauarbeiter haben eine kleine Lkw-Werkstatt aufgebaut und machen ihren Ölwechsel direkt am Bach – wie praktisch. Schimpfend fahren wir an der Werkstatt vorbei. Leider biegt auch der Bach hinter der Werkstatt in ein anderes Tal ab, sodass wir an diesem Tag auch noch den dritten Pass über 4600 Meter überfahren müssen, um auf der anderen Seite nach Wasser zu suchen. Als es gerade dunkel wird, erreichen wir mit brennenden Oberschenkeln den Sattel des Berges. »Ich kann nicht mehr«, keucht Hansen und steht über dem Lenker gebeugt hinter mir. »Halt durch. Wir müssen doch jetzt nur noch abfahren und Wasser suchen«, antworte ich, während ich mir die Jeans überziehe. Und so fahren wir keuchend und frierend bei minus fünf Grad in der Nacht mit unseren spärlich leuchtenden Stirnlampen ins Tal. 15 Kilometer weiter finden wir endlich einen Bach. Es ist stockdunkel. Wolken verdecken den Mond und die Sterne, und weit und breit ist keine Lichtquelle. Wir füllen unsere Kanister auf und fahren langsam weiter durch das Schwarz der Nacht. Nur das Licht unserer Stirnlampen erleuchtet die Straße und deren Rand auf der Suche nach einem Platz zum Zelten. Aber das Tal ist von dem Bach überflutet, und es ist unmöglich, einen trockenen Schlafplatz zu finden. Zur Krönung bekomme ich auch noch einen Platten. Wir überbrücken die Luftlosigkeit mit Pumpintervallen, bis wir einen Schlafplatz gefunden haben, um den Platten am nächsten Tag zu flicken. »Es ist schon ein Uhr«, sagt Hansen besorgt, »wir müssen von der Straße abfahren und versuchen, woanders einen Schlafplatz zu finden.« So machen wir immer wieder Stichprobengänge ins Dunkel und suchen nach einem flachen, ebenen und trockenen Platz. Nur Nieten. Als uns nach einer kleinen Siedlung mindestens zehn Hunde laut kläffend über mehrere Kilometer verfolgen, platzt mir der Kragen. »Schnaaaauuuutze! Verdammt noch mal!«, brülle ich die verdutzt stoppenden Hunde an und schwinge wie ein Urmensch meinen keulenähnlichen Fahrradständer, den ich mir aus einer gefundenen Krücke gebaut habe. Hansen steht hinter mir und lacht sich kaputt. »Die Hunde dachten, sie würden gleich vom Yeti gefressen«, kichert er. Und wie es der Zufall will, erstreckt sich an genau der Stelle eine sanfte Wiese, auf der wir endlich, endlich unser Zelt aufschlagen können.

Auch am nächsten Tag ist die Stimmung wegen des Zeitdrucks, des unaufhörlichen Regens und der schlechten Straßenlage angespannt. Weil Hansen morgens noch das Objektiv unserer Kamera reinigt, wofür er es komplett auseinandernehmen und wieder zusammenbauen muss, kommen wir erst mittags los. Heute noch 70 Kilometer schaffen und auf dem Weg ein paar 4600 Meter hohe Pässe überfahren zu wollen, ist einfach hirnrissig. Unser Plan, rechtzeitig bis nach Garze zu kommen, ist eindeutig in Gefahr.

Doch bisher traut sich keiner von uns beiden, das auszusprechen. Denn: was dann? Mit letzter Kraft schleppen wir uns durch die nahtlos vom Regenguss in Schneesturm verwandelten Wetterverhältnisse den Pass hoch. Die Regenkleidung hält dicht, aber durch den darunter angesammelten Schweiß werden wir von innen klatschnass, was auf der anschließenden Abfahrt wiederum dafür sorgt, dass wir uns den Arsch abfrieren. Erneut müssen wir durch ein tosendes Flussbett schieben, dessen Fluten meinen Schutzengel, das kleine gelbe Vögelchen, das mein bester Freund Koni mir als Glücksbringer mit auf den Weg gegeben hat, mitreißt. Mai Tai, die mich treu die ganzen knapp 10000 Kilometer über begleitet hat, alles mit durchgestanden hat, länger lebte als Tomaso und Gurke. »Scheiße«, schreie ich. Jede Rettungsaktion ist sinnlos, die Wassermassen verschlingen sie. »Paul, dann ist sie eben weg – wir haben jetzt keine Zeit für so was!«, sagt Hansen. Natürlich hat er recht, aber die Stimmung wird dadurch nicht besser. Als wir endlich eine windgeschützte Stelle unter einer Brücke finden, um eine Pause zu machen, kann ich mich nicht mehr beherrschen. Mir platzt der Kragen, ich explodiere förmlich und kotze mich, mit Felsbrocken um mich schmeißend, über unsere idiotische Hetzerei aus. Ich habe es so satt! Mir ist selbst unerklärlich, woher ich überhaupt die Energie für einen dermaßen heftigen Wutanfall nehme. Ich habe mich noch nie in meinem Leben so außer Kontrolle erlebt.

Hansen ist ebenfalls baff und sucht Deckung hinter dem Brückenpfeiler. »Paul, drehst du jetzt durch?«, fragt er vorsichtig, und ich brülle ihn an: »Na, wonach sieht's denn aus, du Schlauberger, du Wir-Schaffen-70-Kilometer-und-drei-4600er-Pässe-am-Tag-Vollidiot! Es ist zum Kotzen. Wir hetzen uns nur noch ab. Hast du etwa noch Spaß?«

»Paul, ganz ruhig, und bleib bitte sachlich. Mir ist doch selbst klar, dass das alles zeitlich nicht aufgeht.« Hansen versucht, sich erst gar nicht auf meinen Stimmungspegel einzulassen. »Wenn du fertig bist mit dem Steinschleudern, können wir ja besprechen, was wir machen«, sagt er und schaut mich streng an.

Ein paar Stunden später ist der Entschluss gefasst. Wir werden versuchen, den Rückflug zu verschieben. Wir brauchen mehr Zeit, es geht nicht anders. Die psychische Anspannung und physische Entkräftung kostet uns sonst die gesamte Tour. Wir überlegen uns, was wir alles erledigen müssen, um das Visum ein zweites Mal zu verlängern und finden heraus, dass es kein Hexenwerk ist. »Nur, den Flug umzubuchen, das könnte teuer werden«, sage ich zu Hansen, der neben mir hockt und akribisch unsere Ausgaben in Listen führt.

Am nächsten Morgen stehen wir spät auf und versuchen, die wesentlichen Fragen zu klären, die eine Verlängerung unserer Reise mit sich bringt. Ein neugieriger Tibeter hält an und begutachtet unsere Recherchearbeiten über unsere Schultern hinweg. Wir versuchen, mit ihm zu reden, aber er scheint zufrieden damit, neben uns zu sitzen und zuzuschauen. Jedes Mal, wenn ein Auto vorbeifährt, winkt er diesem zu und fordert es ebenfalls zum Anhalten auf, als wolle er sagen: »Komm rüber und lerne meine neuen Freunde kennen.« So stehen zeitweise fünf Autos auf der Straße und ein Vielfaches an Schaulustigen um uns herum. Ich werde mich an dieses Verhalten nie gewöhnen können, und auch wenn ich mir vornehme, gelassen damit umzugehen, irgendwann bin ich auch diesmal nach allzu distanzlosem Schulterblicken mit Atmen im Nacken demonstrativ aufgestanden und habe mich ein paar Meter weiter hingesetzt. Am Ende des Tages können wir mittelmäßigen Erfolg verzeichnen. Die Umbuchung des Fluges kostet uns zwar ein Sümmchen, ist aber finanzierbar, und alles andere fügt sich scheinbar wie von alleine unseren Plänen. Unsere Erleichterung und die Anspannung, die von uns abfällt, ist unbeschreiblich. Die bevorstehende Hetzerei verwandelt sich in einen zwar immer noch straffen, aber umsetzbaren Plan, der nun wahrscheinlich letzten sechzig statt nur noch dreißig Tage. Trotz der gewonnenen Zeit wollen wir noch abends losfahren, um wenigstens ein paar Kilometer zurückzulegen und unseren ruhelosen Beine etwas Bewegung zu gönnen. Bis wir uns ein Nachtlager suchen, ist es schon fast dunkel, und ein leichter Nieselregen hat eingesetzt. Die Kälte dringt durch unsere Kleidung.

NACH DEM ERDBEBEN / 2. SEPTEMBER / KURZ VOR YUSHU

Hansen

»Paul«, rufe ich. Keine Antwort. »Ich habe einen Zeltplatz gefunden.« Immer noch keine Reaktion. Mir fällt unsere Abmachung ein, die wir für den Fall, dass wir auf Zeltplatzsuche außer Rufweite kommen, getroffen haben. Ich pfeife einmal zwischen meinen Fingern, warte kurz und pfeife erneut, diesmal etwas länger, das ist das Zeichen, mit dem ich ihm zu verstehen gebe, dass er zu mir rüberkommen soll. Aus der tiefschwarzen, sternlosen Nacht schallt ein entfernter Pfiff zu mir herüber, Paul hat mich verstanden. Kurze Zeit später stehen wir uns wortlos gegenüber, jeder hält ein Ende des Zeltes fest, und wir legen es auf die ausgewählte Stelle. Die Heringe versinken mit einem dumpfen Knuspern im torfigen Boden.

»Wie ist der Boden?«, fragt Paul mit der Stimme eines überkandidelten Tantchens, das sich erkundigt, ob das Gebäck mundet.

»So ähnlich wie ein zäher Schokoladenkuchen, mit knusprigen Splittern Zartbitterschokolade darin, frisch aus dem Kühlschrank. Das Zelt sollte halten«, antworte ich.

Im Laufe der Zeit haben wir uns diese Beschreibungen des Bodens angewöhnt, mittlerweile läuft uns schon fast das Wasser im Mund zusammen, wenn es ausnahmsweise mal kein steiniger, matschiger oder sandiger Untergrund ist, sondern ein zarter, weicher Belag, der die Heringe mit regelmäßigem Widerstand aufnimmt. Ein bisschen spielt bei dem Vergleich auch die Sehnsucht nach einem saftigen Stück Herrentorte mit, das gebe ich zu. So eine, wie wir sie früher immer zum Geburtstag bekommen haben. Wieso verzichte ich auf so etwas? Was hat in mir den Wunsch geweckt, abends im kalten Wind, durchnässt vom Regen, mit schmerzendem Hintern auf steinigem Boden zu sitzen und Reis mit Yakbutter auf dünnen Stäbchen (unser einziger Löffel ist zerbrochen und Ersatz schwer aufzutreiben) über meine rissigen Lippen in den Mund zu balancieren?

Das Feuer im kleinen Ofen knistert. Wir haben nach dem Abendessen noch ein bisschen von dem eigentlich fürs Frühstück reservierten Holz nachgelegt. Unsere tägliche Holzsammelaktion hat diesmal nur eine spärliche Ausbeute ergeben. Bevor wir in die kalten Schlafsäcke kriechen, wollen wir aber unsere Füße noch einmal nah an den heißen Ofen stellen, um sie ein wenig zu wärmen. Die Schuhe trocken langsam, der aus ihnen aufsteigende Wasserdampf ist in dem Licht des Feuers kaum vom Rauch zu unterscheiden, immer wieder fühlen wir an der Gummisohle unseres einzigen Schuhpaars, ob sie zu heiß werden und sich eventuell unbemerkt Rauch unter den Wasserdampf gemischt hat. Sobald die Wärme ins Blut übergeht, überkommt mich eine angenehme Müdigkeit, Paul reicht mir den letzten Schluck Bier aus der Dose, die wir heute Mittag in einem kleinen Laden am Straßenrand ergattern konnten. Der Himmel hat aufgeklart, und ein sagenhafter Sternenhimmel wölbt sich über uns und den schneebedeckten Bergen, die uns in einem weiten Halbkreis umgeben. Kein Haus, keine Laterne, kein Auto, keine Menschenseele weit und breit zu sehen. Der Wind legt sich, unser Feuerchen glimmt noch ein wenig und erlischt dann gnadenlos. Keine Chance, es noch einmal anzufachen und die gemütliche Wärme zu verlängern. Eine perfekte Stille kehrt ein, und wenn Paul nicht gerade mit einem Stöckchen in der Asche hantiert, kann ich den eigenen Herzschlag hören. Beinahe ist es beängstigend, so, als wäre man plötzlich taub, und andererseits gibt es keinen friedlicheren, stimmungsvolleren Moment. Ein unglaubliches Glücksgefühl übermannt mich, wie ich es trotz der unmenschlichen Anstrengungen im Himalaja in den letzten Tagen schon öfter verspürt habe. Ich schaue Paul an und sehe, wie er ebenfalls in den Himmel schaut und zufrieden seufzt. Keine Schokoladentorte der Welt würde mich jetzt hier weglocken, und ich vermute: Paul auch nicht.

Je weiter wir an Yushu herankommen, desto desaströser wird die Verwüstung. Yushu war das Zentrum des Erdbebens, das vor zwei Jahren fast 2700 Menschen das Leben gekostet hat. Eine riesige Zahl, vor allem, wenn man bedenkt, wie dünn die tibetanische Region besiedelt ist. Auch in dem kleinen Örtchen Zhidoi, an dem wir gerade vorbeikommen, stehen nur noch wenige Häuser, und viele der Kinder und Jugendlichen haben große Narben an Händen und im Gesicht oder sogar ganze Gliedmaßen verloren. Ein riesiger Schutthaufen ist im Zentrum des Dorfes aufgeschüttet und mit unzähligen Gebetstafeln und Flaggen geschmückt. Am Ortseingang stehen die blauen Notunterkünfte der Hilfsorganisationen, die vor dem sehr harten Winter die zerstörten Häuser ersetzt haben. Irgendwie kommt man sich als Fahrradtourist deplatziert vor, auch wenn uns überall fröhliche Gesichter willkommen heißend entgegenlachen.

»Ich will nicht wissen, was uns in Yushu erwartet.« Ich lasse meinen Blick über die Trümmerhaufen und Baustellen schweifen. »Hoffentlich können wir unser Visum da überhaupt verlängern!«

»Aber dann hätte uns der Polizist in Golmud das doch nicht so gesagt.«

Nach einem kurzen Aufenthalt fahren wir weiter und lassen wieder eine Schar kreischender und freudig winkender Kinder hinter uns. Langsam zieht sich die Straße durch das sanft ansteigende Tal auf unseren nächsten 4000er-Pass zu. Wir fahren nebeneinander, weil kaum Verkehr herrscht und wir so besser reden können. Die Landschaft ist mir mittlerweile so vertraut, aber wenn ich zurück sein werde in Berlin, werde ich sie vermissen, die mal sanft, mal schroff geformten Berge, die in so unvorstellbaren unbewohnbaren Höhen eine so reiche und unberührte Natur bergen, wie ich sie nirgends zuvor erlebt habe. Überall plätschern kleine Bäche, die sich den Weg durch den moosigen Boden bahnen. An den Abbruchkanten sitzen Murmeltiere in der Sonne und genießen die Rückendeckung. Paul scheint meine Gedanken zu teilen: »Das ist der Himalaja …«, sagt er wie ein Kommentator einer Tierdoku. »Das ist mein neues Lieblingsgebirge. Ich werd's so vermissen in Berlin.«

Als wir am 3. September aufstehen, ist alles gefroren, aber die Sonne hat viel Kraft und wärmt uns schnell. Wir wollen endlich die letzten 165 Kilometer und zwei 4500 Meter hohe Pässe nach Yushu hinter uns bringen und die Nacht nach Yushu durchfahren. Wir haben die Schnauze voll vom Visastress und wollen mit Sicherheit wissen, ob wir in Yushu unseren verlängerten Aufenthalt legalisieren können. Vorher kann ich sowieso keine Nacht mehr ruhig schlafen.

Beflügelt von dem Gedanken, am nächsten Tag alles hinter uns zu haben, erklimmen wir den ersten Pass. Plötzlich begegnen wir ein paar wirklich unangenehmen Hunden. Nicht bellend, sondern mit gesenktem Kopf und knurrend kommen sie auf uns zugeschossen. Mit einem riesigen Satz springen sie über den sicher zwei Meter breiten Straßengraben und drehen in unsere Richtung ab. Diese Wut und Aggressivität in ihren Augen habe ich vorher noch nie gesehen. Wir fahren schnell die Straße hinab, aber sie jagen uns. Einer von ihnen verbeißt sich in meine Isomatte und reißt ein Stück davon heraus. Das hätte auch mein Unterschenkel sein können, schießt es mir durch den Kopf. Glücklicherweise kommt uns noch vor der nächsten Steigung ein Lkw entgegen, der die bissigen Viecher an den Straßenrand drängt. Mein Herz rast. »Die wollten uns wirklich angreifen.«

»Wem gehören die Drecksviecher, die kann man doch nicht rumrennen lassen!«, schimpft Paul.

»Die kennen keine Radfahrer«, keuche ich. »Und sie peilen nicht, wo sie reinbeißen müssen. An der Isomatte können sie von mir aus verrecken!«

Der erste Pass zieht sich länger hin als wir dachten. Oben ankommen sind wir fix und fertig, die Hunde, die schlechte Straße und die heftige Steigung auf den letzten Metern haben uns alle Reserven gekostet. Es ist schon sechs Uhr abends, und wir beschließen eine Essenspause weiter unten im Tal einzulegen, um neue Kräfte für die Nacht zu sammeln. So fahren wir einige Kilometer die steilen Serpentinen ab und suchen ein windgeschütztes Plätzchen fürs Kochen. Als wir wieder aufbrechen, dämmert es bereits, und wir machen uns bereit für die Nachtfahrt: Stirnlampen, Handschuhe, Jeans, dicke Socken und Bauarbeiter-Handschuhe, die wir in einem kleinen Dorfladen ergattern konnten. Als wir mit den Vorbereitungen fertig sind, ist es stockdunkel. Der Mond ist noch nicht aufgegangen, und die spärlichen Lampen reichen gerade, um mit 10 bis 15 Stundenkilometern die steinige Straße entlangzufahren. Um die Autos auf uns aufmerksam zu machen, lasse ich die frontal montierte Kamera aufblitzen, sobald sie in Sichtweite sind. Der Effekt ist perfekt. Die Autos bremsen ab und fahren vorsichtig an uns vorbei. Anfangs sind die Temperaturen noch gut auszuhalten, aber je weiter wir fahren, desto kälter wird es. Der sternklare Himmel lässt alle Wärme des Tages entweichen, und bald klebt Eis an den Tüchern vor unserer Nase. Auch die Hunde lassen uns nicht in Ruhe. Überall leuchten ihre Augen am Straßenrand, manchmal verdrücken sie sich, manchmal kommen sie auf uns zugeschossen und verfolgen uns hartnäckig bellend. Überhaupt ist was los im Dunkeln: Auch die Yaks sind nachtaktiv. Ihre gruseligen riesigen und zottigen Konturen mit den langen, spitzen Hörnern zeichnen sich hier und da gegen den Nachthimmel ab, darin die gelb leuchtenden Augen. Wenn man es nicht besser wüsste, könnte man ihre Silhouette für die des Gehörnten halten. Ab und an versperren sie uns den Weg, und wir müssen die gutmütigen, aber uns suspekten Gestalten passieren lassen.

Je später es wird, desto neugieriger sind die vorbeifahrenden Autofahrer. Sie spornen uns an, schenken uns Kaugummis und laden uns ein, mit ihnen zu trinken. Aber im Kampf gegen die Kälte und die Steigung des letzten Passes vor Yushu haben wir keinen Sinn für Ablenkung. So kämpfen wir uns durch die mittlerweile vom Mond erhellte Berglandschaft. Die Müdigkeit der vorangegangenen Tage und Pässe sitzt mir in den Knochen, aber die Aussicht auf klare Verhältnisse lässt mich weiterfahren. Die letzten Serpentinen zwingen mich in die Knie. Immer wieder halte ich an und trinke kleine Schlücke aus der kalten Wasserflasche, die mittlerweile Eis enthält. Ich versuche, meine leidenden Bronchien und Finger zu wärmen. indem ich mir die Hände abwechselnd vor den Mund halte. Die letzten Kurven werden wir wieder von einem wilden Rudel Hunde verfolgt, bis ein paar Serpentinen unter uns ein Licht angeht und die Kläffer zurückgepfiffen werden.

Endlich, um halb zwei nachts, erreichen wir den Pass, und der Blick im Mondlicht ist mit Abstand das Kitschigste, was ich seit Langem gesehen habe. Trotz meiner Eisklötze an Händen und Füßen bleibe ich oben stehen und genieße den unglaublichen Anblick. Die Passstraße windet sich unter uns in zahllosen Serpentinen neben einem silbern im Mondlicht schimmernden Fluss ins gut 1000 Höhenmeter abfallende Tal. Der Sternenhimmel erhebt sich über den vom Mond scharf gezeichneten Konturen der Gipfel bis über die 40 Kilometer entfernte Stadt Yushu, deren Widerschein in einer riesigen leuchtenden Sphäre am Horizont steht.

So schön die Sicht war, so gnadenlos und endlos windet sich jetzt die Straße vor uns an steil abfallenden Felswänden entlang. An besonders kritischen Stellen ist sie durch Steinmauern abgegrenzt, die mehrfach von in die Tiefe gestürzten Lkw durchbrochen sind. Meine Hände krallen sich mit aller Kraft an die kalten eisernen Bremsen. Wenn ich sie nur kurz loslasse, sticht es in den Gelenken und das Fahrrad beschleunigt so stark, dass ich wenige Sekunden später wieder mit aller Kraft daran ziehe. Es ist kalt genug, um sich Erfrierungen zu holen, aber hier oben ist es gute zehn Grad kälter als im Tal, in das wir hinabfahren, und so beißen wir die Zähne zusammen und rollen wortlos die endlose Passstraße hinab. Als es endlich flacher wird, schlagen wir vor einem kleinen Steinbruch das Zelt auf. Meine Finger tauen langsam auf, und ein stechender Schmerz breitet sich in den Händen aus. Es tut weh, die Heringe in den steinigen Boden zu stecken, jede feinmotorische Bewegung ist kraftlos und unpräzise. Schnell werfen wir unsere Schlafsäcke ins Zelt und verkriechen uns darin. Als mich langsam eine wohlige Wärme umarmt, schlafe ich zusammengekauert ein, nur meine Füße bleiben noch bis in die Morgenstunden eiskalt.

Film ab!

BERGE UND BEHÖRDEN
Yushu bis Chengdu

SACKGASSE / 4. SEPTEMBER / YUSHU

PAUL

»Scheiße… verdammt!« Ich stehe vor der Polizeistation in Yushu und könnte kotzen. Was heißt schon Polizeistation? Yushu ist das reinste Trümmerfeld. Eine in eine riesige Staubwolke gehüllte Baustelle. Hier steht seit dem Erdbeben kein Stein mehr auf dem anderen. Zig Meter hohe Schutthaufen lagern vor der Stadt und werden von riesigen Mühlen zu Sand verarbeitet. Nebenan wird der gewonnene Sand zu Beton verarbeitet und in schier endlosen Lkw-Schlangen wieder ins Zentrum gefahren. Es herrscht absolutes Chaos. Von den zehn auf Google Maps eingezeichneten Hotels, die wir heute Morgen abgeklappert haben, steht nur noch eines. Strom gibt's nur in den Abendstunden, weil alle Generatoren tagsüber für Bauarbeiten benötigt werden. Jeder, der das gesehen hat, kann sich sofort denken, dass hier nicht normal gearbeitet werden kann. Das Hauptrevier der Polizei ist zehn Kilometer aus der Stadt in einen Container ausgelagert worden, und dort hat man nur schlechte Nachrichten für uns. Auf keinen Fall ist dort eine Visaverlängerung möglich. Die hilfsbereite Polizistin, die in ihrem blitzsauberen Kostüm aussieht, als wolle sie die Unordnung um sie herum durch ihre Erscheinung ausgleichen, schüttelt fassungslos den Kopf, als wir ihr erzählen, dass der Polizist in Golmud uns versichert hat, in Yushu würde uns weitergeholfen. *»They so not know, what happened here«*, sagt sie traurig.

Das Ergebnis unseres sinnlosen Ausflugs zur Polizeistation: Um ein Visum zu verlängern bzw. neu zu beantragen, müssen wir nach Xining. Xining ist 1000 Kilometer entfernt von Yushu im Norden. Weit, weitab unserer Route. Resigniert gehen wir zurück zum Eingangstor des Verwaltungsgeländes, wo wir uns auf den Schock ein Eis an einem kleinen Kioskstand kaufen.

»Wir müssen noch heute nach Xining weiter, einen Bus können wir uns nicht leisten, also müssen wir trampen«, sagt Hansen entmutigt. »In spätestens drei Stunden sollten wir am Ortsausgang stehen und den Daumen raushalten.«

»Wenn uns heute einer mitnimmt, sind wir allerfrühestens morgen Mittag da, dann haben wir genau einen Tag zu wenig, um unser Visum zu verlängern«, rechne ich ihm vor.

»Wir müssen einfach hoffen, dass die Polizei in Xining unsere Lage versteht! Das ist schließlich eine Ausnahmesituation.«

»Und was machen wir mit den Rädern und dem Gepäck?«

»Wir fragen im Hotel, ob wir alles dort lassen können, bis wir wieder zurück sind«, schlägt Hansen vor, und ich spüre, wie mir die Vanillesoße des unberührten Eises über die Hand tropft.

Während wir im Schatten eines Containers stehen und beratschlagen, düst ein Jeep mit vier Polizisten vorbei, bremst vor dem Kiosk, und der Fahrer ruft den Besitzer zu sich. Sie befehlen ihm irgendetwas, woraufhin der Besitzer in den Laden hetzt und mit vier Eis zurückkommt. Es wird kein Geld bezahlt, aber die Polizei wirft die Eisverpackung auf den Boden vor den Laden, und der Fahrer zeigt darauf und befiehlt dem Ladenbesitzer offensichtlich, den Müll aufzuheben. Dieser lacht nur verlegen, holt den Besen und fegt den Müll zusammen. Dann weisen sie auf den Fußabtreter vor der Tür, der ihnen wohl nicht gerade genug liegt. Der arme Mann muss auch diesen unter tosendem Gelächter der Polizisten um ein paar Millimeter zurechtrücken. Die Polizei fährt lachend davon, und der arme Mann aus dem Laden steht gedemütigt da.

Ich schaue Hansen fassungslos an, und auch er hatte die Szene staunend mitverfolgt. »Was für Arschlöcher«, sagen wir gleichzeitig. So hilfsbereit und freundlich die chinesische Polizei uns gegenüber auch bisher gewesen ist, das gerade war unter aller Sau. Wir hatten schon öfter gehört, dass die Einheimischen zum Teil sehr respektlos behandelt werden. Doch bis eben habe ich nicht so wirklich daran geglaubt. Reine Schikane, um zu demonstrieren, wer der Boss ist. Mir zeigt das aber nur eins: Wer das Arschloch ist.

Nachdem wir im Hotel schnell die wichtigsten Sachen eingepackt haben, stehen wir mit einem kleinen Rucksack um sechs Uhr an einer Tankstelle außerhalb von Yushu. Das erste Mal seit fünf Monaten ohne Rad. Die ganze Zeit habe ich das Gefühl, etwas überaus Wichtiges vergessen zu haben.

Keine zwei Minuten später hält ein Tibeter an und nimmt uns die ersten zehn Kilometer mit. Motiviert beschließen wir, Lkw zu ignorieren und uns auf die schnelleren Autos zu konzentrieren. Als es dunkel wird, und wir noch immer nicht weitergekommen sind, beziehen wir auch die Lkw wieder mit ein und werden prompt von einem aufgegabelt, der am nächsten Tag um zwölf in Xining sein will. Kaum sitzen wir neben ihm und sind ein paar Meter gefahren, hält er die Hand auf. »Der will tatsächlich Geld!«, sagt Hansen. Es ist das erste Mal, dass uns das passiert. Und da wir es eilig haben, sind wir ziemlich in Bedrängnis. Der Fahrer verlangt 600 ¥ (Yuan) für beide, was nur knapp weniger ist, als der Nachtbus mit Schlafplatz gekostet hätte, der aber leider zu diesem Zeitpunkt schon längst abgefahren ist. Ich deute 200, er sagt 500 und bei 400 treffen wir uns. Immerhin räumen er und sein Kollege uns in ihren Kojen etwas Platz zum Schlafen frei. Die Fahrt verläuft angenehm, auch wenn der mit Glasscherben beladene Lkw die Bergstraßen mit ziemlich abenteuerlichem Fahrstil angeht.

Hansen und ich wechseln uns ab mit dem Schlafplatz, und so überstehen wir die holprige und laute Nacht. In der Morgendämmerung sitze ich vorne, als wir eine endlose, 20 Kilometer lange Gerade fahren. Insgesamt fahren wir an drei Lkw vorbei, die umgekippt neben der Straße liegen, einer davon sogar auf dem Kopf. Ich schaue den Fahrer erschrocken an, aber der grinst nur müde. »Die Idioten sind eingeschlafen«, sagt er. Er schlägt sich immer wieder selbst in Gesicht und Nacken, um wach zu bleiben. Alle paar Sekunden schaue ich rüber, aus

Angst er könnte auch eingeschlafen sein. Nachdem die lange Gerade vorbei ist, fährt er dermaßen schnell und ungebremst in die Haarnadelkurven der Serpentinen, verhält sich, als wäre er der Einzige auf der Straße, und hupt, als wolle er verkünden: Hier komme ich, ich bremse übrigens nicht. Und als ob das nicht genug wäre, telefoniert er, raucht und schält sich Erdnüsse, während er mit quietschenden Reifen an abgrundtiefen Steilhängen vorbeifährt. Irgendwann kann ich mich nicht mehr zurückhalten und gebe ihm zu verstehen, dass es mir zu schnell sei und er bitte langsamer fahren soll. Er lacht und schaut entspannt zu mir rüber, während er um die nächste Kurve quietscht. »Was denn? Mir ist noch nie was passiert«, gibt er mir zu verstehen und zuckt mit den Schultern. Immerhin wechselt er kurze Zeit später mit seinem ausgeschlafenen Kollegen und legt sich zu Hansen in die Koje.

Um neun Uhr morgens, nachdem nach erst 600 von 860 Kilometern absehbar ist, dass wir es niemals bis zwölf schaffen, fragen wir ihn nach der geschätzten Ankunftszeit. Gelassen antwortet er, dass wir gegen fünf in Xining sein werden, ganze fünf Stunden später als vereinbart.

»Das ist zu spät für uns – wir müssen mittags in Xining sein!«

Wieder nur träges Achselzucken.

»Paul, lass uns hier raus und ein Auto suchen, damit wir schneller sind.«

»Dann soll der uns verdammt noch eins mindestens 100 Yuan zurückgeben!«

Der Vorschlag kommt nicht gut an. Der Fahrer schmeißt uns raus und sagt, die 100 Yuan wären fürs Handyaufladen gewesen. Hansen platzt der Kragen: Er knallt die Tür zu und beschimpft den Fahrer mit der feinsten Auslese deutscher Schimpfwörter. Dieser, deutlich verdutzt, zieht Leine. »Hoffentlich platzen dir alle Reifen!«, ruft Hansen ihm noch hinterher.

Wir werden von einem 18-Jährigen aufgegabelt, der aussieht wie Michael Jackson, nur in superkurzsichtig, was ihn nicht davon abhält, das Gaspedal durchzudrücken, nur um wenige Sekunden später, wegen jeder leichten Verfärbung auf der

Straße, voll in die Eisen zu steigen. Die schreckhafte Fahrweise ist zwar unangenehm, aber wir kommen relativ schnell fast 140 Kilometer weiter. »Was wir jetzt bräuchten, wäre ein Businessmann, der die Strecke kennt und es eilig hat, nach Xining zu kommen«, sagt Hansen, als wir wieder am Straßenrand stehen. Und tatsächlich hält wenige Minuten später ein Pick-up mit zwei Typen, wie wir sie besser nicht hätten casten können: Sonnenbrillen mit schattiertem Verlauf, beide im Nadelstreifenanzug, einer mit Glatze, der andere mit Mittelscheitel. Auf dem Schoß hat der Beifahrer einen aufgeklappten Laptop, zwischen Schulter und Ohr klemmt ein Telefon, in der anderen Hand ein zweites. Das Fenster senkt sich, und über die Brille hinweg schaut der Fahrer an dem konzentrierten Beifahrer vorbei und macht eine wortlose »Wohin?«-Geste.

»Xining?«, fragt Hansen fast eingeschüchtert, und der Fahrer winkt uns mit dem Kopfnicken auf die Rückbank und los geht's. Weil der Pick-up unbeladen ist, springt das Hinterteil des Autos bei jeder kleinen Schwelle so sehr, dass ich und Hansen mit dem Kopf an die ohnehin niedrige Decke stoßen. Unbeeindruckt von den teilweise heftigen Bodenwellen rasen die beiden telefonierend und gestikulierend über die Landstraße. Als einem vor uns fahrenden Lkw das Schutzblech abfällt, steigt unser Fahrer kurzerhand aus, packt das Ding auf die Ladefläche, steigt wieder ins Auto, dreht sich zu mir um, reibt Daumen und Zeigefinger zusammen und sagt: »Money, Money, 500 Yuan« und deutet auf das Schutzblech. Ich kann mir ein Lachen kaum verkneifen, doch mein Kopf wird von dem bereits wieder beschleunigenden Auto in den Nacken geworfen …

Als wir endlich in Xining ankommen, ist es halb vier. Hansen und ich erleben den ersten City-Schock unserer Tour. Übermüdet und vollkommen geplättet von den um mich herum aufragenden Hochhäusern, dem Lärm, der Hitze, und den endlosen Massen an Menschen, die alle geschäftig und zielstrebig umherlaufen, stehen wir wie betäubt am Straßenrand. Ein heranrasender Bus drängt uns von der Straße auf den Gehweg. Wir finden uns inmitten einer Traube wartender Menschen wieder, die alle mindestens einen Kopf kleiner sind als wir. Das sorgt für Aufsehen. Ich schaue an mir herunter und sehe eine dreckige Jeans, kaputte Wanderschuhe, abgetragenes Fleece mit kaputtem Reisverschluss, eine schmutzig-gelbe, mit Tesa geflickte Cap in der Hand und dreckige Hände mit langen Fingernägeln. Auf dem Land fällt das gar nicht so schlimm auf, aber hier stehen um uns herum nur schick gekleidete Leute. Wir nehmen ein Taxi zum Bureau of Public Security Xining und laufen zielstrebig in das schnieke Foyer. Sofort werden wir von einer uniformierten Polizistin an den Visaschalter gebeten. Ich entschuldige mich auf Chinesisch dafür, dass ich kein Chinesisch kann, und ernte meine ersten Pluspunkte bei der in verschiedenen Foren als ziemliche Zicke deklarierten Polizistin. Man kennt sich schon, bevor man sich kennt – oh, Internetwunder. Auf mich wirkt sie wie jemand, der seinen Job ganz ausgezeichnet macht. Sie erklärt uns mit Geduld alles, was wir brauchen, und bittet uns, am nächsten Tag erneut zu kommen. Unsere etwas brenzlige Situation versteht sie ohne Meckereien und versichert uns, dass wir am Freitag unsere neuen Visa hätten, wenn wir alles so machen, wie sie sagt. Erleichtert von den guten Nachrichten suchen wir das von ihr empfohlene Hostel auf und mieten uns bis Freitag ein. Kaum haben wir unser wirklich paradiesisches Doppelzimmer im 15. Stock mit Blick über die ganze Stadt für umgerechnet zwölf Euro bezogen, überkommt mich eine fast erdrückende Müdigkeit. Die letzten Tage waren anstrengend, die Nächte schlafarm, und die Unsicherheit hat an meinen Nerven gezehrt. Jetzt, zum ersten Mal seit Tagen sehe ich, wie sich das Wirrwarr aus besonderen Umständen lichtet und sich eins zum anderen fügt. Wir gönnen uns noch ein Bier und eine Pizza und fallen ins Bett.

Mitten in der Nacht weckt mich Hansen: »Wie geht's dir?«, fragt er mit schleppender Stimme. »Gut«, sage ich, überrascht über die nächtliche Nachfrage. »Mir ist kotzübel, und mein Darm rumort«, sagt Hansen genervt, »die Pizza war schlecht.«

Keine fünf Minuten später ist er auf dem Klo. Die ganze Nacht versucht er, die Pizza loszuwerden, und am nächsten Morgen geht es ihm noch immer nicht viel besser. »Hansen, bleib du liegen, ich krieg das auch alleine hin mit dem Visa Office«, sage ich und laufe los. Ein Wettlauf mit der Zeit beginnt, und ich habe das Pech, im einzigen Fotodruckladen der Stadt zu landen, dem genau bei meinen Ausdrucken die Kartuschen leergehen. Mit einer Seelenruhe und gelegentlichem Online-Chat zwischendrin wechselt die höchstens zwölfjährige, Hubba-Bubba-kauende Verkäuferin die Kartuschen. Fast eine Stunde nach neun Uhr komme ich im Public Security Bureau an. Die Polizistin winkt mich zu ihr, und ich übergebe ihr die Unterlagen. »*Where is your Brother?*«, fragt sie. »*He's sick*«, antworte ich bedauernd. Sie hat heute schlechte Laune, das ist ganz offensichtlich. Sie beanstandet meine Passfotos, und als ich wage zu fragen, warum, sagt sie: »*Because I said so!*« Es hilft alles nichts: »*Your brother must come here, his photo not okay!*«, verlangt sie. Ich muss Hansen aus dem Bett klingeln, und er schleppt sich zu dem Visa Office. Dort lassen wir für teures Geld weitere Passfotos nach dem gewünschten Standard anfertigen. Als wir endlich die Unterlagen abgegeben haben und alles zu ihrer Zufriedenheit ist, nimmt Hansen sich ein Taxi ins Hostel, und ich laufe in der Stadt umher und erledige ein paar Dinge.

Auf meinen ursprünglichen, im gestrigen Schock gefassten Plan mir als Erstes Schuhe und Hose zu kaufen, verzichte ich. Nahrung und alles andere bekomme ich auch als Penner, solange ich bezahlen kann. Als ich in einen Sony-Laden gehe, um im Auftrag der uns begleitenden Filmproduktion einen Ersatz für die beim Sturz lädierte und sündhaft teure Filmkamera zu kaufen, spiele ich die Situation voll aus. Wohl wissend, dass ich mit meiner äußeren Erscheinung hier direkt als mittelloser Zeitgenosse abgestempelt werde, laufe ich rein, zeige zielstrebig auf die Kamera und blättere die eben am Automaten abgehobenen 50 100-Yuan-Noten auf den Tisch, ohne mir die Kamera genauer anzuschauen. Auf dem Weg hinaus lasse ich einen ganzen Pulk verdutzt schauender Verkäufer zurück, die am Anfang noch gezögert hatten, mir das Ding überhaupt aus dem Schrank zu holen. Schritt für Schritt nehme ich die Atmosphäre der Stadt in mich auf, und bald hat die erste große Stadt seit Moskau mich für sich eingenommen. Überall laufen uniformierte Kinder herum, teils in Camouflage, teils in Schuluniform, und immer im Gänsemarsch, manchmal kilometerlange Reihen auf dem Weg zum Sportplatz, wo sie, von unserem Zimmer perfekt zu beobachten, den ganzen Tag von wiederum uniformierten Soldaten gedrillt werden. In quadratischen und penibel angeordneten Regimenten werden die zehnjährigen Jungs und Mädchen mit scharfem Ton über den Platz kommandiert. Nebenan spielen die etwas Älteren Basketball, und noch etwas weiter sammeln sich alle paar Stunden Hunderte von Menschen und tanzen eine Art Fitnesstanz. Die klassischeren Chinesen suchen den Grünstreifen auf und praktizieren dort in weißen oder schwarzen Seidengewändern Tai-Chi, Fächertanz, Balltanz, Schleierwurf und Meditation. Die ganze Stadt scheint mindestens einmal am Tag auf diesem Sportplatz und Park zu sein und sich körperlich zu ertüchtigen, und sei es nur für den morgendlichen Zwanzig-Runden-Spaziergang auf der den Platz umkreisenden Aschebahn.

Weil ich voll beladen bin, nehme ich ein Taxi zum Hostel. Langsam schlängelt es sich durch die überfüllten Straßen. Der Fahrer singt leise zum Radio und surrend, knatternd und hupend umschwirren uns die Mopeds und Tuk Tuks wie ein Bienenschwarm. Die Leuchtreklame erhellt die Dämmerung, überall blinkt es. Nichts von dem, was da steht, verstehe ich, und so sind es für mich grelle Ornamente, die das Bild der Stadt ausmachen – eine Lichtshow mit unspezifischer Bedeutung.

In der Nacht träume ich von dem Film »Enter the Void«, in dem ich schwerelos durch die Gassen der Stadt fliege, vorbei an allen Leuchtreklamen, immer begleitet von einem hellen Lichtkegel, der mich durch das endlose Labyrinth führt.

Wie versprochen, bekommen wir von der superkorrekten Beamtin am nächsten Mittag unsere Visa ausgehändigt. Um nicht direkt wieder Stress zu haben, beschließen wir, noch einen Tag länger in Xining zu bleiben. Leider ergibt sich daraus ein größeres Problem. Das Hotel in Yushu, in dem wir unsere Fahrräder und Gepäck gebunkert haben, ist nur bis Samstagmittag bezahlt. Es ist außerdem unmöglich anzurufen, weil Yushu nur abends Strom hat und die Telefonleitungen noch nicht wieder stehen. Aus dem Schlamassel hilft uns die Besitzerin des Lete Youth Hostel – sie ruft einen Freund aus Yushu an, der seinerseits einen Freund anruft, der persönlich im Hotel vorbeigeht und für uns bezahlt. Wir wiederum bezahlen ihr den Betrag. »*I will give him back the money when I see him next time*«, sagt sie gelassen. Fast eine Stunde hatte sie rumtelefoniert und uns damit so sehr geholfen, ich hätte sie am liebsten umarmt, habe mich stattdessen aber sicherheitshalber nur höflich mehrfach verbeugt und »*sche-sche*« gesagt.

Wir fahren noch am selben Tag zur Busstation und kaufen uns ein Ticket, denn auf der Rückfahrt nach Yushu wollen wir nicht erneut um unser Leben bangen müssen. Ich erstehe noch ein neues Display, Akku und Speaker-Modul für mein iPhone für umgerechnet zwölf Euro, um die Schäden auszubessern, die mein Telefon am Anfang der Tour erlitten hat, seitdem ich es in der Jackentasche in einem Wasserbad gelagert hatte.

Als wir am nächsten Tag endlich in Yushu in unserem Hotelzimmer ankommen, ist noch alles an Ort und Stelle. »Wir sind wieder da«, sagt Hansen erleichtert, und lässt den Rucksack in die Ecke des Zimmers sinken. Obwohl wir doch auf der Tour fast ausschließlich positive Erfahrungen machen, kann ich ein gewisses Misstrauen einfach nicht abstellen. Die ganze Rückfahrt über habe ich mir Sorgen gemacht, unser Gepäck nicht mehr oder nur unvollständig wieder vorzufinden. Vielleicht will ich nur nicht als naiver Vollidiot dastehen, wenn wirklich mal etwas geklaut wird?

Während wir weg waren, hat es in Yushu geregnet, und die staubige Stadt hat sich in ein riesiges Schlammloch verwandelt. Auf der Suche nach einer Post, bei der wir das Backup unseres Videomaterials auf einer Festplatte sicher nach Deutschland verschicken wollen, laufen wir durch die Vororte, wo Tausende von Menschen auf engstem Raum seit zwei Jahren in Zelten hausen. Mit einem der WuLing-Taxi-Busse fahren wir durch die Verwaltungszentralen, die Märkte und Baustellen, bis wir letztendlich aufgeben, gescheitert an der Tatsache, dass die ordentliche Verpackung, ein sogenannter »internationaler Karton« der chinesischen Post, in Yushu nicht zu finden ist. Weil es schon spät ist, entscheiden wir, noch eine Nacht zu bleiben. Wir suchen uns ein kleines Restaurant, das in einer der Notunterkünfte beherbergt ist. In einer Glasvitrine sind all die toten Tiere und Teile ausgestellt, die man zerhackt mit Reis zu essen bekommt. Der sorgfältig auf engstem Raum arbeitende Koch stellt uns ein Abendessen zusammen: zerhackten Hahn und Schweinebauchspeck mit scharfem Dip und Chow-Mein-Nudeln. Neugierig beobachten die Einheimischen unsere Essversuche und erklären uns ein paar Dinge, die uns das Essen erleichtern – etwa wie man die Zunge aus dem Kopf des Tieres löst, um sie zu essen. Die bunten Glühbirnen, die an der Zeltdecke hängen, flackern nervös im Takt des Generators, und draußen werden die kargen Betonskelette der zukünftigen Häuser mit großen Scheinwerfern beleuchtet. Ich entdecke einen Arbeiter, der in schwindelerregender Höhe hängt und den Stahl der Träger zusammenschweißt. Das gleißend helle Licht blendet mich bis auf die andere Straßenseite und wird von der nassen Straße und den Baumaschinen zurückgeworfen. Der durch das Gerippe rieselnde Funkenregen erhellt im Sturz die darunterliegenden Stockwerke und bleibt für Bruchteile von Sekunden wie leuchtender Schnee auf den Querverstrebungen liegen.

Hansen reißt mich aus meinen Gedanken: »Lass uns gehen, ja?«

Wir bezahlen, verabschieden uns und laufen gemächlich zum Hotel zurück.

»Morgen sitzen wir wieder auf dem Bock«, sage ich zu Hansen.

»Endlich«, seufzt der.

FINANZKRISE / 11. SEPTEMBER / KURZ HINTER YUSHU

Hansen

Es ist witzig, wie markengeil die Leute hier in China sind. Während Paul auf dem Weg zu einer Poststation ist, die uns gestern Abend noch jemand verraten hat, warte ich bei den Rädern und habe alle Zeit der Welt zu beobachten, was um mich herum geschieht. Überall prangt das Apple-Logo, auf Caps, Hosen, Autofelgen – überall, wo es nicht hingehört. Selbst auf Telefonmodellen, die ganz offensichtlich nichts mit der kalifornischen Marke zu tun haben. Aber das scheint kein Problem zu sein. Hauptsache die Verbindung der begehrten Marke zum Eigentümer des Was-auch-immer wird hergestellt. Du bist ein respektierter Mann, wenn auf deiner Mütze ein riesiger angebissener Apfel zu sehen ist, und wenn dann noch der Schriftzug »3G« deine Schuhe ziert, hast du offenbar alles richtig gemacht. »3G« ist nämlich neben Apple das zweitgrößte Marken-Zauberwort und bezieht sich auf das schnellste und leistungsstärkste mobile Netzwerk. Aber darüber hinaus wird »3G« einfach als universales Qualitätsmerkmal benutzt. Für Batterien, elektrische Zahnbürsten, Taschenlampen, Rasierer und tausend andere Dinge, die ganz sicher nichts mit einem mobilen Netzwerk zu tun haben. Ich mag falsch liegen, aber ich bezweifle, dass ein paar Socken eine Internetverbindung verbessern können … Sogar in der Musik, die ständig durch die Gassen dudelt, taucht es ständig auf: *»3G Baby 3G, my telephone has 3G, call me on my 3G, uh yeah Baby«* Ich versteh den Text natürlich nicht, aber mithilfe der Musikvideos, in denen Hunderte eingeblendete 3G-Logos auftauchen, kann ich mir schon vorstellen, was gespielt wird. Mit »Ich find dich voll 3G« macht man hier wahrscheinlich Mädels an.

Jetzt sitze ich, um mich vor dem Regen zu schützen, unter einem Dachvorsprung direkt neben einer öffentlichen Toilette. Neben der Klodame ziert ein selbst gemaltes »3G« ein Schild.

Was das wohl bedeuten soll? Kann man, während man auf dem Scheißhaus sitzt, womöglich in Rekordgeschwindigkeit im Internet surfen? Mir bleiben die ganzen nächsten Stunden, um darüber nachzudenken, denn Paul kommt und kommt nicht zurück. Als er endlich nach fast vier Stunden auftaucht, bin ich völlig verfroren und Paul wegen der Postodyssee genervt. Die Stimmung ist am Tiefpunkt. Wir wärmen uns in einem Restaurant auf und warten vergeblich auf besseres Wetter, nur um eine Stunde später um sechs Uhr abends im strömenden Regen aufzubrechen.

Auf den deprimierenden Tag folgt ein deprimierender Abend, an dem wir im Regen unser Zelt aufbauen, schnell hineinschlüpfen und ein paar kalte Nudeln im Zelt essen.

Paul mosert: »Haben wir nicht noch irgendetwas Leckeres?«

»Paul, wir müssen heftig sparen. Ab heute ist Fastenzeit.«

»Was, so schlimm?«

»Die Visaverlängerung hat uns gut 500 Euro gekostet.«

»Was?! Niemals!«

»Doch, überleg mal: Wir mussten die Reise nach Xining zahlen, drei Nächte in zwei Hotels, eins für uns, eins für die Räder. Wir haben nur draußen gegessen, weil wir unser Kochzeugs nicht dabeihatten, und so weiter.«

»Aber dafür haben wir doch das Notfallbackup«

»Aber denk dran, was noch alles ansteht: Flug umbuchen, Visum ein zweites Mal verlängern lassen. Hotel in Shanghai und eben Notfälle – wer weiß, was noch so passiert und wer weiß wie lange die Räder ohne größere Reparaturen noch so easy mitmachen.«

Wir machen einen Kassensturz. Wenn wir es ohne Trampen nach Shanghai schaffen wollen, brauchen wir noch 29 Reisetage. Uns bleiben acht Euro pro Tag, das wird nicht reichen. Uns bleibt nichts anderes übrig als supersparsam zu sein. Und wenn wir Glück haben, kommt etwas über das Spendeportal rein, über das viele Freunde, Familienmitglieder und sogar Fremde uns geholfen haben, die Reise überhaupt auf die Beine zu stellen. Immer mal wieder spendet jemand zehn, 20 oder gar 50 Euro. Wir liegen noch eine Weile wach. Wie könnten wir unser Budget aufstocken? Was könnten wir verkaufen?

Zwei Tage später kommen wir an einer weiteren zerstörten Stadt vorbei, in der fast ausschließlich Mönche leben, sogar die Kinder laufen in Mönchskutte umher. »Meinen die das im Ernst oder ist das eher eine Art Verkleidung? Es kann doch nicht jedes Kind hier ein kleiner Mönch sein, wer soll denn dann in der Zukunft für Nachwuchs sorgen?«, fragt Paul. Aber ich müsste auch jemanden fragen, und das geht jetzt nicht. Wir müssen weiter.

Als wir erneut den halben Tag im Regen verbracht haben und die Nacht zuvor mit minus 13 Grad einen neuen Kälterekord aufgestellt hat, sind wir ziemlich glücklich, als wir gegen Abend in einem winzigen Dorf von Komtjo Tzera eingeladen werden, in seinem Zelt zu schlafen. Seine ganze Familie wird zusammengetrommelt, und so sitzen wir auf einem bunten Teppich auf dem Boden des Zeltes, das sie nach dem Erdbeben hier aufgestellt haben. »Bis wir ein neues Haus haben«, betont Komtjo Tzera. Im Laufe des Abends kommen die Nachbarn und sogar der Obermönch des nah gelegenen Klosters vorbei, um uns willkommen zu heißen. Wir reden mit ihm in spärlichem Englisch über die Unterdrückung durch die Chinesen und das alte Tibet, das es so wahrscheinlich nie wieder geben wird. Mehrmals weist er auf ein in einem Schrein aufgestelltes Abbild des Dalai Lama und drückt seinen Respekt ihm gegenüber durch nachdenkliches Nicken und leichte Verbeugungen aus.

Dann wird uns das mit Abstand schärfste Essen aufgetischt, das ich in meinem ganzen Leben gegessen habe. Es besteht wohl zu mehr als der Hälfte aus roten Chilischoten. Paul schüttelt sich, keucht, lacht und weint, während er das Yakgulasch mit Stäbchen zu sich nimmt. Uns wird aufmunternd auf die Schulter geklopft. »Das ist gesund! Ihr seid zwei starke Männer!« Da können wir natürlich nicht vor aller Augen schlappmachen. Als Nachtisch wird eine große Plastikschüssel mit gekochtem, kaltem Yakfleisch auf den Boden gestellt, aus der jeder sich mit seinen Händen bedient. Alle sitzen schmatzend und glücklich im Kreis. Je später die Stunde, desto vertrauter wird die Stimmung, und die unglaublich süßen Kinder sitzen irgendwann sogar auf unserem Schoß. Der Familienvater behandelt seine Kinder mit so viel Liebe und Respekt, wie ich es selten gesehen habe. Mir wird richtig warm ums Herz, wenn ich diese Familie sehe, die sich das Lachen und die Freude am Leben trotz der schwierigen Umstände bewahrt hat.

Erschöpft von dem langen Tag und dem schönen, aber anstrengenden Abend gehen wir schlafen, in dem Bett des Sohnes, der sich auf dem Teppich der Küche zusammenrollt. Unsere Widersprüche werden natürlich nicht akzeptiert, und so fügen wir uns, zugegebenermaßen froh über ein weiches Bett, dem Befehl des Familienvaters. Ich liege noch lange wach und denke nach über diese Welt, in der alles so simpel und so positiv scheint. Zwar bellen die ganze Nacht über die Hunde und rauben mir den Schlaf, doch habe ich ein Gefühl von absoluter Geborgenheit und Frieden in mir, glücklich über die Begegnung mit dieser Familie.

Um sieben Uhr morgens essen wir zum Frühstück, was von gestern übrig geblieben ist. Entgegen unserer Annahme, unsere Mägen würden bei Chili zum Frühstück rebellieren, machen sich wohlige Wärme und Energie in unseren Körpern breit: »Chili ist besser als Kaffee!«, stellt Paul fest. Das Tal ist in einen leichten Nebel gehüllt, überall steigt Rauch aus den Ofenrohren der Jurten, der sich in einem flachen Schleier über die Zelte legt. Wir verabschieden uns mit ausgiebigem Umarmen und Händeschütteln von der Familie, die nicht begreifen kann, dass wir nicht zurückkehren werden. Sie können nicht verstehen, dass unsere Tour nur in eine Richtung geht und wir aus ihrem kleinen Paradies wegfahren.

Ich schenke dem Herrn des Hauses noch einen Ring, den ich gestern Abend aus einer Speiche gebastelt habe, und Paul überlässt der Frau, die ein heftiges Hüftleiden hat, seine Krücke, die er auf dem Weg gefunden hat und die ihm seither als Fahrradstütze diente. Die Frau kann sie besser gebrauchen – denn sie stützt sich die ganze Zeit auf einem kaputten Bambusstück ab, das ständig umknickt. Die Freude ist groß, und so müssen wir versprechen, irgendwann im Leben mal wieder zu kommen. »Da oben auf dem Hügel bauen wir unser neues Haus«, gibt uns der Vater zu verstehen. »Wenn ihr nächstes Jahr wiederkommt, steht es schon.«

Wir fahren den ganzen Tag, schleppen uns über mehrere Pässe und werden mehrfach vom eiskalten Regen überrascht. Der Herbst ist nicht mehr aufzuhalten. So schön die Berge waren, so nervtötend sind sie jetzt. Es ist einfach nur noch anstrengend. Wir schleppen uns komplett demotiviert durch die Landschaft. All das hier war vor Kurzem noch so phantastisch und bestaunenswert, aber inzwischen ist es zum Alltag geworden. Langweiliger Alltag. Die Menschen nerven, die Landschaft nervt, die Tiere nerven, Paul nervt. Die Berge und Pässe hängen mir zum Hals raus. Der Höhepunkt der Tour liegt hinter uns, und wir nehmen schon die Abfahrt nach Shanghai, die sich unendlich in die Länge zieht. Ich könnte kotzen. Das Einzige was mich weitertreibt, ist der Gedanke daran, endlich in Shanghai einzufahren, alles hinter mir zu haben.

»Wie viele dieser Scheißpässe haben wir eigentlich noch vor uns?«, frage ich Paul, der gerade navigiert. »Acht«, ächzt der. Die Zahl hat er aber bereits vor dem vorletzten Pass genannt. Es ist, als ob immer neue Berge aus dem Nichts auftauchen, die wir mühsam überqueren müssen. Ich habe irgendwo zwischen Golmud und Yushu aufgehört, sie zu zählen, irgendwann dort muss die Bergeuphorie in Bergalltag umgeschlagen sein. Mittlerweile ist es nur noch Bergtortur. Wenn ich auf dem letzten dieser Acht stehe, werde ich auch mal wieder anhalten und ein Foto machen, den Blick genießen, vor allem im Bewusstsein, das letzte Kapitel dieser Tour zu beginnen, die Abfahrt und die Einfahrt in unser Ziel Shanghai. Ich male mir den Tag aus, an dem wir endlich ankommen: »Weißt du was, dann gehen wir als Erstes in eine gemütliche Bar, lassen uns von guter Musik berieseln und trinken kaltes Bier, snacken Erdnüsse und Chips, und sitzen einfach nur da, ohne Fahrrad, ohne Gepäck, im Warmen, im Trockenen, in sauberen Klamotten, frisch geduscht, und um unsere gesamte Reise und alle Geschichten und Erfahrungen reicher!«

»Wir holen uns alles an Leckereien, die es da gibt, viel zu viel, und setzen uns irgendwo in einen Park und essen, bis wir platzen«, steigt er ein.

»Nein, kein Park! Das Meer! Wir setzen uns ans Meer, weißt du eigentlich, wie sehr ich mich auf das Meer freue?«

In Gedanken sehe ich uns auf einer Bank an der Strandpromenade in der Sonne sitzen und die salzige Luft der wogenden Brandung einatmen. Man hört das Geschrei der Möwen und das Klappern der Wanten an den metallenen Masten der Segelbote, die sich im Hafenbecken …

»Achtung, WuLing von hinten!«, reißt Paul mich aus meinen Tagträumen. Die WuLing-Busse hier in Tibet und China sind eine Art Taxibus, die es meist unglaublich eilig haben und sich verhalten, als gehöre die Straße ihnen. Statt zu bremsen und vorsichtig zu fahren, rasen sie hupend und holpernd um enge Serpentinen in der Annahme, ihr eventuelles Gegenüber werde bei dem nervtötenden Gehupe klein beigeben. Allzu oft liegen die Busse im Graben, stehen mit gebrochenen Achsen oder platten Reifen am Straßenrand oder verrotten irgendwo mit Gras und Felsen dekoriert und ohne Scheiben, denn sie fahren nicht nur mit übertriebener und ungesunder Eile, sondern sind mit ihren winzigen Rädchen absolut ungeeignet für die kaputten, schlaglochreichen Straßen. Ironischerweise werden die unschnittigen, kastigen Kleinbusse mit Rallye-Zubehör aller Art dekoriert. Alle Scheiben sind getönt, ein Spoiler ziert das hohe Heck, Feuerflammen ziehen sich über die ausgewalzten Radkästen mit den viel zu kleinen Rädern, unterschiedlichste Antennen sind an den Stoßstangen und auf dem Dach befestigt, und überall kleben Aufkleber mit Aufschriften wie »Hyper Super Turbo«, »Turbo Power Muffler«, »High Special Super Power Turbo«, »WuLing Racing Team« und natürlich das unvermeidliche »3G«. Außerdem klebt auf der Heckscheibe meist die Skizze einer Rennstrecke wie etwa Spa, in der sowohl die G-Kräfte in jeder Schikane oder Kurve angegeben sind als auch die im Schnitt darin gefahrene Geschwindigkeit. Am Steuer dieser »Geschosse« sitzen entweder angespannte »Rennfahrer«, die ihre Insassen in ambitioniert sportlichem Racing-Fahrstil in waghalsigen Überholmanövern am schnellsten ins Ziel bringen wollen (koste es was es wolle), oder entspannt rauchend und telefonierende, aber ebenso rasende Möchtegern-James-Deans. Nicht verwunderlich, das wir als verletzliche Radfahrer ein gut eingeübtes Frühwarnsystem für diese Rowdys haben.

Als auch wir uns an die Abfahrt machen, lauert hinter einer Kurve eine wirklich einzigartige Überraschung: Vor uns fährt ein alter Traktor, auf dessen Anhänger zwei Betonmasten einer Stromleitung gebunden sind. Sie ragen so weit nach vorne, dass sie direkt über dem Kopf des Fahrers hängen. Anstatt die tonnenschweren Masten nun so zu verzurren, dass sie nicht gegen den Kopf des Fahrers knallen, hat sich dieser einen Motorradhelm aufgezogen, der seinen Kopf schützen soll. Bei jeder Bodenwelle dotzt der Kopf des Fahrers mit dem Helm gegen die lummelig verzurrten Betonpfeiler und macht ein dumpfes Geräusch. Der Traktor mit den schief auf dem Anhänger gelagerten Masten sieht aus wie ein selbst gebautes Raketenfahrzeug, dass jeden Moment versucht abzuheben, der silberne Helm des Fahrers perfektioniert den Raumfahrer-Stil. Der Fahrer hat nicht bemerkt, dass wir hinter ihm fahren, und winkt daher freudig den eigentlich uns grüßenden Kindern und Mönchen am Straßenrand zu. Es sieht ganz so aus, als ob der heldenhafte Astronaut mit seinem selbst gebauten Raumfahrzeug zur Startrampe rollt und von seinen Fans für seine tollkühnen Aktion bejubelt wird. Als er sich zufällig umdreht und uns erblickt, erkennt er die Sachlage. Etwas bedröppelt fährt er an die Seite und lässt uns passieren. Da hilft es auch nicht, dass wir ihm freundlich zuwinken. Sein Start wird auf unbekannte Zeit verschoben.

Die Landschaft beginnt sich langsam zu ändern. Immer mehr kleine Tannen tummeln sich in den Tälern und an den Flüssen. In einiger Entfernung sieht man noch die schneebedeckten Berge. Am Fuß einer Bergkette ist ein Kloster zu erkennen, dessen goldene Dächer in der Sonne glitzern. Der baumlose, karge Himalaja verwandelt sich langsam in eine bewohntere und vegetationsreichere Berglandschaft. Die Veränderung geht sehr langsam vonstatten, aber wenn wir ab und zu abends die Bilder der vergangenen Tage anschauen, sieht man den deutlichen Wandel von Grau zu Grün. Bald treten wir die letzte Etappe unserer Reise an, »China Flachland«, wie wir sie nennen.

DER LETZTE PASS / 28. SEPTEMBER / LONGDANXI

PAUL

Als wir am 20. September abends im Dunkeln sitzen und zu Abend essen, hält auf der Straße unter uns plötzlich ein Auto, vier Türen gehen auf und zu, und Taschenlampen suchen sich ihren Weg in unsere Richtung. Es ist stockdunkel, der Mond ist als Sichel zu schwach, um durch die dicke Wolkenschicht hindurch Licht zu spenden, nur in dem nahenden Gewitter wird der Himmel und die nächtliche Tannenlandschaft stoßweise erhellt, gerade genug, um die Silhouetten der herankommenden Gestalten zu erkennen. »Schnell, mach die Stirnlampe aus«, zischt Hansen mir zu, und ich reiße sie vom Kopf und schalte sie unter meiner Jacke ab. Hastig stehe ich auf und gehe den Gestalten ein Stück entgegen, in meiner Jeans und der dunkelgrünen Jacke bin ich im Dunkeln quasi unsichtbar. Die vier tuscheln leise und laufen bedacht den kleinen Pfad zu unserem Zeltplateau hinauf, etwas zu zielstrebig für meinen Geschmack. Ich schleiche zurück zu Hansen: »Es sind vier Mönche«, flüstere ich, »keine Ahnung, was die wollen!«

Wir beschließen, offensiv zu sein, machen die Lichter an und rufen laut »*Ni hau*«, um die schleichenden Mönche auf uns aufmerksam zu machen. Das Geflüster stoppt, für einen Moment ist absolute Stille, dann richten sich ihre Taschenlampen auf uns. Geblendet von dem Licht sehe ich gar nichts mehr. Ich richte mich auf, noch immer keine Antwort. Schließlich hören wir ein ebenso vorsichtiges und überraschtes »*Hallo*«, direkt gefolgt von einem »*Sank You*«, den wahrscheinlich einzigen englischen Worten, die sie kennen. Die vier machen auf der Stelle kehrt und laufen zurück zum Auto. Was sie hier oben wollten, werden wir nie erfahren, aber sie waren sehr geheimnistuerisch unterwegs.

Ein Gewitter zieht in der Nacht über uns hinweg, und bis in die frühen Morgenstunden tobt ein heftiger Sturm. Hansen steht mitten in der Nacht auf und flickt eine undicht gewordene Naht unseres Zeltes mit dem Ersatz zu Unterboden. Am nächsten Morgen ist alles vorbei. Der Wald ist deutlich mitgenommen, große Äste und Blätter liegen überall auf dem Boden, bei einigen Tannen sind die Wipfel abgeknickt. Wir kochen Reis zum Frühstück und fahren los: »Auf zu unserem viertletzten Pass«, feuere ich Hansen an.

»Und nicht irgendeiner, das ist der letzte mit einer Gesamtsteigung von über 1300 Meter«, teilt Hansen mir mit, während er auf die Karte guckt.

Mit Rückenwind und Sonnenschein machen wir uns auf den Weg. Ich bin überrascht, wie fit wir sind. Mit nur einer kleinen Pause strampeln wir 1300 Höhenmeter mit teilweise über zehn Prozent Steigung den Berg hinauf, in nur zweieinhalb Stunden. Oben angekommen habe ich zum ersten Mal ein seltsames Gefühl. »Weißt du was, Hansen? Momente wie diesen werden wir nun häufiger erleben. Momente, in denen wir feststellen, dass es das letzte Mal auf dieser Tour ist, dass wir etwas erleben.

Heute haben wir den letzten Anstieg über 1300 Meter gemeistert, ab jetzt werden die Steigungen kleiner.« Es ist befreiend, verdeutlicht aber auch, dass das Ende naht. Shanghai wird immer wahrscheinlicher, unsere monatelange Vorbereitung immer lohnender. »Shanghai ist zum Greifen nahe«, spreche ich es aus. »Wer hätte gedacht, dass wir es tatsächlich schaffen.«

»Noch sind wir nicht da, Paul, wer weiß, ob unsere zweite Visaverlängerung klappt«, bringt Hansen mich wieder auf den Teppich.

Als wir am nächsten Tag endlich losfahren, ist es schon ein Uhr mittags. Und wir kommen keine zwei Kilometer weit, bevor Hansen anhält: »Der Auslöser ist gerissen«, mault er und holt die frontal montierte Kamera ein. »Ich muss sie kurz reparieren.« Entnervt über die weitere Verzögerung und mit dem Bewusstsein, dass wir heute noch einen hohen Pass vor uns haben, packen wir das Werkzeug aus und reparieren den Auslöser. Auf einmal kracht es – zum dritten Mal an diesem kurzen Tag werden wir Zeugen eines glücklicherweise untragischen Unfalls. Beim ersten Unfall wurde das Auto, das sich überschlagen hatte, einfach wieder aufgerichtet und die Reise mit verbogener Achse fortgesetzt. Diesmal kommt ein Mönch mit seinem Moped ins Schleudern und rumpelt in den Graben. Er springt ab, bevor sich das Motorrad im Graben überschlägt, und kommt mit ein paar Kratzern davon. »Wir müssen heute vorsichtig fahren«, mahnt Hansen, »irgendwas liegt in der Luft, so viele Unfälle an einem Tag, das hat was zu bedeuten!« Kaum hat er das ausgesprochen, öffnen die über die Bergflanke von hinten herangezogenen Wolken ihre Schleusen. »Schnell, lass uns versuchen, darunter hinwegzufahren«, rufe ich und zeige auf den Fetzen blauen Himmels, der Trockenheit verspricht. Während Hansen schon losfährt, packe ich meine Taschen sicherheitshalber noch wasserdicht ein. Als auch ich endlich loskomme, sind die Straßen bereits nass und Hansen ein paar Kurven weiter. Ich hetze hinter ihm her, und dann sehe ich ihn auf der Straße stehen, circa 500 Meter vor mir, wild gestikulierend und pfeifend. Ich verstehe seine Gesten nicht und fahre etwas schneller, weil ich vermute, dass er etwas braucht, das ich habe. Als ich näher komme, wird deutlich, was er will: »Langsam, fahr langsam«, schreit er und winkt mit beiden Armen wie ein Lotse. »Es ist schweineglatt, *glatt*!« Ich teste vorsichtig meine Hinterradbremse und habe sie kaum angetippt, als auch schon mein Fahrrad bei knapp 30 Stundenkilometer ausbricht. Sofort lasse ich die Bremse los, und das Rad kehrt wieder in Spur zurück. Zwar verhindere ich so einen Sturz, kann aber an dem ziemlich steilen Hang nicht bremsen. Ein Schockmoment. Verdammt. Dann mache ich das einzig Mögliche. Ich ziehe den linken Fuß aus dem Pedalkörbchen, lasse ihn über die eisglatte Fahrbahn rutschen und bremse erneut. Sofort bricht das Rad erneut aus, aber mit dem Fuß halte ich es aufrecht. Ich drehe mich langsam immer weiter bis ich nach einer fast 180 Grad Drehung zum Stehen komme und beinahe ausrutsche, als ich absteige.

»Mir ging's genauso«, sagt Hansen erleichtert, der meine Aktion verfolgt hat. »Oh Mann, war das knapp.«

»Irgendwas liegt in der Luft«, wiederhole ich Hansens Worte. »Wohl eher auf der Straße … Eis kann man erwarten, wenn es kalt ist, aber das hier habe ich so noch nie erlebt!«, sagt er immer noch baff. Auch mir war das komplett neu. Die aus Beton gegossene Straße ist zwar mit gekerbten Rillen versehen, aber trotzdem so rutschig, dass man kaum darauf stehen kann. Der Grund ist eine dünne Schicht von etwas Moosartigem, die beinahe unsichtbar ist. In trockenem Zustand kein Problem, aber wenn es regnet, verwandelt sich die Straße in eine Rutschbahn erster Klasse. Die herbeigesehnte lange Abfahrt wird zur Qual, und wir rollen im Schritttempo und mit einem Fuß auf der Straße die 20 Kilometer bis ins Tal, wo es endlich trocken wird. Mehrfach fahren wir an frischen Unfallspuren – aufgewühlte Erde, zerbeulte Leitplanken, Glas- und Plastiksplitter – vorbei.

Den Fuß des Berges, den wir überqueren wollen, erreichen wir erst gegen fünf Uhr. Trotz Gegenwind und Regen wollen wir versuchen, ihn noch am selben Tag zu bezwingen. Wir haben kaum die Hälfte geschafft, als in der Dämmerung der Blick vom Tal auf den Pass von den tief hängenden Wolken für einen Moment frei wird. Mir rutschen Herz und Motivation in die Hose. »Scheiße«, sage ich laut und Hansen bestätigt: »Ja, verdammt. Den Pass müssen wir heute noch schaffen, aber bis wir oben sind, ist es stockdunkel und eiskalt.«

»Ich will das hinter mich bringen, ich will den nicht morgen als Allererstes fahren«, maule ich.

Im fiesen Nieselregen und bei Eiseskälte schleichen wir Serpentine für Serpentine den Pass hoch. Ein dichter Nebel verschluckt das Licht meiner Stirnlampe, bevor es auf den Asphalt trifft. Der Blick zu den oberen Serpentinen ist gespenstisch. Wie suchende Lichtkegel bewegen sich die leuchtenden Sphären der Autos über die Serpentinen. Manchmal hat es den Anschein, als rollen die leuchtenden Blasen wie in einer Kugelbahn hin und her hinab ins Tal. Unsere Lampen sind zu schwach, um im dichten Nebel sichtbar zu sein. Wenn sich Autos nähern, halten wir an und leuchten direkt in die Richtung der Fahrer, um auf uns aufmerksam zu machen. Der Aufstieg ist endlos. Immer wieder denke ich daran, wie oft ich in solchen Situationen war, die, so aussichtslos sie wirkten, irgendwann überstanden waren. Doch hinter jeder Serpentine ist noch eine versteckt, und die bereits aus dem Tal kurz sichtbare Zielgerade lässt auf sich warten.

»Ist das der Pass?«, frage ich ungläubig, nachdem wir fast zwei Stunden wie in Trance den Berg hochgefahren sind, und deute auf ein Schild, dessen Umrisse man nur schwer im Nebel erkennen kann.

»Dann muss auf der anderen Seite auch eins sein, die stehen auf dem Pass immer paarweise«, schnauft Hansen.

Tatsächlich, da ist noch eins, wir sind auf dem Pass. Schnell ziehen wir uns warm an und fahren hinab ins Dunkel. Jetzt kommt uns der Nebel zugute, denn obwohl nur wenige Autos am Pass sind, bricht der Nebel das Licht und verteilt es wie leuchtende Luft überallhin, sodass man zumindest die Straßenmarkierung erkennen kann. Aber die Anstrengung des Aufstiegs war wohl zu viel für mich. Ich bekomme heftige Bauchkrämpfe wie schon öfter auf der Tour, wenn es einfach zu viel war. Es wird so unerträglich, dass wir unsere Abfahrt unterbrechen müssen. Eine halbe Ewigkeit sitze ich in dem kalten Wind am Straßenrand und krümme mich. Als es nicht besser wird, beschließen wir weiterzufahren, um schnell einen Schlafplatz zu finden. Wir ziehen uns zusätzlich zu den Handschuhen Socken über die Hände, um die vor Kälte tauben Fingerspitzen zu wärmen. Das letzte Stück fahren wir hinter einem Lkw her, dessen Abwärme von den Bremsen unsere Finger ein paar Grad wärmer werden lässt und dessen Rücklicht uns den Weg weist. Es kostet Überwindung, den schützenden, warmen Dunst zu verlassen, als wir eine einigermaßen ebene Stelle für unser Lager am Straßenrand finden.

So froh ich bin, den vorletzten Pass auf unserer Tour gemeistert zu haben, so sicher weiß ich, dass ich so etwas nicht noch einmal machen werde! In der Nacht im Regen auf einen 4300 Meter hohen Pass hoch-, und vor allem wieder abzufahren, das war echt die Hölle! »Wir sind echt hart«, sagt Hansen zitternd, als wir die Steine zusammensuchen, um die Zeltecken zu befestigen, denn in den Boden lassen sich keine Heringe hineindrücken. »Wir fahren nachts im Regen im Himalaja über 4300 Meter hohe Pässe, nur, um es hinter uns zu bringen.«

»Hart und doof«, ergänze ich.

In Fleisch und Blut übergegangene Morgenroutine: Ich greife mit der rechten Hand in den Lenker meines Rads und schwinge das linke Bein über die vollbepackten Satteltaschen auf die andere Seite. Sobald ich darüber stehe und es zwischen meinen Beinen stütze, klappe ich den Ständer ein und löse mit der linken Hand die selbst gebaute Handbremse und Lenkersperre. »Haben wir alles?«, rufe ich Hansen zu, rüttele erneut an meinem Rad, um zu sehen, ob alles sitzt, nicke, ziehe das rechte Bein mit der Pedale an, sitze endlich auf dem Sattel und trete in die Pedale. Die starken Schwankungen bei langsamer Fahrt mit viel Gepäck gleiche ich mit dem Oberkörper und durch ruckartiges Lenken aus. Das morgendliche Packen, Ausbalancieren und Anfahren ist für uns zu dem geworden, was vor ein paar Monaten noch der Weg zur U-Bahn in Berlin war.

Jetzt sitzen wir beide fest im Sattel und kurbeln, abwechselnd ziehend und drückend, die Pedale in eine gleichmäßige Bewegung – kein Stampfen oder ruckartiges Treten, sondern eine regelmäßige, ruhige Kraft. Sobald der Kreislauf in Schwung ist, nehmen wir mehr Fahrt auf, und so beginnt ein ganz gewöhnlicher Radtag im Himalaja. Die fast 1000 Höhenmeter fahren wir ohne Pause in engen Serpentinen hoch. Ich habe heftige Höhenangst, wenn der Weg über Brücken führt, die den Blick ins mehrere Hundert Meter tiefer liegende Tal freigeben. An der »Abbruchkante« des Himalaja, wie Hansen es nennt, kann man wirklich mit sehr steilen Bergen rechnen, die zwar nicht besonders hoch, aber dafür umso spektakulärer sind. Wir halten nur einmal kurz an, um für einen der großzügigsten Unterstützer dieser Abenteuerreise einen Baum mit dem seit Berlin mitgetragenen Messingschild mit eingraviertem Namen zu benennen.

Leider müssen wir feststellen, dass vor den letzten Pass des Himalaja ein Tunnel gebaut wurde und der Gipfel nicht mehr befahrbar ist.

»Was jetzt Hansen?«

»Was jetzt? Wir müssen da durch!«

»Oh Gott, erst Höhenangst, später Klaustrophobie, das ist nicht mein Tag heute«, jammere ich, und Hansen wirft mir einen strafenden Blick zu.

Kurz vor der bedrohlich langen und dunklen Röhre halten wir an, installieren die Lichter und ziehen uns warm an, denn aus dem Loch pfeift uns ein eisiger Wind entgegen. Ohne zu wissen, wie lang der Tunnel genau ist, fahren wir schnell hinein und lassen das sonnige Wetter auf der Westseite des Bergkammes hinter uns. Wir geben unser Bestes, möglichst ohne Verkehr hindurchzukommen, denn es gibt kaum Ausweichmöglichkeiten. Aber es ist hoffnungslos. Der enge Tunnel erweist sich als mehrere Kilometer langes Nadelöhr, durch das sich, wer diesen Gipfel hinter sich lassen möchte, hindurchfädeln muss. Staub und Wind bilden einen undurchsichtigen Nebel. Nur alle zig Meter sind schummrige Lampen installiert. Ein gruseliges Dröhnen von den herannahenden Motoren begleitet uns, immer wieder blicken wir uns panisch und ruckartig um, um im Fall der Fälle vor den Lkw schnell auf die erhöhte Seite auszuweichen. Nicht nur einmal retten wir uns in schmale Ausweichbuchten, ein bisschen erinnert mich das an ein Videospiel, bloß dass es hier nur das eine Leben gibt.

Als endlich am Ende des Tunnels ein Lichtpunkt zu sehen ist, steigen wir in die Pedale, als wäre es die Ziellinie der Tour de France auf den Champs-Élysées und erreichen keuchend und erleichtert den Ausgang. Auf der anderen Seite des Tunnels ist die Welt eine andere: Statt steiniger Höhen erstreckt sich ein tiefes Tal mit dem urigsten Urwald, den man sich nur vorstellen kann. Riesige, lianenbehangene Bäume, Farne, Bambus, Wasserfälle und eine Geräuschkulisse wie im Zoo. Wolken und Nebel hängen zäh in den sattgrünen, nasstriefenden Bäumen. Auch das Klima hat sich schlagartig geändert. Es ist warm, fast stickig und schwül. Weiter vorne verschwindet die Straße in gewagten Kurven unter riesigen, moosigen Felsüberhängen. Nach einer kurzen Pause strahlt Hansen mich mit weit aufgerissenen Augen an: »Wir haben den Himalaja hinter uns!«, ruft er begeistert. »Wir haben eine der größten Herausforderungen unserer Tour geschafft, ab jetzt geht es fast 150 Kilometer bergab.« Ich beobachte Hansen, wie er seinen Blick noch einmal über das im Nebel verschwindende Tal gleiten lässt. Es ist nun fünfeinhalb Monate her, dass wir uns in Berlin aufs Rad gesetzt haben, um den Trip unseres Lebens zu beginnen. In diesem Augenblick spüren wir, dass sich die Anstrengungen gelohnt haben. Der Tunnel ist vergessen und ebenso alle Zweifel, Entbehrungen, Zerwürfnisse und Gefahren, die hinter uns liegen. Nur das, was noch kommt, zählt, und in diesem Moment ist das die längste Abfahrt der 13 600 Kilometer langen Tour.

»Heimspiel«, murmelt Hansen träumerisch und fährt los.

Film ab!

ENDSPURT
Chengdu bis Shanghai

UNFAIR / 30. SEPTEMBER / CHENGDU

Hansen

Wenn Stadt, dann gleich richtig, scheint das Prinzip in China zu sein. Aus dem Dschungel mitten ins absolute Menschen-, Straßen-, Häuser- und Reklamegewimmel. Chengdu, die Provinzhauptstadt von Sichuan, hat rund zehn Millionen Einwohner. Eine verdammte Riesenstadt! Einerseits bin ich beeindruckt von dem urbanen Ungetüm, andererseits restlos überfordert. »Lost in Translation« fällt mir da nur ein. Es ist eine Sache, irgendwo in den Bergen ein Schild entziffern zu müssen, aber hier … absoluter Wahnsinn!

Die Fahrt nach Chengdu war lang und beschwerlich. Wie so oft, wenn wir einen gewissen Punkt vor Augen hatten, fuhren wir einfach durch, bis wir ihn erreichten, diesmal waren das 235 Kilometer an einem unendlich langen Tag, der sich bis tief in die Nacht hineinzog. Neben der immensen körperlichen Anstrengung machten mir meine Gedanken zu schaffen – so sehr ich es auch versuchte, konnte ich keine wirkliche Vorfreude mehr empfinden. Eine große Stadt von vielen, die da noch kommen werden, was soll daran besonders sein? Wie kann ich eine Tour fahren, bei der der einzige mich motivierende Gedanke ihr Ende ist? Was ist passiert? Immer wieder schaute ich auf mein Tachometer und immer noch waren es mehr als 100 Kilometer bis Chengdu. Ständig hielten wir an, um Wasser zu kaufen, und immer gab es nur die kleinen Fläschchen, die wir in einem halben Schluck leeren.

Ich beobachtete meinen Schatten, den die Straßenlaternen auf die Straße warfen. Erst kam er von hinten angekrochen, stand dann für einen kurzen Moment in Lebensgröße neben mir, nur um mich alsbald zu überholen, als ob er sagten wollte: »Komm schon, du Faulenzer, streng dich ein bisschen an, das geht auch schneller!«, woraufhin er im Licht der nächsten Laterne verschwand, die einen neuen Schatten hinter mich warf, der meine Verfolgung aufnehmen sollte. Autos fuhren an uns vorbei, mal mit, mal ohne Licht. Ich habe so viele beobachtet und ihre Motoren und Hupen gehört, dass ich sie mittlerweile erkennen kann, ohne in meinen Rückspiegel zu sehen. Ein Bus näherte sich auf der Überholspur von hinten, ein Lkw auf der Nebenspur, der wiederum von einem Motorroller überholt wurde – für uns kein Platz mehr auf der Straße. Also: scharf abbremsen, Füße auf den Boden und so weit wie möglich am Rand der Straße zur Seite beugen, während sich das Killerkommando von hinten näherte. Ich drehte meinen Kopf und sah eine Reihe Frontlichter auf mich zurasen. Der eine knappe Meter zwischen mir und den zwei Doppelreifen des völlig überladenen Trucks macht den Unterschied zwischen Leben und Tod. Keine Reflektoren, kein Licht und kein Schreien und Tuten helfen in so einer Situation, man muss seinen Arsch selbst an einen sicheren Ort retten.

Nachdem wir völlig erschöpft und bibbernd in Chengdu ankommen, versöhnt uns das Hostel mit allen Widrigkeiten des Tages. Ein wahres Paradies, in dem uns ein ebenerdiger Raum zugeteilt wird, von dem aus wir einen wunderschönen Blick in einen kleinen, wild bewachsenen Garten haben, durch den ein Bach fließt. Der Service des Hostels könnte in keinem Fünf-Sterne-Hotel besser sein. Absoluter Luxus und das ziemlich unerwartet. Vielleicht hält Chengdu noch ein paar Überraschungen für uns bereit. Die nächste Härteprobe steht morgen an: Visaverlängerung, die zweite.

Als wir am nächsten Morgen die Visastelle erreichen, weist uns, natürlich auf Chinesisch, ein Zettel darauf hin, wo sich das neue Büro befindet. Nach einigen Telefonaten finden wir heraus, wie wir dort hinkommen, und stehen schließlich um zwölf Uhr mittags davor, um wiederum versetzt zu werden: »*Please come back at 13 Uhr, it's lunchbreak now*«, gibt uns die Dame am Empfang zu verstehen. Behörden in China ... mindestens so schlimm wie in Berlin-Neukölln. Kaum betritt man eines dieser Gebäude, wird einem vor jeden Schritt, den man macht, ein Stein in den Weg gelegt.

Als wir eine Stunde später wieder am Empfang stehen, bekommen wir die Formulare. Da in den nächsten rund 14 Tagen unendlich viele Feiertage anstehen, sind wir zu einer früheren Verlängerung gezwungen, durch die uns wertvolle Zeit verloren geht, die wir bis zu unserem Rückflug brauchen. Wir versuchen, der Beamtin unsere Lage zu erklären. Zunächst scheint sie zu verstehen und bittet uns, einfach den gewünschten Ablauftag des Visums im Formular zu vermerken. Als wir aber mit den ausgefüllten Formularen vor ihr stehen, wird alles kompliziert. »*We can only give you 30 days, if you want to stay until November 5, you can apply not before the October 8*«, erklärt sie uns. »Aber unser jetziges Visum läuft am fünfen aus, und man sagte uns, dass wir nicht mit einem abgelaufenen Visum ein neues beantragen können«, erklärt Paul ihr. Nach einigem Hin und Her und Gefrage bei ihrem Vorgesetzten, bietet sie uns an, dass man ausnahmsweise unser Visum auch nach Ablauf verlängern könne, dazu müssten wir aber bis zum 15. Oktober in Chengdu bleiben, weil wir die Verlängerung dann am 8. Oktober, also nach den Ferien beantragen würden und die Bearbeitungszeit fünf Werktage seien. »Absurd!«, ich schüttele verzweifelt den Kopf.

Bisher hatten wir versucht, nicht zu erwähnen, dass wir mit dem Rad durch China reisen, weil das offiziell nicht erlaubt ist und wir bei der Beantragung unseres ersten Visums einen falschen Reiseplan angeben mussten. Wir haben damals extra Flüge nach China und Hotels für unseren gesamten Aufenthalt buchen müssen, nur um das Visum zu beantragen, um daraufhin alles bis auf den Rückflug wieder zu stornieren. Uns bleibt nichts anderes übrig, als sie darüber zu informieren und ihr klarzumachen, dass wir uns beinahe zwanzig Tage Verzögerung nicht leisten können (ganz abgesehen von unserer finanziellen Lage). Es nutzt nichts, sie schüttelt nur den Kopf.

»Was machen wir jetzt?« Ich bin verzweifelt. Paul hat glücklicherweise den wacheren Kopf und ruft William, einen sehr hilfsbereiten Chinesen der chinesischen Visa-Agentur »Chengdu Tour Center« an, der uns schon bei der Vorbereitung in Berlin geholfen hat. Paul reicht der Beamtin sein Telefon, und William scheint ihr die Lage lang und breit zu erklären, denn sie sagt eine Zeitlang überhaupt nichts. Und es wirkt. William hat es geschafft, die Polizistin davon zu überzeugen, dass wir mit Vorlage eines Beweises unseres strikten Zeitplanes eine beschleunigte Bearbeitung bekommen und unsere Visa zwei Tage später statt erst in 15 Tagen abholen können. Leider fehlt uns aber der entsprechende Beweis. »*I need the document to reconsider the application beeing urgent*«, wiederholt die Frau so lange, bis ich es schaffe, ihr mit meinen Fragen dermaßen auf die Nerven zu gehen, dass sie mich zu ihrer Vorgesetzten bringt. Auf einmal ist alles sehr einfach. Die Vorgesetzte gibt uns ohne langes Getue ein 38-Tage-Visum mit Eilbearbeitung. Wir sind baff! Warum nicht gleich so? Weshalb das ganze Wichtiggetue der Rezeptionistin? Noch nie habe ich erlebt, dass nerviges Gefrage und aufdringliches Blödstellen bei einer offiziellen Stelle fruchten. Aber hier ticken die Uhren anders, und auch William bestätigt mir im Nachhinein, dass Beharrlichkeit oft der einzige Weg zum Erfolg ist. Ein »Nein« ist nicht endgültig. Fünf Stunden später wurde aus dem »Nein« ein »Ja«.

»Jetzt noch schnell das Paket abholen«, sagt Paul, ohne zu ahnen, dass daraus die nächste Behördenhürde würde. Wir hatten uns in Yushu mit viel Aufwand ein Paket nach Chengdu schicken lassen, weil man es von Yushu aus nicht international verschicken konnte. Denn dort hatte man die dazu benötigte internationale Verpackung nicht. Das Paket konnte laut Trackingnummer nun leider nicht an das angegebene Hotel zugestellt werden, weil die Rezeption trotz mehrerer Anrufe nicht

Bescheid wusste. Also machen wir uns auf die Suche nach einer Postfiliale und brauchen eine halbe Ewigkeit, bevor wir ein Taxi finden, dessen Fahrer weiß, wo sich eine befindet und außerdem bereit ist, uns zu transportieren, denn die Taxis hier haben kein großes Interesse an Fahrgästen – so scheint es zumindest, wenn sie leer an einem vorbeifahren. Als wir etwa zwei Stunden später in einer Postfiliale stehen, hilft uns eine Englisch sprechende Managerin weiter. Sie findet heraus, dass das Paket entgegen meiner Vereinbarung mit der Post, nicht postlagernd geblieben ist, nachdem es nicht zugestellt werden konnte, sondern erneut zugestellt wurde, diesmal mit Erfolg. Die Jagd geht also weiter. Wir fahren mit einem Taxi zu der Adresse des Hotels, die wir von der Poststelle bekommen haben. Leider gibt es in Chengdu mehrere Holiday Inn, deren Telefonnummern zur Krönung online vertauscht sind, sodass Holiday Inn West die Nummer von Holiday Inn Ost hat und umgekehrt. Als wir also nach fast einer Stunde Taxifahren im richtigen Hotel ankommen, müssen wir feststellen, dass wir doch im falschen sind, und fahren zurück durch die ganze Stadt, dorthin, wo wir vor einer Stunde waren. Und tatsächlich, da ist es. Jetzt wieder zurück zur Poststation. Als wird dort ankommen, und das Paket endlich nach Deutschland verschickt haben, legt sich die Anstrengung der letzten Tage wie ein bleierner Mantel um unsere Schultern. Wir schleppen uns zurück ins Hotel und fallen wie ohnmächtig in die Betten.

»Heute alles, nur kein Stress«, weckt mich Paul am nächsten Morgen.

»Am besten, wir verlassen das Hostel erst gar nicht«, scherze ich.

»Lass uns genau das machen«, ruft Paul. »Wir stellen uns einfach vor, das Hostel wäre ein Luxusdampfer. Der Ärger beginnt doch immer erst, wenn wir raus in die Stadt müssen.«

Gesagt getan. Wir spielen Billard und trinken schon mittags ein paar Bier in der gemütlichen Hostelbar. Weil heute der erste von zehn Tagen öffentlichen Urlaubs ist, wird im Hostel ein

Buffet aufgebaut und man feiert mit albernen Animationsspielchen in den Abend hinein. Als die Party im Hostel vorbei ist, beschließen die dort arbeitenden Kellner, mit denen wir uns mittlerweile angefreundet haben, noch weiterzuziehen, in den sogenannten CC Club, ein glamouröser Klub mit einer beeindruckenden Lichtanlage und schlechter bis mittelmäßiger Musik. Da einer aus unserer Gruppe den Manager des Klubs kennt, werden wir den ganzen Abend mit kostenlosen Drinks abgefüllt. Nichts für unsere eher Alkohol-entwöhnten Körper. Nach nur einer Stunde tanzen schlafe ich auf einer der gemütlichen Couchs ein. Als ich aufwache, liegt Paul neben mir, die Lichter gehen an, und man schickt uns auf die Straße. Wir schleppen uns in ein Taxi und fahren zurück ins Hostel. »Das einzig Gute an dem Abend war, dass er uns nichts gekostet hat«, murmelt Hansen, als er, noch immer ziemlich betrunken, einschläft. Der nächste Tag auf unserem Dampfer verläuft entsprechend ereignislos, von einem unnachgiebig dumpfen Hämmern im Schädel begleitet.

Obwohl wir uns gestern noch geschworen hatten, nie wieder ein Glas Alkohol anzurühren, sitzen wir jetzt an der Hotelbar und ordern die zweite Runde Bier. So kann's kommen bzw. so kommt's, wenn wir ehrlich sind, doch irgendwie immer. In der richtigen Feierstimmung ist es weder Paul noch mir möglich abzubrechen. Und die Stimmung ist phänomenal! Wir haben zwei nette Berliner getroffen, und es tut einfach zu gut, einmal ein paar Neuigkeiten aus der Heimat zu hören. »Was, der neue Flughafen ist noch nicht geöffnet, wo fliegen wir denn dann im November hin?«, staunt Paul »Lest ihr denn überhaupt keine Nachrichten?«, fragt Jens. »Nur so das Gröbste und eher die internationalen News …«, gebe ich kleinlaut zu. Als die Bar schließt, brechen Jens und Christian auf, während Paul und ich noch ein bisschen um die Häuser ziehen wollen. Als wir in einen Kiosk gehen, um etwas zu trinken zu kaufen, stolpert Paul über eine wirklich schlecht sichtbare Stufe und fällt in den Verkaufstresen. Ein kleines Regal fällt um und das darauf stehende

Telefon und Kartenlesegerät kippen auf den Boden. Nichts geht kaputt, keiner ist verletzt. »Bitte entschuldigen Sie! *So sorry, Yihan!*«, sagt Paul, ihm ist das Ganze unheimlich unangenehm … ein bisschen betrunken sind wir schließlich. Ich bücke mich, um die heruntergefallenen Dinge aufzuheben, und biete dem Ladenbesitzer an, für einen eventuell entstandenen Schaden aufzukommen. Der Mann weist mich harsch zurück und ruft die Polizei, ohne auch nur versucht zu haben, ein paar klärende Worte zu wechseln. Als die Polizei kommt, redet er auf sie ein, und uns wird mit Stift und Papier erklärt, dass der Ladenbesitzer uns für einen Schaden von über 1000 Yuan verantwortlich macht. Ich muss lachen, das ist wirklich unglaublich übertrieben! »Die Dinger sind beide alt, und sie funktionieren! Probieren Sie es doch aus, es ist überhaupt nichts kaputtgegangen!« Was auch immer wir zu unserer Verteidigung sagen, niemand hört zu. Die Situation war zu lächerlich. Mit genau dem Telefon, von dem er behauptet, es sei kaputt, hat er doch eben die Polizei angerufen! Und das Kartenlesegerät schien einwandfrei zu funktionieren, zumindest haben mindestens drei Leute damit bezahlt, während wir hier freiwillig auf die Polizei warteten. Und dann holt der Typ ein altes heraus, das kaputt ist, und demonstriert der Polizei, dass es nicht funktioniert – ein völlig anderes als das, was Paul vorhin umgeworfen hat! Wenn das eine Filmszene wäre, könnte ich lachen, aber das alles ist echt. Noch nie bin ich so offensichtlich betrogen worden. Und das nicht nur vor den Augen, sondern unter Mitwirken der Polizei! Paul hält sich fassungslos die Hände vors Gesicht und schüttelt den Kopf. So eine unglaubliche Frechheit!

Doch egal wie offensichtlich absurd die Lage ist. Es hilft alles nichts. Die Polizei gibt dem Ladenbesitzer recht und nimmt uns in Gewahrsam, weil wir nicht einsehen, für einen nicht vorhandenen Schaden umgerechnet 150 Euro aus unserer ohnehin knapp bemessenen Reisekasse zu zahlen. Das abgekartete Spiel zwischen Ladenbesitzer und Polizei ist uns dermaßen zuwider, dass wir für den Moment bereit sind, ein hohes Risiko einzugehen. Denn in China widerspricht man der Polizei nicht.

Auch auf der Polizeistation spricht keiner ein Wort Englisch. Weil wir aber ständig dazu angehalten werden, eine Erklärung zu unterzeichnen, die keiner von uns versteht, ruft Paul den Notruf der Deutschen Botschaft in Chengdu an. Man rät uns ruhig zu bleiben, sie würden uns einen Übersetzer schicken. Bis dahin sollten wir nichts unterzeichnen.

Als der Übersetzer nach zwei Stunden eintrudelt und wir ihm unsere Lage schildern, ist nach kurzer Zeit klar: Wir haben keine Chance. Die mittlerweile extrem genervte Polizei zieht ihren letzten, leider unschlagbaren Trumpf aus dem Ärmel, um uns zum Zahlen zu zwingen: »Wenn ihr nicht zahlt, werdet ihr noch heute des Landes verwiesen«, übersetzt uns der Deutsch-Chinese. »Es tut mir leid, aber ich kann da nichts machen. Ihr müsst jetzt zahlen.«

Schikane! Erpressung! Ich könnte schreien vor Wut! Aber uns bleibt nichts anderes übrig. Nach sieben Stunden erfolgloser Verhandlung zahlen wir widerwillig und laufen zurück zum Hostel. »Das kommt davon, wenn man das Hostel verlässt«, sagt Paul leise.

ALBTRÄUME / 6. OKTOBER / SUINING

PAUL

Am 1. Oktober fahren wir früh los und dümpeln, noch immer enttäuscht wegen des Ereignisses der letzten Nacht, durch die Stadt. Wir kaufen ein und schaffen es danach nur wenige Kilometer aus dem bewohnten Gebiet um Chengdu heraus. Zum ersten Mal seit einer gefühlten Ewigkeit schlagen wir unser Zelt auf. Müde verkriechen wir uns, essen das erste Baguette seit Moskau und gehen schlafen. Ob es an der neuen Isomatte liegt, an dem ungewohnten Abendessen oder den Erlebnissen der letzten Tage, ich schlafe jedenfalls die ganze Nacht nicht, und erst, als um fünf Uhr der Wecker klingelt, werde ich todmüde.

Wir verschieben unseren für heute geplanten frühen Aufbruch und schlafen weiter bis sieben, stehen auf, befreien das Zelt von unzähligen Nacktschnecken und frühstücken unter einem Nussbaum mit Blick über das verregnete, vernebelte Tal. Es tut gut, raus zu sein aus der Stadt.

Wir sind raus, aber es dauert nicht lange, da fahren wir wieder hinein. Kaum franst die eine Stadt aus, fängt die nächste an. Es ist nicht länger zu leugnen: Wir sind raus aus den Bergen, raus aus der Wüste, raus aus der Steppe, zurück in der Zivilisation. Obwohl wir fast 12 000 Kilometer von unserem Start entfernt sind, wird es hier im Osten langsam westlicher. Wahrscheinlich bei Weitem nicht so sehr, wie es sich anfühlt, aber die geliebte Einsamkeit abseits der Zivilisation, die endlose Weite der Berge, der Wüste, alles das hat sich schlagartig verabschiedet. Von jetzt an ist China ein einziges riesiges Dorf. Es gibt keine wilde Natur mehr, sondern ein Reisfeld neben dem anderen, und die einzigen trockenen Stellen dazwischen sind mit Häusern gepflastert. Zwei Tage hintereinander mussten wir schon in Hotels absteigen, die zwar spottbillig sind, aber ich vermisse das Zelten. Es ist anstrengend, nach einem langen Radtag den Hotelbesitzern mühselig zu erklären, dass man ein Zimmer für zwei Personen braucht, zu fragen, was es kostet, ob man die Räder mit aufs Zimmer nehmen kann und immer wieder zu verdeutlichen, dass man Chinesisch weder lesen noch schreiben kann. Die in wenigen Worten erzählte Kurzversion unserer Tour muss unglaublich langweilig und genervt klingen, dabei ist es das Erlebnis meines Lebens. So entspannt es war, sich abends ins Zelt zu legen und Ruhe zu haben, so deprimierend sind die muffigen Hotelzimmer. Aber was tun? Jede freie Stelle ist bepflanzt, bebaut, der Rest ist Abhang oder mit Urwald überwuchert: völlig unmöglich, ein Zelt aufzuschlagen. Es lohnt sich nicht mehr zu kochen, denn ein Essen kostet 50 Cent, dafür kann ich nicht mal einkaufen!

Erst dachte ich, die Wüste sei der anstrengendste Teil der Tour, dann, als die Pässe nicht mehr aufhören wollten, die Berge … Jetzt weiß ich, es wird diese letzte Strecke von Chengdu nach

Shanghai sein, bei der sich jeder Kilometer so anfühlt, als sei eigentlich alles schon vorbei. Wir sprechen nicht darüber, vielleicht, weil es keiner von uns beiden laut aussprechen will. Aber wir fühlen das Gleiche, ich weiß es. Wir sind gereizt, alles nervt. Wir streiten uns wieder über Kleinigkeiten. Die Wege sind schlecht, weil man mit dem Auto die Autobahn nutzt, die wir nicht befahren dürfen, und die alten Straßen zerfallen sind. Mir kommt es vor, als könne ich Shanghai schon riechen, aber die Kilometer wollen nicht enden. Ich kenne diesen Effekt von anderen Touren – die letzten Kilometer sind die längsten, aber dass es diesmal so früh anfängt, macht es schwer, richtig schwer, durchzuhalten. Alle Highlights sind vorüber, das letzte ist lediglich aus definiertem Selbstzweck eines: das Ziel. Es ist eine Ankunft, die sich derart zäh in die Länge zieht, dass es einfach nur noch deprimierend ist.

Wir stehen jeden Tag früh auf, um so schnell wie möglich so viele Kilometer wie möglich hinter uns zu bringen. Die Landschaft könnte schön sein, wenn sie nicht so gnadenlos vermüllt wäre. Sanfte, mit Bambuswäldern überwucherte Hügel, die Straße schlängelt sich vorbei an kleinen, halb fertigen Häusern, in den Reisfeldern grasen riesige Wasserbüffel, und ab und an taucht man in undurchdringlichen Dschungel ein, in dem auch bei dem hier seltenen Sonnenschein das Wasser von den Bäumen trieft.

Schlimmer als die Tage sind die Nächte, in denen mich ein Traum immer und immer wieder heimsucht. In diesem Traum bin ich zurück in Berlin, die Tour liegt hinter mir, aber ich fühle mich leer und bin unzufrieden. Das soll's gewesen sein?, frage ich mich, und ein sehr unbefriedigendes Gefühl durchschaudert mich. Ein Gefühl, nicht das Beste daraus gemacht zu haben, etwas verpasst zu haben – irgendwas, irgendetwas sehr Wichtiges fehlt noch. Je unerträglicher das Gefühl wird, desto mehr realisiere ich, dass ich ja nur für einen kurzen Abstecher zurück in Berlin bin und noch weiterfahren muss, weil ich noch gar nicht in Shanghai war. »Ich muss jetzt zurück, nach Shanghai reinfahren«, habe ich schon öfter gesagt, als ob das Erreichen dieses geografischen Ziels die Erfüllung aller Erwartungen der Tour mit sich bringen würde. Im Traum ist es ein beruhigendes Gefühl zu wissen, dass es noch nicht vorbei ist. Aber je öfter ich den Traum träume, je näher ich im echten Leben dem Ziel Shanghai komme, desto verzwickter wird es. Manchmal träume ich, dass ich ja nur träume, mich aber trotzdem in Berlin befinde. Aber es wird immer schwieriger, im Traum die Kurve zu kriegen und zu erkennen, dass ich noch gar nicht in Shanghai war, sondern noch viel Zeit habe. Wenn ich wach werde, versuche ich, mir immer klarzumachen, dass es bei dieser Tour nicht darum geht, bestimmte Dinge zu erreichen, Rekorde zu brechen, Abenteuer zu erleben, weise und erwachsener zu werden. Sie ist ein Weg. Ein Radweg von Berlin nach Shanghai, Zeit mit meinem Bruder, so viel Zeit, wie wir sie vielleicht nie wieder am Stück zusammen verbringen werden … da! Da ist es erneut … dieses: vielleicht nie wieder! Ich ertappe mich mehrfach dabei, mich davor zu fürchten, die Zeit nicht genutzt zu haben, die Dinge nicht intensiv genug in mich aufgenommen zu haben. Wir haben die tollsten Dinge erlebt. Wie oft habe ich mich selbst sagen hören: »Wenn es das jetzt gewesen wäre, hätte sich die Tour schon gelohnt!« Warum glaube ich meinem eigenen Empfinden nicht mehr? Das ist es doch, was dieser Traum mir weismachen will …

Vielleicht ist es das schleichende Ende, dass wir hier gerade erleben, statt des bombastischen Finales in Shanghai, das wir uns ganz naiv ausgemalt hatten – vielleicht einfach nur der Wunsch, endlich da zu sein, oder das Gegenteil davon: die Angst, wirklich anzukommen? Ich weiß es nicht, aber ich werde es herausfinden, und mein Gefühl sagt mir, ich bin schlauer, wenn ich erst in Shanghai bin.

Verdammt. Es ist der 6. Oktober! – Es ist genau sechs Monate her, dass wir in Berlin aufs Rad gestiegen und ganze 25 Kilometer bis zum Müggelsee gefahren sind, um dort Abschied zu feiern. Um Punkt 14 Uhr sind wir in der Friedelstraße aufgebrochen, und jetzt, 11 300 Kilometer weiter, in China, fast auf der anderen Seite der Welt und so kurz vor unserem Ziel, von dem ich selber zwischendrin so oft dachte, wir würden es nie erreichen. Nicht, weil es aussichtslos gewesen wäre, nein, hauptsächlich, weil wir in den meisten Situationen noch so viel vor uns hatten, obwohl wir bereits so viel hinter uns hatten. Die Tour schien endlos, und trotzdem sind wir immer weitergefahren, haben täglich unsere mindestens 100 Kilometer gemacht und sind unterwegs gewesen durch Dauerregen und Kälte in Russland, die Einöde in Kasachstan mit knapp 50 Grad im Schatten, durch Kirgisistan mit Fieber, durch die Wüste und ihre Sandstürme, durch den Himalaja über unzählbare Pässe auf Höhen von über 5200 Metern, immer weiter, Kilometer für Kilometer habe ich meinen Tacho angeschaut und die Zahl langsam von 0 auf 11 300 zählen sehen. Ich bin stolz auf mich und auf meinen Bruder. Wir sind zusammengewachsen, zusammen gewachsen und haben uns differenziert bzw. gelernt, mit unseren Eigenheiten zu leben. Wir haben zusammen etwas geschafft, dass keiner von uns beiden alleine so durchgezogen hätte, das schweißt zusammen! Es ist ein unglaubliches Gefühl zu wissen, dass es jemanden gibt, mit dem man etwas so Großartiges teilen kann. Dafür reicht es doch eigentlich schon, so etwas gemacht zu haben. Trotzdem weiß ich, dass mich dieser verdammte Traum heute Nacht wieder einholen wird.

DER GRÖSSTE FLUSS / 10. OKTOBER / WANZHOU

Hansen

Paul steht unter der Dusche und singt. Ich bin wach geworden, als um Punkt acht Uhr auf dem Platz vor unserem Fenster völlig übersteuerte Lautsprecher aufgedreht wurden, aus denen die gruseligste Musik dröhnt. Was heißt Musik, es hört sich an, als würde man einfach sieben Lieder gleichzeitig abspielen. »Ich halte das nicht aus!«, beklage ich mich bei Paul, als der zurück ins Zimmer kommt. »Dieses verfluchte Musikwirrwarr ist doch wie ein Tinitus!«

In die akustischen Vorbereitungen zum heutigen Straßenfest mischt sich Gehupe und eine schrille Stimme, die offensichtlich versucht, etwas feilzubieten. Der Lärm ist wirklich unerträglich, jedes Straßenrestaurant, jeder Klamottenladen, jeder Kiosk beschallt sich in einem gegenseitigen Wettstreit.

»Was feiern die eigentlich?«, fragt Paul grinsend. »Es gab doch gerade erst eine Woche Feiertage.«

Schon am Montag hatten wir uns darüber gewundert, dass fast alle männlichen Chinesen in ihren Garagen und den Restaurants saßen und den ganzen Tag von früh bis spät Karten spielten und tranken. Entweder es ist in diesem Teil des Landes so üblich, oder es ist eine bestimmte Woche im Jahr, in der jeder Mann den ganzen Tag über fleißig zockt.

Als wir das Hotel verlassen, ist die Straße gefüllt mit Menschenmassen, die alle ihre Hände in Richtung Tombola recken, wo ein Moderator mit Mikrofon eine kleine Packung hochhält. Was auch immer es ist, die Leute sind wild darauf. Wir bahnen uns unseren Weg im Rücken der Masse fast unbemerkt zur Hauptstraße und fahren dann los. Vorbei an einer Gruppe Chinesinnen, die, als brasilianische Sambatänzerinnen verkleidet, mit missmutigem Gesicht vor einem Handygeschäft tanzen. Nebenan singen Kinder ein Volkslied. Wieder ist es schwierig, ein Restaurant zu finden, in dem gearbeitet wird, und so fahren wir knapp zehn Kilometer, bevor wir endlich ein paar gedämpfte, mit Grieß garnierte Knochen und eine Nudelsuppe zwischen die Zähne bekommen.

Wir fahren weiter Richtung Wanzhou, die Stadt, deren weiter im Tal liegende Gebäude seit ein paar Jahren durch die Flutung des Drei-Schluchten-Staudamms tief unter der Wasseroberfläche liegen. Weil auch die Zuflüsse aufgestaut sind, liegt die von Google vorgeschlagene Route ebenfalls unterhalb der Wasseroberfläche, und wir müssen an der Stelle, an der die Straße im Wasser verschwindet, umkehren und einen Umweg von knapp 20 Kilometern auf uns nehmen.

»Da ist er! Der größte Fluss der Welt!«, ruft Paul mir zu, als wir durch die engen Gassen von Wanzhou in Richtung Uferstraße hinabfahren. Vor uns erstreckt sich entgegen meiner Erwartung ein Fluss, der etwa so breit ist wie der Rhein in Köln, wenn ich es richtig einschätze. Aber an der Art der Brücken kann man erkennen, wo die Wassermassen ihren Weg finden. Sowohl die riesige Eisenbahnbrücke als auch die Autobahnbrücke überspannen die gesamte Distanz in einem riesigen, pfeilerlosen Bogen, von Steilufer zu Steilufer, vermutlich, weil der aufgestaute Jangtse hier zu tief für eine vertikale Konstruktion wäre. Wir fahren eine Weile am Ufer entlang und kreuzen dann den Fluss in einer geschätzten Höhe von 60 Metern auf der Autobahnbrücke. Leider gibt es wegen der steilen Schluchten entlang des Jangtse keine Straße, also verabschieden wir uns wieder nach dieser arg kurzen Bekanntschaft und machen uns auf in die Berge, die allerletzten Gipfel, die uns die direkte Sicht auf unser Ziel Shanghai versperren.

»Schau dich um«, sage ich plötzlich überrascht. »Fällt dir was auf?«

»Die Sonne scheint!«, antwortet Paul ebenso verblüfft.

»Genau, und der Wald, schau mal, das sind Pinien, wir sind raus aus dem Regenwald, raus aus dem Regengebiet, hier ist alles viel trockener!«

Sogar die Reisfelder, die in Terrassen angeordnet die Berghänge für sich einnehmen, sind meist ohne Wasser. Das Klima ist schlagartig trockener und so viel angenehmer. »Wir haben es geschafft, wir haben die Regenzeit hinter uns!«, freut sich Paul.

Motiviert und froh über den lang ersehnten Klimawechsel erklimmen wir einen knapp 350 Meter hohen und 15 Kilometer langen Pass in etwas mehr als einer Stunde. Weil zusätzlich die Landschaft etwas dünner besiedelt ist, beschließen wir, uns für den Abend und Morgen einzudecken, um endlich mal wieder im Zelt zu schlafen. Tatsächlich finden wir in der Dämmerung einen Schlafplatz an einem Fluss und kochen Eierreis. »Ich habe mittlerweile immer Angst, es könnte die letzte Nacht im Zelt sein«, sagt Paul, bevor er einschläft.

Mitten in der Nacht wache ich auf, Paul ist ebenfalls wach und fragt mich: »Wie geht es dir?«

»Ich habe Darmkrämpfe, und mir ist kotzübel«, stöhne ich genervt. »Bestimmt Salmonellen von den Eiern!«

»Aber dann müsste ich das doch auch haben!«, höre ich Paul sagen, bevor ich aus dem Zelt stürme und mich übergebe. Die ganze Nacht geht das so weiter und am nächsten Morgen liege ich völlig erschöpft im Zelt.

»Du bist ja ganz bleich!«, sagt Paul besorgt und kriecht aus dem Zelt, um sich Frühstück zu machen.

»Haben wir noch Wasser?«, frage ich zu ihm heraus.

»Kaum«, antwortet er und reicht mir die fast leere Flasche, »und an dem Fluss ist alles abgestorben, was näher als ein Meter am Wasser steht, also das würde ich nicht trinken.«

Wir entscheiden, uns ein paar Kilometer weiterzuschleppen und in ein Hotel gehen, wo ich mich auskurieren kann. Leider kommt ausgerechnet heute für Ewigkeiten keines, sodass ich mich fast den gesamten 1200 Meter hohen Pass in die Berge hochquälen muss. Der Weg ist geradezu gepflastert mit plattgefahrenen riesigen Gottesanbeterinnen. Nach einiger Zeit fällt uns auf, dass neben jeder ein langer, sich windender schwarzer Wurm liegt, jeweils circa 30 Zentimeter lang, aber nur einen halben bis einen Millimeter dick. »Das kann kein Zufall sein«, kombiniere ich und suche im Internet nach einer Erklärung. Tatsächlich sind diese Würmer Parasiten, die bis zum Tod des Wirtes im Inneren der Insekten hausen und dann hervorkriechen. Eine ekelhafte Vorstellung, aber irgendwie wird mir anhand der Sache erneut deutlich, wo wir gerade sind, und ich bin erstaunt darüber, wie wir es überhaupt hierher geschafft haben. Ganz besonders in so einem Moment, in dem es mir so elend zumute ist. Ich bin nicht irgendwo in Europa, sondern weit weg von zu Hause, und ich bin mit dem Rad hierhergefahren.

Wir fahren zwischen den sich im Sonnenlicht auf der trockenen Straße windenden Würmern hindurch, bis wir in dem scheinbar aus dem Boden gestampften Giga-Bauprojekt »Economic Leisure City« ein Hotel finden. Wir checken ein und stellen keine fünf Minuten später fest, dass weder Toilette noch Dusche funktionieren. Genau das, was ich in meinem Zustand noch mehr benötige als ein Bett. Als auch der Hotelbesitzer das Wasser nicht zum Laufen bringen kann, fragen wir nach einem Rabatt. Aber er will nicht mal zehn Yuan von seinem Preis abweichen, also machen wir, womit er anscheinend nicht gerechnet hat: Wir gehen. Wir fahren in der Dämmerung durch die Stadt Moudaozhen und starten einen zweiten Versuch in einem nahe gelegenen Hotel, wo wir freundlich empfangen werden.

»Ich gehe schnell bezahlen, dann haben wir das erledigt«, sagt Paul, während ich mich schon hinlege. »Unglaublich«, berichtet er beim Zurückkommen, »die Preistafel, die beim Einchecken noch 66 Yuan angezeigt hat, steht jetzt auf 96. Irgendjemand hat die kleine Holzziffer einfach auf den Kopf gedreht.« Er muss grinsen über die Dreistigkeit. Der auf der Ziffer abgelagerte Staub, der inzwischen auf der Unterseite der ehemaligen Sechs zu sehen ist, spricht Bände. »Ganz schön ausgefuchst«, lacht er. »Und das Dreibettzimmer war dadurch 30 Yuan billiger als unser Zweibettzimmer. Höchst verdächtig. Aber die haben sich vorhin so herzlich um uns gekümmert, da wollte ich jetzt kein Trara machen.«

Als wir am 11. Oktober aufstehen, geht es mir zwar wieder gut – aber im Zimmer ist alles feucht. Meine Bettdecke, mein zum Lüften aufgehängter Schlafsack, meine Radlerhose, und von den Scheiben tropft das Wasser. Aus irgendeinem Grund scheint das Zimmer Wasser anzuziehen, und so müssen wir, schlimmer als nach einer durchregneten Nacht im Zelt, aus dem Bett in klamme Klamotten, genau das, was wir uns eigentlich mit dem Hotel ersparen wollten.

Als wir losfahren wollen, stelle ich fest, dass mein Vorderrad platt ist. Seltsamerweise ist der Schlauch von der Innenseite, also von der Felge her, beschädigt, obwohl weder Felgenband noch Felge Unebenheiten oder spitze Stellen aufweisen.

Wir können keine Ursache für das Loch finden und beschließen, es noch einmal zu flicken und beim nächsten Platten den Schlauch zu wechseln. Beim Wiedereinbau des Vorderrads entdecken wir auffällige Spuren auf der Bremsscheibe, und als wir die hinteren Bremsscheiben begutachten, sind auch dort deutliche Einkerbungen zu sehen. »Verdammt«, schimpfe ich, »das sind sicher die beschissenen Bremsbacken, die uns der Radladen in Berlin bestellt hat, die machen eh die ganze Zeit schon so komische Geräusche.« Wir schauen uns die Bremsbacken genauer an und müssen feststellen, dass dieser Satz bereits nach 2000 Kilometern durch ist, während der Originalsatz 8000 Kilometer gehalten hat. Sie sind bereits so weit abgefahren, dass Metall auf Metall schleift. Zwar hatten wir in letzter Zeit jede Menge Berge, aber so schnell dürfen sie sich nicht abfahren. »Wir haben ein Problem«, stellt Paul genervt fest.

»Ist Shimano nicht eine chinesische Marke?«, denke ich laut nach, »vielleicht kann man die hier überall kaufen?« Um überhaupt noch bremsen zu können, suchen wir den glücklicherweise aufbewahrten ersten Satz Bremsbacken raus, und stellen fest, dass bei allen Sätzen die innere Bremsbacke weniger abgefahren ist. Mit Hin- und Hersortieren schaffen wir es, auf alle Bremsen Backen zu montieren, die wenigstens noch einen halben Millimeter Belag haben, sodass wir es hoffentlich noch bis zur nächsten großen Stadt schaffen. »Ab jetzt einfach wie die Chinesen fahren. Nicht mehr bremsen, schont die Backen«, scherzt Paul.

Wir erreichen sicher das Tal und stellen zu unserer Überraschung fest, dass unser GPS-Programm wohl eine ungenaue Route berechnet hat, wodurch drei ganze Pässe komplett entfallen und wir eine weitere fast durchgehende Abfahrt von fast 20 Kilometern (ohne Bremsen) vor uns haben. Das GPS berechnet die Höhenmeter anhand von Punkten entlang der Route. Bei sehr steilen Bergen reicht aber eine Ungenauigkeit von 20 Metern, um ganze 200 Meter höher oder tiefer zu messen als die tatsächliche Route verläuft. Auch Brücken oder Tunnel werden anhand der Erdoberfläche berechnet und sind deshalb im Höhenprofil nicht zu erkennen. In diesem Fall waren die Fehlberechnungen zu unseren Gunsten, und so fahren wir durch und machen eine Mittagspause in Lichuan. In einer der seltenen Bäckereien decken wir uns mit Keksen und einer Art Zopf ein und essen dann in einem Restaurant eine dermaßen scharfe Suppe, dass Paul sich wenige Stunden später über Chili-Schmerzen im Unterleib beschwert.

»Ich werde mich wohl nie daran gewöhnen«, jammert er.

»Sieh's mal so: Vor sechs Monaten wärst du nach so einem Essen ins Krankenhaus gekommen!«, versuche ich, ihn aufzumuntern.

Abends finden wir endlich wieder einen schönen Schlafplatz. Die moosige Lichtung ist von der Straße aus nicht zu sehen, und wir haben freien Blick auf eine Felswand und den darüber liegenden Urwald, in dem wir uns wider Erwarten erneut befinden. Das gesamte Tal wird von einem Fernseher beschallt, aus dem eine Version des Schnulzenschlagers »Time to Say Goodbye« von Andrea Bocelli donnert, den die Chinesen so sehr lieben. Schon in Kashgar haben wir das Lied rauf und runter gehört. Man könnte meinen, es sei die chinesische Nationalhymne. Selbst hier, im Dschungel, schallt es von der Felswand wider, sodass die genaue Quelle nicht zu orten ist, aber als um Punkt 20 Uhr das CCTV-Jingle ertönt, wissen wir, dass diese endlose 20-Minuten-Version des Liedes, gesungen von einer piepsigen Frauenstimme, Teil einer Fernsehsendung ist. Wir essen ein paar Kekse aus der Bäckerei und gehen vielleicht schon zum vorvorvorletzten Mal in unserem kleinen Heim aus silikonbeschichtetem Ripstop-Textil schlafen. Leise fängt der uns nun wieder häufiger heimsuchende Regen an, auf das Zeltdach zu trommeln. So unangenehm es draußen ist, zum Einschlafen ist es das beste Geräusch.

CROWDFUNDING / 14. OKTOBER / YICHANG

PAUL

Wir sind auch die nächsten Tage noch zwischen Dschungel und Bergen unterwegs. Am 14. Oktober stehen wir früh auf. Wir haben die Nacht in einem kleinen Hotel mit blauem Fensterglas verbracht. Die getönten Scheiben vermitteln den Eindruck, draußen wäre graue Winterstimmung. Viele der Häuser hier haben gefärbte Scheiben anstelle von Gardinen. »Das würde mich wahnsinnig machen«, sagt Hansen und schiebt mit Schwung das Fenster auf. Tatsächlich erwartet uns heute zum ersten Mal seit Langem ein blauer Himmel. »Endlich wieder ein sonniger Tag!« Ich freue mich darauf, den ganzen Tag über im T-Shirt zu fahren.

Hansen und ich machen uns heute auf den Weg über die letzten kleinen Bergkämme, die uns noch von dem Flachland trennen, mit der Aussicht, es heute zu schaffen, denn es sind nur noch knapp 50 Kilometer bis zum letzten Pass. So dachte ich zumindest, doch mein Navigationsprogramm lag wohl leider falsch. Am Vortag hatte es noch angegeben, es seien 50 Kilometer, aber als ich die Strecke vom jetzigen Ort aus aktualisiere, sind es 110 Kilometer. Aus dieser Kleinigkeit entwickelt sich zwischen uns in kürzester Zeit ein heftiger Streit. Wir brüllen uns an und schmeißen uns die übelsten Dinge an den Kopf, und letztendlich habe ich keinen Bock mehr, mit Hansen zu fahren und lasse ihn alleine vorfahren. Er verschwindet in den Serpentinen, während ich am Straßenrand sitze und versuche, mich abzuregen. Nach sechs Monaten Zweisamkeit reicht's schlicht. Ich brauche mal wieder andere Menschen um mich herum, die unsere Bruderbeziehung relativieren. Ich glaube, das geht Hansen nicht anders. Die Vorstellung, zurück in die gemeinsame Wohnung in Berlin zu gehen, ist mir gerade ein Graus. So lieb ich ihn habe, so wichtig wir einander sind, einer muss ausziehen – es wird Zeit, dass wir eine Pause einlegen. Aber kaum denke ich darüber nach, einen anderen

Mitbewohner zu haben, merke ich, wie schwer es wird, ihn zu ersetzen.

Wie immer, sobald die Aufregung sich gelegt hat, fahre ich weiter und hole ihn einige Kilometer weiter oben in den Bergen ein, wo er auf mich gewartet hat. Natürlich würden wir nie die letzten Kilometer nach Shanghai alleine fahren. Und immerhin haben wir beide Dampf abgelassen. Trotzdem … immer noch missmutig und stumm fahren wir weiter.

Wir haben kein Geld mehr, die Banken in dieser Provinz akzeptieren unsere Karten nicht, und so fahren wir mit nichts als dem dürftigen Frühstück und ein paar hartgekochten Eiern im Magen so weit, bis ich einfach nicht mehr kann. Wir suchen alles zusammen, was wir noch haben, und essen ein eher ekliges, aber immerhin nahrhaftes Mahl, bestehend aus keimenden Knoblauchzehen, Tomatenmark, Dosenfleisch, das riecht und schmeckt wie Katzenfutter, etwas Honig, den wir mit Wasser vermischt trinken, und etwas Olivenöl.

Wir fahren weiter nach Yichang, wo wir wieder vergebens versuchen, Geld abzuheben. Auch unsere Not-Dollars will uns keiner wechseln, und so stehen wir ziemlich verzweifelt in einer recht großen Stadt, und um uns herum bildet sich eine Menschenmenge, die unser Problem mitverfolgt. Einer tritt hervor und sagt das einzige Wort, dass mich jetzt gerade schier zur Weißglut bringt: »*Okay?*« Ich explodiere innerlich, halte mich aber zurück und sage in scharfem Ton: »*Not okay, we have problem, not okay.*« Etwas verdutzt über meine ernste Antwort fragt er in gebrochenem Englisch, ob er helfen könne, und sofort tut mir meine Ungehaltenheit schrecklich leid. Ich erkläre ihm so gut es geht unser Problem. Um Geld zu wechseln, müssen wir nach Enshi oder Badong fahren, erklärt er uns, das sei nicht weit. Leider versteht er nicht, dass 80 Kilometer mit dem Rad durchaus weit ist, vor allem wenn man nichts zu essen hat. Ich frage ihn, ob nicht er uns ein paar Dollar gegen Yuan wechseln kann und schlage ihm einen guten Kurs vor. Aber er winkt lachend ab: So etwas mache er nicht, gibt er uns zu verstehen, als ob ich etwas Unanständiges von ihm verlangen würde. Ich erkläre ihm noch mal unsere Situation, denn er scheint noch immer nicht zu verstehen, dass wir weder ein Hotel noch essen bezahlen können. Und plötzlich wird alles ganz einfach. »*How much do you need?*«, fragt er, und ich zeige ihm einen 20-Dollar-Schein. »Ohhh«, lacht er, und sagt, wir sollen kurz hier warten, er wäre gleich zurück. Keine zwei Minuten später komm er wieder und gibt uns 100 Yuan. Als ich ihm die 20 Dollar dafür geben will, lehnt er das ab und meint, das wäre unfair, der Kurs sei zu schlecht, er will unser Geld nicht. Ich bin platt, und das ist noch nicht alles. Kaum hat er uns das Geld gegeben, geht in der Menge etwas herum und nach kurzer Zeit steckt uns jemand anders einen Haufen gesammeltes Geld zu. Ich traue meinen Augen nicht, es sind weitere fast 50 Yuan, und hier und da tröpfelt noch ein Schein nach. »Das ist Crowdfunding mal anders«, sagt Hansen, ebenso baff. Unser ganzer Auftritt hat für viel Aufsehen gesorgt, und so kommen immer mehr Leute und schauen, bis schließlich ein weiterer zu uns auf die »Bühne« kommt und erst mir und dann Hansen jeweils einen 100-Yuan-Schein zusteckt, und nach einem kurzen Fotoshooting mit uns in der Menge verschwindet. »Sowas hab ich noch nicht erlebt«, sage ich komplett erstaunt über die Dynamik und die unglaubliche Großzügigkeit. Unser Problem hat sich gelöst, ganz anders als ich es mir jemals zu träumen gewagt hätte. »Wir haben gut 350 Yuan, damit kommen wir locker bis nach Yichang!« Erleichtert und schwer beeindruckt von der großartigen Hilfsbereitschaft verabschieden wir uns und suchen uns ein günstiges Hotel.

Die Situation hat mir wieder gezeigt, wie falsch ich die Menschen oft einschätze. Die am Anfang so nervende und gaffende Menge war keinesfalls teilnahmslos, sondern auf ihre Art äußerst hilfsbereit. Ich habe ein sehr schlechtes Gewissen, weil ich zu Unrecht derart misstrauisch war. Wie konnte ich so harsch reagieren? Warum fahre ich einfach durch und maße mir an, Dinge nach meinen Maßstäben zu beurteilen? Ich will den Rest der Reise den Chinesen mit mehr Offenheit und Vertrauen begegnen.

Kaum haben wir am nächsten Tag den wirklich allerletzten Pass der Tour hinter uns gelassen und sind in Yichang angekommen, scannen wir die Straßen nach Fahrradläden, um unsere Bremsbacken zu ersetzen. Auf einmal ruft jemand über eine Kreuzung: »*Hey, where are you guys from?*« Es ist David aus San Francisco, der hier als Englischlehrer arbeitet. Er führt uns durch die Stadt und zeigt uns einen Radladen, der unsere Bremsen hat, und arrangiert ein Treffen mit King, einem Professor für chinesische und englische Literatur an der Three Gorges University in Yichang. Mit Davids Hilfe haben wir in Kürze alles erledigt und bekommen über seinen Freund King sogar ein sehr günstiges Zimmer in dem überaus noblen Universitätshotel. Zusammen mit King laufen wir über den gestriegelten Campus. »Diese Universität gibt es erst seit zwölf Jahren«, erklärt er uns. »Sie ist extra ins Leben gerufen worden, um Ingenieure für den großen Damm auszubilden.« Erstaunt frage ich, wie viele Studenten es denn hier gibt. »Um die 30000!«, sagt er stolz. »Und 3000 Professoren. Ich bin einer davon.«

Es ist wirklich unglaublich, wie viele Menschen der Damm beschäftigt, und vor allem, dass in der kurzen Zeitspanne von zwölf Jahren eine derart riesige Universität aus dem Boden gestampft werden konnte. Wir laufen auf der vierspurigen Hauptstraße des Campus entlang und unterhalten uns über seinen Job, die Uni, mein Studium und chinesisches Essen. »Es gibt zwei Typen von Menschen auf der Welt. Die Vegetarier und die Fleischesser«, erklärt King. »Ich bin ein Fleischesser, ich esse überhaupt kein Gemüse!« Er lacht, meint es aber ernst. »Erst gehen wir zum Hotel, und dann führe ich euch und vier meiner Studenten zum Essen aus. Koreanisches BBQ – Fleisch only!«

Das Korean BBQ ist ein absoluter Traum. Ein riesiges All-you-can-eat-Buffet mit den leckersten Fleischhäppchen und, entgegen der Ankündigung des Profs, sogar etwas Gemüse. Wir essen zwei Stunden lang und lassen uns über die chinesischen Sitten beim Trinken und Essen belehren. Ich bin erstaunt, wie traditionell manche Regeln noch heute, im industrialisierten China, sind. Nur der Gastgeber darf einen Toast aussprechen, und halte dein Glas beim Anstoßen niemals höher als jemand, der dir übergeordnet ist – ein schier endloses Regelwerk, aber sehr interessant! King spricht einen Toast nach dem anderen, richtet sich am Tischende auf und ergeht sich in seiner Begeisterung für Deutschland: »*I love Germany, I love German poetry, I love German culture! I love you guys!*« Bestimmt hat ihn der Alkohol ein bisschen beflügelt, aber ein herzlicheres Willkommen in Yichang hätten wir uns nicht erträumen können.

Nachdem wir alle selig angedudelt noch ein paar Komplimente ausgetauscht haben, ist es Zeit zu gehen. King bezahlt großzügig die Rechnung von sicher über 1000 Yuan und schlägt vor, noch in eine Bar zu gehen. Wir fahren mit dem Taxi in eine kleine Bar auf dem Campus. Die Studenten verabschieden sich, und so bleiben noch King, David und wir übrig. David erzählt von seinem Leben in China, von Frauen und wie er hierherkam, und wir erzählen von unserem Leben auf dem Rad.

Am nächsten Tag kommen wir erst sehr spät los. Weil wir es nicht mehr aus der riesigen Stadt herausschaffen, schlagen wir unser Zelt in einem kleinen Park am Jangtsekiang auf. Wir sind umgeben von Anglern, Sportlern und Spaziergängern. Keiner scheint sich für die zwei seltsamen Typen mit ihrem Zelt zu interessieren, wir gehören einfach dazu. Die Nacht verläuft ruhig.

Am nächsten Tag sehen wir einen unglaublichen Sonnenaufgang über dem riesigen Fluss. An der Anlegestelle macht sich gerade eine Gruppe Chinesen bereit, den Fluss zu durchschwimmen. Ein ehrgeiziges Vorhaben, ich traue meinen Augen kaum. Bevor sie überhaupt die Flussmitte erreicht haben, sind sie mit ihren riesigen roten Bojen, die sie zur Sicherheit hinter sich herziehen, schon so weit abgetrieben, dass sie am Horizont verschwunden sind. Verrückt.

In den nächsten Tagen scheinen unsere treuen Tretlager langsam genug zu haben von der Tour. In der Vorbereitungsphase mussten wir an allen Ecken und Enden sparen und haben in der naiven Annahme, die Tretlager würden halten, entgegen der Empfehlung unseres Radsponsors tout terrain die günstigere Variante einbauen lassen. Auch die Pedallager schließen sich ihren großen Brüdern kurz danach an, aber das war zu erwarten, denn die Lager sind nicht für derartige Distanzen gebaut. Während meine noch drohend vor sich hinquietschen und knacken, ist Hansens Pedale so blockiert, dass sie sich vom Pedalarm abgeschraubt hat. Mit roher Gewalt schaffen wir es, die blockierenden Kugeln im Lager zu entfernen, und können auf diese Weise ohne Kugellager weiterfahren, aber es wird nicht lange dauern, bis sie den Geist ganz aufgeben und wir trampen müssen. Bisher hatten wir nicht die geringsten Probleme mit unseren Rädern, im Gegenteil. Sie sind überaus gut durchdacht: erstens so ausgelegt, dass sogar bei über 13 000 Kilometern keine Probleme auftreten, und zweitens sind die wichtigsten Verschleißteile so genormt, dass man sie sogar in den entlegensten Winkeln der Welt ersetzen kann. Auch unsere Tretlager. Während Hansen bei den Rädern wartet, trampe ich zurück zum nächsten Laden und kaufe die neuen Lager. So ist kurze Zeit später alles wieder im Lot. Weil das Wetter schlechter zu werden droht, suchen wir uns einen Schlafplatz unter einer Autobahnbrücke.

»Ist dir eigentlich klar, dass unsere Reise in wenigen Tagen vorbei ist?«, frage ich Hansen, der schon im Schlafsack liegt. »Das ganze Abenteuer, die Wüste, die Berge, Kasachstan, alles, was wir erlebt haben. Ich weiß noch, wie wir zu Hause saßen und alles geplant haben, kannst du dich noch erinnern, wie wir die Route auf der Karte abgefahren sind? Und nun sind wir fast da.«

»Das ist alles so selbstverständlich geworden, das Leben auf dem Rad, das ständige Unterwegssein. Und zu zweit zu sein«, fügt Hansen hinzu. »Das wird sich bald alles ändern. Die Reise ist dann vorbei, du gehst wieder zur Uni, ich gehe arbeiten. Und so viel Neues kommt auf uns zu …«

»Aber ehrlich gesagt, ich freu mich auch darauf, langsam reicht es mit dem Herumtreiben! Ich will mal wieder irgendwo für länger als eine Nacht sein!«, sage ich und bin mir für einen Moment gar nicht sicher, ob ich das wirklich will, oder ob es nur gesagt werden musste. »Ich werd's auf jeden Fall vermissen, soviel ist klar, ich werde ja jetzt schon sentimental, wenn ich mir Fotos von vor zwei Wochen anschaue.«

DAS ENDE / 28. OKTOBER / SHANGHAI

Hansen

Am Morgen des 26. stehen wir um vier Uhr auf. Es ist noch stockdunkel, als wir losfahren, nur ein paar Marktfrauen laufen mit ihren Wagen durch die Gegend. Hier und da leuchtet ein Feuerchen, wo die Straßenfeger den Müll verbrennen. Nachdem ich einige Tage wegen eines üblen Hustens ziemlich geschwächt war und wir sogar eine Pause einlegen mussten, haben wir jetzt den irren Plan gefasst, die letzten 650 Kilometer innerhalb von drei Tagen zu schaffen. Wir wollen beide einfach nur noch ankommen. Ich schlafe zwar immer erschöpft und schnell ein, wache aber ein paar Stunden später vor Nervosität wieder auf.

Unsere geplante Route führt uns auf sehr schlechten Straßen mit tiefen Schlaglöchern raus aus der Stadt Susong. In der Morgendämmerung finden wir einen noch kleineren Pfad, der zwar nur zwei Meter breit, aber in einwandfreiem Zustand ist. Er schlängelt sich über kleine Hügel, an Reisfeldern und Ställen vorbei, durch kleine Dörfer und über einen langen Deich entlang des Qili Lake, wo wir etwas Unglaubliches beobachten. Paul sieht es zuerst: »Wenn du das nicht selbst siehst, glaubst du es mir niemals!«, ruft er mir zu. Ich fahre zu ihm auf und folge seinem Blick. Ein Mann steht auf einem schmalen Boot vor einer Schleuse mit einem langen Bambusstab. Um ihn herum tauchen Kormorane und jagen nach Fischen. Aber diese Vögel fressen die Fische nicht etwa selbst, sondern schwimmen mit ihnen im Schnabel zum Boot des Fischers zurück. Dieser hält ihnen den Bambusstab hin, sodass sie sich darauf setzen und zu ihm ins Boot klettern können, wo er ihnen den Fisch abnimmt und sie nicht gerade sanft zurück ins Wasser schleudert. Eine ziemlich effektive Methode: Schon nach kurzer Zeit ist sein kleines Boot voller Fische. Wir stehen völlig baff da und trauen unseren Augen nicht.

Gegen Mittag erreichen wir Anqing, eine weitere riesige Stadt am Jangtse. Weil es hier keine Fußgängerbrücke über den Fluss gibt, nehmen wir eine kleine Fähre für gerade mal drei Yuan. Nach einer kleinen Essenspause in Guichi geht es im Dunklen weiter bis nach Quingyang, wo wir uns nach 225 Tageskilometern ein günstiges Hotel nehmen. Völlig erschöpft fallen wir ins Bett, beschließen aber, am nächsten Tag wieder früh aufzustehen und möglichst sogar 250 Kilometer zu fahren.

Am Morgen des 27. wache ich mit dem heftigsten Muskelkater meines Lebens auf, und Paul geht es nicht anders. Auch das Wetter ist uns bei unserem vorletzten Sprinttag keine große Hilfe: Den ganzen Morgen über regnet es, und das macht die Fahrt zur Qual. Meine Muskeln sind träge. Wir flößen uns Traubenzucker, Calcium und Magnesium ein, um keine Krämpfe zu kriegen. Mein Husten ist inzwischen ungefährlich und locker, dröhnt dafür allerdings umso grässlicher. Wir kommen schlechter vorwärts als geplant. Die Kilometer schleichen nur so dahin. »Dann brauchen wir eben lange. Wir ziehen die 250 heute durch«, stellt Paul klar, der zu mir aufgefahren ist. »Egal wie lange wir brauchen«, schlage ich ein.

So sitzen wir immer noch auf den Rädern, als es schon spät in der Nacht ist, es wird immer nebliger, und die schlechte Sicht macht die Fahrt noch anstrengender. »Achtung!«, schreit Paul plötzlich vor mir auf und macht einen irren Schlenker.

Mitten auf der Landstraße läuft ein Hundebaby, gefolgt von einem genau so kleinen Menschenbaby, über die Straße. Im wirklich allerletzten Moment ist Paul ihnen ausgewichen, um ein Haar hätte er die beiden über den Haufen gefahren. Ist denn da keiner, der auf das Baby aufpasst? Ich drehe mich um und sehe, wie in einem Haus das Licht angeht und jemand vor die

Tür tritt. Als wäre nichts passiert, nimmt die Mutter ihr Kind bei der Hand und führt es zurück ins Haus.

Nach einem Abendessen in Guangde, bei dem der Restaurantbesitzer uns beständig in Konversationen zu verwickeln versucht, ist die Laune am Tiefpunkt. Wir sind erschöpft, total überanstrengt, hundemüde und müssen heute noch gut 70 Kilometer fahren, um unseren Soll zu schaffen. Und so ist es nicht verwunderlich, dass wir zehn Kilometer weiter einen halben Nervenzusammenbruch haben, als plötzlich die Straße gesperrt ist und am Ufer eines Flusses endet. Keine Brücke weit und breit. Keine Schilder, keine Umleitung, nichts. Wir sind verzweifelt. Ich nutze die Gelegenheit, den einzigen Passanten weit und breit zu fragen, der aber leider nur schlechte Nachrichten hat. »Um über den Fluss zu kommen, müsst ihr durch die Stadt«, sagt er. Was einen Umweg von knapp 30 Kilometern bedeutet.

Dann entdeckt Paul, wie eine Reihe von Lkw etwas weiter weg auf eine Querstraße einbiegt. »Schau mal, die liefern doch jetzt nichts mehr aus, die fahren sicher eine Umleitung zur G318«, sagt Paul, in der Hoffnung, der Passant läge falsch. Wir fahren ihnen hinterher, und tatsächlich kommen wir auf eine nicht eingezeichnete Straße, die einen Umweg von nur wenigen Hundert Metern bedeutet und mit einer provisorischen Brücke über den Fluss führt. An einem Supermarkt halten wir kurz an und kaufen uns einen Energy Drink, um uns besser konzentrieren zu können, denn der Nebel und die Dunkelheit machen es extrem anstrengend zu fahren. In wenigen Kilometern müssen wir von der Hauptstraße abfahren, um einen kleineren, aber kürzeren Weg durch die sich vor uns erhebenden Hügel zu fahren. Da dort weniger Autos fahren, ist es zwar sicherer, aber dafür sieht man sehr viel weniger von der Straße, und es ist enorm ermüdend für die Augen, nur im schwachen Licht der Stirnlampen zu fahren. Auf dem Weg über die Hügel tauchen wir in eine unwirkliche Landschaft ein. Die nächtlichen Reisterrassen, die Teefelder und Obstplantagen wirken im Nebeldunst wie ein Traumbild. Der Mond spendet gerade genug

Licht, dass man die Umrisse der Hügel erkennen kann. Der schwache Schein unserer Stirnlampen scheint irgendwie verloren, wie der Scheinwerfer eines U-Boots in endloser Tiefe. Als wir wieder auf die Landstraße zurückkommen, verschlechtert sich der Straßenbelag. Ein überladener Lkw nach dem anderen donnert an uns vorbei, und wir sind die ganze Zeit damit beschäftigt, uns gegenseitig vor Schlaglöchern und 20 Zentimeter tiefen Spurrillen zu warnen. Als wir nach knapp 230 Kilometer in einem kleinen Dorf vor einem Hotel Pause machen, können wir nicht länger widerstehen. Das warme Licht und die Vorstellung, sich dort in ein trockenes Bett zu legen und endlich schlafen zu können, ist nicht länger auszuhalten. Wir geben nach und nehmen uns vor, dafür morgen, an unserem letzten Tag, 25 Kilometer mehr zu fahren. »Jetzt sind es noch genau 200 Kilometer bis nach Sanghai«, sage ich, während ich mir meine Schuhe aufmache, »wenn wir das morgen schaffen, dann sind wir drei Tage hintereinander mehr als 200 Kilometer am Tag gefahren, das ist echt unglaublich!« Paul brummt nur bestätigend und eher unbeeindruckt und dreht sich auf die Seite.

»Reise, Reise, Hansen«, singt Paul in mein Ohr, um mich aufzuwecken. »Reise, Reise«, sind die magischen Worte, mit denen uns unsere Eltern früher am Urlaubsabfahrtstag aus den Betten geholt haben. Das konnte mitten in tiefster Nacht sein – wir waren keine zwei Minuten später reisebereit. Es ist einer dieser heiligen Sätze, die einen ganz besonderen Klang in meinen Ohren haben. Etwas Großartiges steht unmittelbar bevor!

Und auch jetzt, nach dem gestrigen Höllenritt, funktioniert er. Innerhalb von 20 Minuten sitzen wir startbereit im Sattel. »Zum letzten Mal«, sagt Paul bedeutungsvoll, ich nicke ihm zu, und wir fahren los.

Der Nebel hängt immer noch über der Straße, trotzdem schaffen wir bereits in den ersten beiden Stunden 60 Kilometer. Wir haben ein bisschen ausgemistet, Dinge, die wir für die letzte Etappe nicht mehr brauchen werden, zum Verschenken auf die

Straße gelegt, zum Beispiel ein Fernglas, Zeltheringe, Angelzeug und ein Teppichmesser, sodass die Räder jetzt ein bisschen leichter sind. Unser Ziel ist, in Shanghai anzukommen, bevor es dunkel ist. Die Leuten, die uns für ein Foto anhalten wollen, ignorieren wir eiskalt, da wir nur noch eins im Kopf haben: ankommen. Wir sind The Unstoppables, die Turbo-Twins! Der größte Teil der Strecke ist eine neu ausgebaute große Straße, was das Fahren um einiges leichter macht, der Nachteil ist, dass es weder Kiosk noch Restaurants gibt, um eine Pause einzulegen. Niemals auf der ganzen Tour haben wir eine derartige Sprintserie vorgelegt. Und das mit Gegenwind! Während einer von uns beiden gegen den Wind ankämpft, ruht sich der andere im Windschatten aus, nach 20 Kilometern wird gewechselt, die bewährte Methode, und das Ganze in einer Geschwindigkeit von 30 Stundenkilometern! Ich spüre keine Schmerzen, ich fühle weder Wehmut noch Erschöpfung. Ein letztes Mal alles geben, nicht nach Shanghai reinkriechen, sondern mit wehenden Fahnen Einzug halten.

Nach drei Stunden und 40 Minuten haben wir schon 100 Kilometer geschafft. Plötzlich klingelt Pauls Telefon. »Das war China Daily«, sagt er. »Das ist Chinas größte Zeitung, die wollen ein Interview mit uns!«

»Krass«, sage ich. »Das scheint sich ja herumgesprochen zu haben!«

Es ist erstaunlich, wer unseren Blog alles liest und was daraus entsteht. Inzwischen wissen wir, dass die Filmproduktion tatsächlich eine Doku aus unserem Bildmaterial drehen wird, und es wird das Buch geben, das wir uns gewünscht und all den Leuten versprochen haben, die uns unterstützen. »Ich habe so eine Ahnung, dass die Zeit nach der Tour nicht unbedingt entspannend wird«, lacht Paul. Umso besser. Ich freue mich gerade wahnsinnig darauf, allen zu Hause von der Tour zu erzählen. In einem Supermarkt decken wir uns mit Energienahrung ein: Schokolade, Red Bull und Bananen, und starten den nächsten großen Sprint auf einer riesigen autobahnähnlichen Straße, die uns direkt ins Zentrum von Shanghai führen wird.

Die Kilometer schmelzen, wir fahren wie in Trance, denn selbst wenn das Adrenalin und die Energydrinks unseren Kopf einigermaßen wach halten, der Körper wird müde. Die Erschöpfung übermannt uns, und wir müssen immer wieder kleine Pausen einlegen, um auf dem Rad nicht das Gleichgewicht zu verlieren. Beim Absteigen muss ich mich mit beiden Armen am Lenker festhalten. Meine Oberschenkel brennen, meine Schultern schmerzen. »Noch im Hellen anzukommen, wird unmöglich sein«, versuche ich vorsichtig, aber Paul hat schon dasselbe beschlossen. »Die Stadt ist doch eh immer hell«, sagt er und wir nehmen uns vor, langsamer zu fahren. Nach einem kurzen Abstecher in einen gigantischen Carrefour-Supermarkt fahren wir bepackt mit einer in Eis lagernden Flasche Champagner für die große Ankunft weiter. Um uns herum wird es immer städtischer, die Gebäude wachsen und die Sicht beschränkt sich immer mehr auf die Straße. Hier gibt es keine Reisfelder, dafür mehr und mehr Autos. Als es dunkel wird, färbt die Neonreklame den Himmel violett. Nur noch zehn Kilometer. Meine Hände zittern, und mein Herz hüpft mir fast aus dem Brustkorb bei dem Gedanken, es gleich geschafft zu haben.

»Sei vorsichtig, konzentriere dich, sei wachsam!«, haben wir uns immer wieder eingebläut, es wäre zu blöd, wenn auf diesen letzten paar Kilometern irgendetwas passieren würde. Wenn man so müde und zugleich aufgeregt ist, kann man schnell einen Lkw oder eine rote Ampel übersehen. Der Kampf gegen Müdigkeit und Erschöpfung ist schwer, aber der Wunsch anzukommen ist stärker. Die Massen an Fahrzeugen sind eine echte Herausforderung in diesem Zustand.

»Wir müssen hier links fahren«, sagt Paul, und ich weiß, dass wir das letzte Mal auf dieser Tour abbiegen.

Nur noch zwei Kilometer.

Alles geradeaus, wir können den Shanghai People Memorial Tower, unser vor Monaten gestecktes Ziel am Huangpu River, schon sehen. Die Menschen um uns herum scheinen unsere Anspannung zu merken und fotografieren uns, als seien wir zwei rosa Elefanten. Meine Hände sind schweißnass, ich klicke immer wieder den Auslöser der am Vorderrad montierten Kamera, um jede dieser letzten paar Sekunden festzuhalten.

Noch ein Kilometer.

Wir hatten uns das Denkmal ausgesucht, da es die beste Aussicht auf die Skyline von Shanghai bietet. Drei spitz zusammenlaufende Betonpfeiler, ein Denkmal für die chinesischen Volkshelden. Zitternd steige ich vom Rad und trage es die Treppen zu dem Plateau hoch.

Noch eine Stufe und noch eine. Nur noch 50 Meter, nur noch 30 … plötzlich ruft eine Stimme von links »Miu!« Ein uniformierter Mann stellt sich uns in den Weg. »Ihr dürft da mit den Rädern nicht hoch«, gibt er uns zu verstehen. Auf der gesamten Promenade seien Fahrräder verboten. Wir schauen ihn fassungslos an.

»Aber wir sind 13 600 Kilometer gefahren, um hier anzukommen!«, sagt Paul, und ich füge hinzu: »Durch die Wüste, durch den Himalaja …«

»Miu«, sagt der Mann erneut mit scharfer Stimme. »*Not possible.*«

Wir begreifen, dass er für uns keine Ausnahme machen wird. Das darf doch nicht wahr sein! Ich muss gegen meine Tränen ankämpfen. Aber Paul rüttelt mich. »Wenn wir eins gelernt haben auf dieser Tour, dann doch, dass es nicht immer nur den einen Weg gibt. Wir lassen uns davon jetzt nicht die Ankunft verderben! Komm, Hansen!« Schweren Herzens drehen wir wenige Meter vor unserem Ziel um und tragen die Fahrräder die Treppen herunter. Ich fahre langsam hinter Paul her, der auf die Waibaidu-Brücke zusteuert. Keiner kann uns von einer Brücke verjagen, und der Blick ist ebenso phänomenal.

Wir steigen ab, lehnen die Räder an das Geländer und schauen uns an, beide denselben Gedanken im Kopf: Das war es? Haben wir es wirklich geschafft?

Ein Bilderblitz geht durch meinen Kopf mit Erinnerungen an Polen, Russland, Kirgisistan, die Wüste, den Himalaja, Eis, Schnee, Hitze, Durst und Hunger. Wir fallen uns in die Arme und stehen minutenlang ineinander verkeilt da. Nach einer

Weile merke ich, wie sich ein paar neugierige Leute nähern. Ein paar Mal erklären wir, was gerade so besonders ist, beantworten Fragen, posieren für Bilder und prosten uns mit dem Champagner zu, den wir aus unseren Blechdosen trinken, die uns seit Kasachstan als Kaffeetassen gedient haben.

Ich habe mir oft vorgestellt, wie wir am Ziel in Tränen aufgelöst zusammenbrechen würden – jetzt ist alles ganz anders. Auch wenn ich mir noch so oft sage und klarmache, dass ich am Ziel bin, es kommt in meinem Kopf noch nicht an. Ich schaue auf die imposante bunte Skyline auf der anderen Seite des Wassers und warte darauf, dass ein Emotionsschwall mich packt. Aber die Erschöpfung ist zu groß. Keine Tränen, kein Freudentanz. Wir stehen einfach nur da und starren fassungslos auf die überwältigende nächtliche Skyline.

Wie abgemacht, rufen wir unsere Schwester, unseren Vater und unsere Mutter an und teilen ihnen mit, dass wir nach 13 600 Kilometern heil angekommen sind, am Ziel unseres größten Abenteuers.

Ein chinesischer Mann, der die ganze Geschichte erzählt bekommen will, scheint gerührter zu sein als ich selbst. Ching Ching Dali besteht darauf, unsere Mutter zu sprechen, und als wir ihm das Telefon reichen, sagt er zu ihr: »*We in China verrry proud of your sons!*« Und da passiert es, plötzlich schießt mir das Wasser in die Augen.

Der Abend endet in einer Riesenparty, bei der uns Menschen, die uns überhaupt nicht kennen, immer wieder Drinks spendieren, mit uns tanzen und jubeln. Special Guests des Abends in der Jazz Bar, die wir uns ausgesucht haben, ist eine Band, die sich die Jackson Twinz nennt, ebenfalls Zwillinge, was für ein schöner Zufall.

Sieben wilde Shanghai-Tage später stehen wir mit unserem Gepäck am Flughafen. Es ist der 5. November. »Wenn wir dieses Flugzeug besteigen, haben wir China verlassen. Dann ist es vorbei, dann ist die Tour zu Ende«, sagt Paul, und kurz darauf sehe ich ihn vor mir im Bauch des Flugzeugs verschwinden.

Ich stehe noch eine Weile auf der Gangway: auf der einen Seite Shanghai, auf der anderen Berlin. In weniger als 18 Stunden werden wir eine Strecke zurücklegen, für die wir fast sieben Monate gebraucht haben. Die Stewardess winkt, ich nicke. »Jetzt ist die Reise vorbei«, murmele ich leise und steige ein.

Film ab!

DANK

Serpentine Velosport:
Danke an unseren Hauptsponsor aus Hilzingen im schönen Hegau. Wolfgang hat seinen hoch spezialisierten Radladen eröffnet, als wir losfuhren. Er hat uns von Anfang an blind vertraut, uns mit der Wahl der Fahrräder unglaublich geholfen und finanziell unter die Arme gegriffen!

tout terrain:
Vielen Dank für die wirklich umwerfenden Fahrräder! Wir haben lange und sorgfältig nach dem passenden Hersteller gesucht, weil dieser Ausrüstungsgegenstand unter Umständen überlebenswichtig ist. Die »Silkroad«-Räder haben uns auf 13 600 Kilometern nicht ein einziges Mal im Stich gelassen.

Rohloff:
Danke auch an Rohloff, für das kleine, aber feine technische Wunderwerk namens SPEEDHUB 500/14. Wir können nicht sagen, wie oft die 14-Gang-Getriebenabenschaltung im Sand, im Schlamm, im hohen Gras, im Schnee, im Staub und im Wasser war. Die Schaltung hat alles einwandfrei mitgemacht! Außerdem: Dank der Schaltung haben wir auf 12 000 Kilometern nur eine Kette verfahren und nur einmal zehn Minuten Ölwechsel machen müssen.

Für die Unterstützung bei der Umsetzung dieses wahnsinnigen Projektes möchten wir uns natürlich bei allen Beteiligten bedanken. Dazu gehören die Sponsoren, die Zu-Hause-Gebliebenen, die uns motiviert und moralisch unterstützt haben und andere Welten-Radler, die uns mit ihren Erfahrungen beraten haben, aber auch alle Leute, die wir unterwegs getroffen haben, die uns selbstlos aufgenommen, uns verpflegt und mit offenen Armen empfangen haben.

Besonders dankbar sind wir unseren Eltern Nora und Hans und unserer Schwester Lilli, die uns von Anfang an bekräftigt und nie an uns gezweifelt haben. Ebenso möchten wir Allan und Gabi danken. Außerdem natürlich unseren Freunden in Berlin, Freiburg und Maastricht, die uns in der Vorbereitungsphase geholfen und uns unterwegs Kraft gegeben haben.
Wir danken zudem den Spendern, die uns über pling.de vor, aber auch während der Tour mit kleineren und größeren Summen die finanzielle Grundlage geschaffen haben.

Ganz besonderer Dank gilt außerdem Marie-Sophie Müller, die das Buchprojekt von Anfang an begleitet und ermöglicht und aus unseren endlosen Tagebüchern dieses tolle Buch gemacht hat.

Danke!

Film ab!

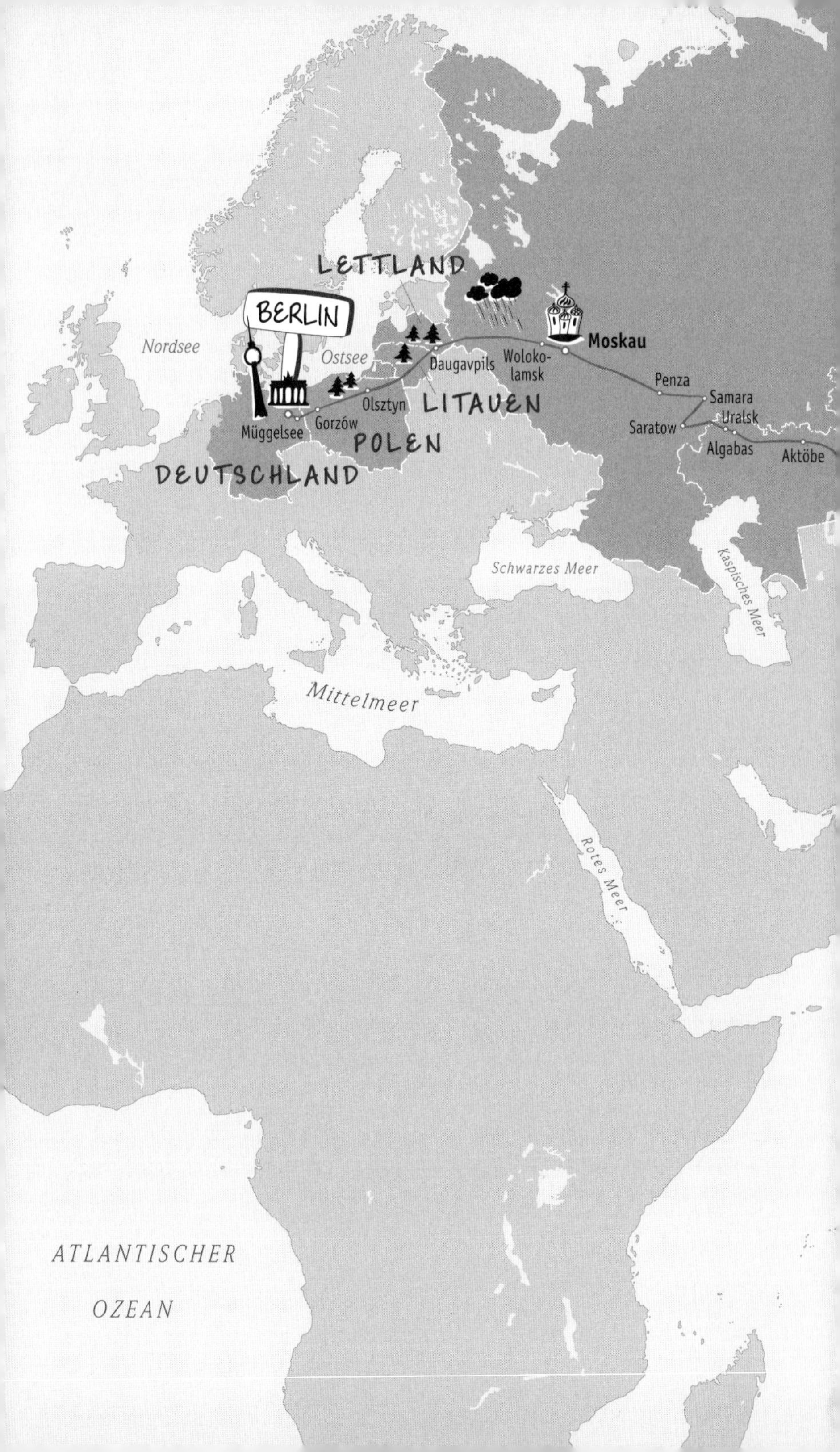
LETTLAND
BERLIN
Nordsee
Ostsee
Moskau
Daugavpils
Woloko-
lamsk
Penza
Samara
Uralsk
Saratow
Algabas
Aktöbe
Olsztyn
LITAUEN
Gorzów
Müggelsee
POLEN
DEUTSCHLAND
Schwarzes Meer
Kaspisches Meer
Mittelmeer
Rotes Meer
ATLANTISCHER
OZEAN